U0070806

兩岸視野下平潭綜合實驗區的法律制度構建問題

THE ISSUES OF THE CONSTRUCTION OF LEGAL SYSTEM OF PINGTAN COMPREHENSIVE PILOT ZONE FROM CROSS-STRAITS' PERSPECTIVES

許桂榮 著

序

兩岸法制融合的新起點，實現世界大同的中國夢

——「兩岸視野下平潭綜合實驗區的法律制度構建問題」推薦序

憶當年有幸研習兩岸法律，並先後執行律務及濫竽教職從事兩岸法學教育，屈指已歷數十載。往昔幕幕，如在昨日，不覺已白少年頭。我十分認同胡適先生「要怎麼收穫，先怎麼栽」之名言，終生以法治播種為志事，有如一位辛勤的農夫在為國家社會的法制建設播下一顆顆背負使命的種子。於此過程中每每最讓我感到欣慰的就是看到自己播灑的種子之萌芽成長，而桂榮就是其中一顆璀璨的法制建設之種子！

許桂榮博士大學時就是我的學生，他擔任學校法律服務社社長時遇有疑難就會來向我請益，朝夕相處之餘，我早既發現他是一個理論與實踐兼顧，重倫常、富哲理，待人處事頗有深度之好青年，正如其在這本《兩岸視野下平潭綜合實驗區的法律制度構建問題》書中的研究，他總希望制度的設計可以實際改造國家社會，而利益眾生；此外，他也是個理性與感性兼具的法學者，我在課堂上勉勵他們做個法、理、情兼顧的法律人，他並沒有忘記。讀這本書，除了參詳書中

種種的理性分析與邏輯推理，千萬不要錯過欣賞桂榮精心編排的平潭照片，這些美不勝收的平潭照片充分地展現了本書感性的另一面；從本書中可以感受到支持他一步一步調查研究、理性分析、誠懇建議的，是他對國家民族那片濃濃的熱愛！

作為多年研究法律制度的法學者，我們都知道，研究法學到了一個境地，往往會是法學與哲學甚至信仰的對話，桂榮在這本書不只是對於制度設計的研究，甚至可以發現他正嘗試著找出人類主義信仰衝突的解決之道，到底資本主義與社會主義是否一定就是水火不容、壁壘分明，無法並存於人類社會？難道人類的文明就真的無法進化到各主義去蕪存菁、兼容並蓄、和諧共存的境界嗎？這是我身為一個法學者自己都渴望探討的問題，而平時對於哲學、信仰一直保持高度興趣的桂榮，將其所知所聞融入落實於平潭法律制度構建我認為值得鼓勵，而平潭綜合實驗區正好是大陸方面具有開創性、先進性的先行先試實驗區，提供了制度設計者大膽創新的實驗園地，讓我不禁讚嘆，這或許是天意，有這樣的實驗區才有桂榮這樣的制度設計，也肯定大陸對兩岸交流的廣大包容心胸與對兩岸融合的真心實意。

如同南懷瑾大師所說:「二十一世紀是中國人的世

紀，但中國人的世紀，並不是我們狹窄的民族意識下的中國人統治全世界的想法，而是融合了幾千年來不同的地域、不同思想，最後以中華民族文化為精神而成為世界大同的世紀。」身為長期投入大陸法制研究的法學者，我期許平潭綜合實驗區是兩岸法制融合的新起點，更期許桂榮這本書敲響中華文化開始引領世界大同相關法制研究的鐘聲，進而不分國界、種族共同形塑一個放諸四海皆準、趨吉避凶的人類社會制度與人間淨土。

中國政法大學台灣校友會創會會長暨
東吳大學法學院教授 黃陽壽

用智慧、勇氣，與生命來開創兩岸新局的嘗試

——「兩岸視野下平潭綜合實驗區的法律制度構建問題」推薦序

許桂榮博士與他正在台灣攻讀博士的妻子楊瑜潔，是我的學弟妹—他們兩位都是畢業於美國印第安那大學莫勒法學院的高材生。同時又是兩岸通婚的神仙眷侶，與我一向研究、參與的議題有密切關聯。在這些巧合機緣下，我認識了他們，也看到了他們的跨界婚姻，在制度上碰到了許多問題；更看到他們兩位，在愛的驅動下，一步步跨過這些障礙。這樣的故事，簡直就是兩岸關係的的一個寫照！

當我讀到桂榮的博士論文，除了為他拿到學位而歡喜外，更有幾分羞愧—在讀他的論文之前，我對「平潭綜合實驗區」幾乎一無所知。更不知道這個實驗有如此的雄心壯志，有這樣的智慧創見。拜讀全文之後，我也深深為桂榮嚴謹細膩的分析而感動。兩岸人民要有發展，中華民族要有未來，就需要這樣的努力與見識！

「兩岸視野下平潭綜合實驗區的法律制度構建問題」（以下簡稱「本書」）之所以在學術與實用上值

得讚頌，最主要的就是在智識上的勇於嘗試、創新。

其實，對於兩岸在法律上要怎樣定位、規劃，兩岸的先進，甚至國際各界，都一直在嘗試各種「創新」的理論，試圖能維持和平穩定，卻又要跳脫傳統國際法與憲法的主權框架。一國兩制（大陸）與一國兩區（台灣）是最典型的主張。美國用國內法（台灣關係法），在三個公報之外與一個中國原則外，另外又創出一個特別的空間，也很難嵌入傳統法律學的邏輯。甚至台灣「獨派」的「特殊國與國關係」及「台灣地位未定論」等，看似硬拗，但也是某種為達成目的而做的創新。

國家、主權、領土、憲法、公民……這些概念都是創造出來的，也在不斷演進中。現代民族國家的架構，其實是 1648 年的 Westphalia Treaty 才建立起來的。那是一個偉大的創新，也是在當時歐洲世界下，因應現實所為的創新。1787 年批准的美國憲法，創設出史無前例的聯邦制度，讓各州的主權與國家的主權能夠有秩序地並存，那也是一個重要的突破。這些有關國家與主權的概念，經過數百年的發展，不斷地在人類世界實踐、調整，也發展出與當年不同的面貌。我自己作為一個美國憲法的研究者，看著這部四輪馬車時代制定的憲法，居然能適用在今日網際網路的時代；我也看到，兩百多年前的新興偏遠弱國，與現代帝國的美國，都能適用同一部憲法。可見這其中有多少的創意、耐心，以及不斷實驗、調整，從做中學的努力！

今日的兩岸關係也是如此。兩岸定位問題，其實不是為了鞏固什麼永恆不變的理論教義，而是為了促進兩岸十三億人民的福祉。任何制度與理論，只要可行，而能夠求同化異，建立人民交流的互信，使我們能合作一起向前，那就是好制度好理論，就是能抓老鼠的「好貓」。

「平潭綜合實驗區」不只是實驗某個制度，更是摸索兩岸長遠發展的一個理論嘗試。中國大陸所提出的「一國兩制」，已經有許多難以用傳統西方憲法理論理解之處，例如：一國之內，政治意識型態與政治體制，可以差距如此之大嗎？同屬一國的人民，遷徙、居住，與各種權利義務，可以有這麼大的差別嗎？（台灣的「一國兩區」也是如此）而「平潭綜合實驗區」更是實驗中的實驗。在實驗過程中，甚至可以考慮由台灣的立法院參與協商立法，考慮納入兩邊的憲法規範作為底線。這些創見與試驗，有很多困難。對兩岸和諧發展毫無興趣的人，或是在智識上侷限於「概念法學」的人，可能會嗤之以鼻。

然而，對於有心促進兩岸合作、整合、發展，而且心靈與頭腦保持開放的人，讀到本書時，每一頁幾乎都是一個驚喜。一方面驚喜於大陸方面有這樣的創意與善意，去創造一個可能的試驗平台，讓將來的一切更有希望；另一方面也讚嘆桂榮能從理論與實證上，對平潭綜合實驗區的制度與可行性，做出嚴謹而細膩的評估。就是要這樣的勇氣、創意，加上「上窮碧落下黃泉，動手動腳找東西」的學術工夫，讓我們的法律政策一步步往前走。美國人兩百年前作了個偉大的實驗，再花兩百多年實驗、摸索出今日的國家制度。中國人當然也可以有同樣的企圖與視野，並且創出更棒的成就。

兩岸要創出新局，需要的是智慧，才能突破舊有的框架。需要的是勇氣，才能甩開部分人士犬儒、悲觀而保守的恥笑。更需要有人，用生命投入，一步一腳印地參與這些實驗與變革。桂榮有這樣的智慧與勇氣，更用他的婚姻、生活、工作，證明了他正在用生命來實驗。感謝桂榮與所有進行實驗的人們，讓兩岸能夠「明天會更好」！

政治大學法學院副教授 廖元豪

致謝

歷經三個寒暑的醞釀，似乎就是在等待撰寫謝辭的這一刻了，其實在通篇理性的論述背後，往往有著強大的感性在支持著。

首先感謝我的博導柳經緯教授，沒有他就沒有這一篇論文，在我第一次和他見面的時候，他向我提起了平潭這個地方，我才知道大陸有這麼一個實驗區，有著這麼一個有智慧、有遠見的設立理想，如平潭時報的記者所報導，我覺得“兩岸共同家園的構想，真的特別棒！”此外，在撰寫過程中，我終於體會到什麼叫“點撥”，我和導師透過電郵諸多討論，往返頻繁，每次導師的回覆都極簡短，但回答總教我拍案！有時候甚至沒有回答，最後由我自己找出答案。後來我終於明白什麼叫不言之教了，有時候沒有答案真的是最好的答案。在論文撰寫的後期，由於家事、公事各種事的交織，本以為很難如期畢業了，但是在博導的鼓舞下，我還是一鼓作氣，過年期間在家“閉關”一字一句整理訪談逐字稿，並面對案頭圖書館借來磚頭般高疊的專著做最後的撰寫，這都要感謝博導即時的一句話，給我最後階段臨門一腳的激勵。

當然，在研究過程中，也不是一帆風順，完全沒有阻礙和挫折的。首先，由於平潭的建設方興未艾，關於平潭的法學研究不多，臺灣方面更加的少，而且有的論文還不對外授權公開，因此我在此研究中無法作一個“前人種樹，後人乘涼”中的“後人”，必須作個“前人”。既然作為“前人”，如同在實驗區訪談到的臺灣餐飲業者個案 J 所說：“拓荒者只好多費一些苦心，從無到有了。” 然而入學那年正好也是我成家的那年，經濟負擔讓我的壓力不小，體貼的博導得知我的情況，一度已經提供了我另一個研究主題，相關的研究資料豐富，一切只需要網路搜索即可了。然而定心一想，反正生活也不是過不去，撙節開銷，少一些娛樂開銷、上館子開銷不也就這麼過了？而且我寫論文也不是只要求學位，我還真希望論文可以對國家社會有所貢獻，平潭實驗區的構想又這麼好，我實在是想把它完成，在這樣的熱情驅使下，還是決定研究平潭這個研究主題。此時，在博導的引薦下，中國政法大學另一個老師王成棟教授提供了即時的協助，首先他帶我在平潭參加海峽法學研討會，認識了許多與平潭研究相關的官員與學者，例如福建人大常委會法制辦主任林從給了我管委會和福州海關印發的優惠政策摘要和特殊監管政策、涉台法律研究中心研究員鄭清賢對論文題綱提供了意見，其中有位同是法大的師弟陳嘉林正好是平潭人，在我第二次到平潭調研時不但全程陪同還提供了交通工具與膳宿，其父實驗區管委會陳賢強處長不但相當支持我的研究，也提供了許多人脈資源，陳媽媽更親自下廚提供“後勤支援”，讓我銘感五內。訪談過程中，管委會辦公室副主任、實驗區人才辦主任、台商協會副會長與總幹事、當地兩岸受訪民眾也都給予了支持與協助，讓我這個人生地不熟的無名小卒得以更加順利地取得第一手資料，在此表達由衷的感謝。

接著，感謝這篇論文的校對者，也是我忠實的讀者——我的老婆楊瑜潔，感謝她對我的信任與支持，她和我在同一年都錄取博士班，我從臺灣到北京念法大，她從北京來臺灣念台大，為了早日讓即將邁入老年的雙親可以早點含飴弄孫，我們有計劃地在她博一課程修完之後“兩岸合作”製造了一個小娃，她也接受了讓我先寫論文，她先帶小孩的規劃，這段時間由於我不是待在圖書館就是辦公室，所以養育小孩的重擔都在她的身上，如今終於該她寫論文了，謝謝她一路走來給我最直接、最寶貴的支持，那就是給我“時間”，否則這篇論文是無法完成的。而在此也特別感謝臺灣承洺股份有限公司于永浩總經理與普遜企業有限公司陳添超總經理的支持與包容，讓我每天包括假日都可在辦公室待到十一二點，每天都負責設定保全系統，大樓保全都認識我了，提供了寫論文理想的“空間”。另外，也謝謝法大的臺灣校友林麗燕師姊，無私地分享她撰寫論文的經驗，還有法界天平雜誌社發行總監劉夢蕾女士，提供很多在校期間有用的資訊和協助，在她的介紹下，法治家文創事業有限公司董事長張國聖先生與法大附近滿意福圖文設計中心的小曾鼎力相助、不厭其煩地為我的學位論文與本書進行排版與出版事宜，在此也非常感謝兩位的幫忙。

此外，所謂“無巧不成書”，為了論文研究赴平潭調研在某台商所開的飲料店進行個案訪談時，正好平潭時報的記者也在該店喝著飲料，看到我在訪談很感興趣，便反過來對我進行採訪。當他們得知我的論文即將在台灣出版時即熱情慷慨地授權提供了多幀美不勝收的平潭照片，在此感謝平潭時報攝影部念望舒主任、林映樹、曾璽凡的支持與馮發的殷勤聯繫，他們四人的大作著實讓本書增色不少！而福建省城鄉規劃設計研究院也對其規劃設計圖大方進行授權，亦在此表達感謝。

最後，我要謝謝一位特別的老師，他就是南懷瑾先生，我平生與他素未謀面但是卻受他影響至深，我常自稱是他的“私淑艾”弟子，也是他的“粉絲”。透過閱讀他的著作，給了我很大的啟發，包括撰寫論文的思路，中國未來的出路等，記得在著手寫論文的初期，面對浩瀚的資料庫和待篩選的文獻，我雖隱隱約約有一個寫作的方向，卻不知從何下筆，當時為了查證南老師的一個看法，在中華數字學苑搜索著南老師的書，最後看到老師關於易經的著作時，其中四個字讓我猛然醒悟，這四個字就是“知崇禮卑”，言下之意就是人知道了很多很崇高的道理，但是“禮”就是行為，也就是行動還是要從最基礎、最眼前、最卑下的來做起，寫論文也是如此，萬丈高樓平地起，受到這四個字的啟發，我開始一點一點的撰寫，才發現寫下去自然會向開山一樣走出一條路來。

謝謝法大、謝謝祖國，我很榮幸也很高興祖國的中國政法大學是我學習生涯的其中一站，想起南老師那首詩：

憂患千千結，　山河寸寸心。
謀身與謀國，　誰解此時情。
憂患千千結，　慈悲片片雲。
空王觀自在，　相對不眠人。

致謝

南老師一生無時無刻都在為著國家民族文化奮鬥，他在金溫鐵路完工後表示“鐵路已鋪成，心憂意未平。世間須大道，何只羨車行。”意思就是連接金華與溫州的鐵路雖已鋪設完成，但通往人心、人類的和平大道仍尚未鋪平，有待大家的共同努力。所以我想未來還有很長的路要走，或許畢業才是另一個精彩的開始，但是我很願意在未來的日子裡，把所有的榮耀都歸於我的母校、歸於我的國家民族。

許桂榮，二〇一六年一月於台灣

鐵路一條一條地舖成了，但通往人心、人類的和平大道，何時才會建成呢？(興建中的福平高鐵/天路/攝影：林映樹)

目　錄

圖表目錄

緒　論

一、研究緣起

自 1949 年國民黨政府撤遷至臺灣以來，兩岸形成了分治的局面、各自實行著不同的社會制度，然而兩岸人民畢竟源於同一文化，言語相通且僅隔一水之遙，又有血緣關係[1]，兩岸之間從軍事鬥爭漸轉為政治鬥爭、經濟競爭，隨著大陸地區政府高層定調兩岸和平統一為兩岸關係的指導方針、“一國兩制”為解決臺灣問題的具體作法，兩岸關係漸由“爭”轉“和”，透過各自兩岸政策的開放，兩岸在交流的過程中互相學習、互相借鑒。2006 年 3 月第十屆全國人民代表大會第四次會議通過的“十一五規劃”及 2007 年中共中央第十七次全國代表大會胡錦濤總書記所作之報告，確立了支持海峽西岸經濟發展的方針，2008 年兩岸開始實施直航，兩岸人民的交往更加頻繁，2009 年 5 月，國務院出臺了《關於支持福建省加快建設海峽西岸經濟區的若干意見》，指示要把臺灣海峽西部沿岸福建省東南地區一帶打造成兩岸人民交流合作先行先試區域[2]，同年 7 月福建省委省政府設立福州(平潭)綜合實驗

---

[1] 參閱梁世武：《臺灣族群通婚與族群認同之研究》，載《問題與研究》2009 年 3 月 48 期，第 33-62 頁。

[2] 參閱《國務院關於支持福建省加快建設海峽西岸經濟區的若干意見》（國發〔2009〕24 號）。

區(以下簡稱實驗區)，2010 年 8 月，福州（平潭）綜合實驗區升格為正廳級單位並於 2011 年 12 月轉由福建省直管。2011 年 3 月，國家發改委發佈《海峽西岸經濟區發展規劃》，指出要將實驗區建設成一個有著大陸同胞與臺灣同胞一起生活、一起建設、一起發展、一起探索的共同家園[3]。2011 年 12 月國家發改委發佈《平潭綜合實驗區總體發展規劃》(以下簡稱《實驗區總體發展規劃》)，指出要以“先行先試、大膽創新”等原則將實驗區開展為兩岸共同規劃、共同開發、共同經營、共同管理、共同受益[4] (以下簡稱“五個共同”)的兩岸合作試驗田，並在試驗過程中嘗試建立一個規模較大、涉及領域較廣、前所未有的兩岸交流合作機制[5]。2015 年 4 月國務院更批准《中國（福建）自由貿易試驗區總體方案》，將平潭片區 43 平方公里劃為自由貿易試驗區[6]，足見平潭實驗區深受大陸地區政

---

[3] 參閱《國家發改委海峽經濟區發展規劃》第四章第四節，（2011 年 4 月.18 日發佈〉。

[4] 參閱臺盟福建省委員會：《創新合作建設模式，將平潭建設成兩岸同胞的共同家園》，載宋焱、王秉安、羅海成 主編：《平潭綜合實驗區兩岸合作共建模式研究》，社會科學文獻出版社 2011 年 10 月第 1 版，第 16-17 頁。

[5] 參閱國家發改委《平潭綜合實驗區總體發展規劃》第七章第二節，（2011 年 11 月）。

[6] 參閱《國務院關於印發中國（福建）自由貿易試驗區總體方案的通知》

府高度重視，秉著開放多元的思考，將兩岸人民對於“共同家園”的理想藍圖，藉由新的體制機制的建立而實現。

然而，對於實驗區的設立，臺灣地區呈現“官冷民熱”的反應，除臺灣地區媒體對於實驗區冷處理外，臺灣地區政府也強調實驗區的設立具統戰意涵並再三提醒臺灣人民相關法規的規範與指出實驗區目前的不足之處，藉以打消臺灣人民前往實驗區發展的念頭。顯見兩岸對於實驗區的觀感有所不同，由於複雜的政治與國際因素，使得兩岸官方對於實驗區合作難以有所開展，兩岸人民站在經濟的角度除了希望實驗區對於人民生活提供實質的幫助外，也希望實驗區建設過程在政策法律制度構建方面能獲得完善與落實。

另外，《實驗區總體發展規劃》中所謂新的體制機制，其核心價值主要就是通過建構地方“先行先試”法律機制來體現出來[7]，福建省人大法制委員會在《關於平潭綜合實驗區建設及其法制保障有關問題的研究》報告中，提出了“1+X”模式，所謂的“1”即“一個龍頭”例如《平潭綜合實驗區條例》，而“X”即X

(國發〔2015〕20號)。

[7] 參閱彭莉：《平潭綜合實驗區“先行先試”法律機制的思考》，載《海峽法學》2012年9月第3期，第13-17頁。

個“配套法規”，包括《平潭綜合實驗區招商引資若干規定》、《平潭綜合實驗區對台快捷通道建設若干規定》、《平潭綜合實驗區兩岸教育合作若干規定》等[8]。此乃因實驗區是涵蓋政治、經濟、社會、文化等各個領域開放開發的綜合實驗，所以對於實驗區特殊的定位、豐富的內涵、複雜的內容是具有多項立法需求的，它需要能夠將近期與遠期相結合、綜合與專項相配套的法規群組。因此，有學者亦提出類似建議認為實驗區的立法可考慮制定一部《平潭綜合實驗區條例》，對宏觀性、原則性問題進行統一的規定，成為實驗區的“小憲法”，再在不同領域制定相應的法律規範，其法律效力由《平潭綜合實驗區條例》統一承認，即構建 “一核多極”的格局[9]。更有研究直接主張，實驗區經實驗至一定程度可直接“由全國人大制定《平潭綜合實驗區基本法》(以下簡稱實驗區基本法)，內容包含立法目的、基本原則、效力範圍、兩岸共建的實驗區政府架構、各方基本權利義務、立法與司法一國兩制特色機制、監督機制、法律責任、相關法律法規

[8] 參閱福建省人大法制委：《關於平潭綜合實驗區建設及其法制保障有關問題的研究》，載《平潭綜合實驗區立法問題研討會論文彙編》2011年，第73頁。

[9] 參閱熊文釗、鄭毅：《試論平潭綜合實驗區的性質、法律地位及若干立法問題》，載《海峽法學》 2012年9月第3期，第8頁。

配套及附件等。作為一部全域性與綜合性兼備、立法層次較高的國家基本法，先行取得成熟經驗，作為將來類似港、澳基本法但又極為不同的臺灣基本法的先行模本。[10]”

因此本書乃以兩岸視野自國共分治以來兩岸政策的演進剖析大陸與臺灣各階段各自對兩岸關係的構想與態度，並以大陸與臺灣對兩岸關係的構想說明實驗區成立的背景及其政策優勢、功能定位，接著根據兩岸現實情況及承接各自對兩岸關係秉持的精神探討兩岸在實驗區共建立法機制與設想實驗區基本法的制定，其中尚進行實驗區居民的訪談針對若干法律問題提出立法建議以期完善實驗區的法律制度構建。

二、研究動機、研究目的與問題陳述

（一）研究動機

實驗區所提出的“五個共同”無非是實驗區的非常特殊之處，然而所謂“五個共同”的兩岸合作模式，不論是對於大陸地區現行法律制度或是臺灣地區現行法律制度皆不乏衝突扞格之處，諸如什麼樣的臺灣人民足以代表臺灣人民與大陸地區政府共同規畫、

---

[10] 參閱李金旺：《平潭綜合實驗區“兩岸共管”法律制度創新研究》，載《中共福建省委黨校學報》2013 年第 2 期，第 54 頁。

共同管理？兩岸人民代表所共同規畫或協議的成果如何透過立法來保障並促使兩岸人民共同遵守？在“五個共同”模式下，臺灣地區政府如何參與實驗區的立法？進而解決實驗過程兩岸制度無法與實驗區政策配合的問題並滿足人民的制度需求亦可降低臺灣地區人民適應實驗區制度的障礙。另外，在長遠的規劃上，對於學者所提出實驗區未來可制定實驗區基本法的主張，不啻是一個符合實驗區“大膽創新、先行先試”原則且具有前瞻性的做法。然一個符合實驗區兩岸人民需求又為兩岸政府所接受的實驗區基本法究竟應該具備什麼樣的內涵亦是一個耐兩岸尋思、思索、摸索的問題，一個可以孕育兩岸人民“共同家園”、一個可以讓兩岸人民心悅誠服的基本公約會是什麼樣子？甚至於一個代表兩岸融合的憲政範本會具有什麼樣的內涵？也將是本書嘗試推敲琢磨的問題。最後在如何促成實驗區“兩岸共同家園”的理想問題上，希望能提供實驗區對於若干法律問題的建議。

（二）研究目的

梳理兩岸分治以來的歷史脈絡，瞭解兩岸政策的變遷，厘清海西經濟區與實驗區與大陸兩岸政策的關聯，並研究實驗區成立的真實意義與願景，再瞭解臺灣地區官方與民間對實驗區的顧忌與期望，藉以在設想法律制度構建相關問題時可以顧及兩岸的觀感與心態。接著研究實驗區發展規劃與現行優惠政策以瞭解實驗區功能定位、發展潛力與法律制度構建方向，並以兩岸視野評析實驗區的優惠政策與優勢。為落實實驗區所提出的政策和理想，設想兩岸共商立法模式可提供兩岸立法機構在實驗區的相關立法上一個與時俱進立法機制的參考，且在實驗區發展的最後階段提供一個實驗區基本法制定的思路。最後在理想與實際、書本與現實之間，赴實驗區取得第一手訪談居民資料針對實驗區現況提出實驗區若干法律問題的立法建議供兩岸立法機構參考。

（三）問題陳述

本書為能實質地解決實驗區法律制度構建問題，在研究過程中擬先提出實驗區法律制度構建相關問題並透過歷史分析法、文獻研究法、規範分析法、實地研究法、社會觀測法、訪問研究法等研究方法來針對下列問題找出解答：

1. “一國兩制”與海峽西岸經濟區、平潭綜合實驗區的關聯性？

2. 臺灣方面對平潭綜合實驗區的態度與觀感？

3.實驗區具備哪些優勢？功能定位為何？

4.兩岸如何共建實驗區立法機制？共商立法模式應如何具體實踐？

5.實驗區基本法應具備什麼樣的內涵？

6.在實驗區的兩岸人民對於實驗區有何期待與建議？臺灣地區人民如何能夠在不違反兩岸制度下合法地在實驗區擔任公職？臺灣地區人民在實驗區入出境方式應如何簡化？

三、研究現況、研究方法與研究思路

（一）研究現況

1.資料來源

本書首先搜集有關實驗區的任何文獻，含期刊、文章、媒體報導、論文、專著等資料，為瞭解實驗區成立的時代背景開始以追溯的方式，由大陸地區政府的決定追溯決定所基於的政策，再由政策追溯自政策的指導方針，再由指導方針追溯至歷史紀錄，透過史料的查詢瞭解兩岸政策方針制定的緣由，以厘清實驗區成立的真實原因進而研擬未來實驗區政策制度發展的方向。

接著透過實驗區的門戶網站與實地走訪實驗區管委會取得政府出版品，可清楚瞭解實驗區的總體規劃與資源政策優勢，筆者為本研究實地走訪實驗區兩次，第一次主要接觸政府機關，第二次主要訪談實驗區居民，兩次的實地調查研究獲得了豐富的第一手資料。

在論述的部分，本書主要分析兩岸現有的法理、法規與兩岸的官方共識，配合時事，例如2014年臺灣地區的“太陽花學運”所引申的兩岸協議問題，搜集相關報導與評論，並參考關於實驗區立法的相關期刊文獻、港澳基本法制定的相關著作、探討美國南北戰爭後修憲方向的相關著作、法理學、立法學、憲法學相關書籍、政治協商史料、中國立憲史著作、關於南懷瑾與修金溫鐵路的著作、出入境管理的著作。

2.文獻綜述

在撰寫論文的基礎方面，參考了劉國濤的《法學論文寫作指南》、陳瑞華的《法學論文寫作與資料檢索》、蔡今中的《社會科學研究與論文寫作：成功發表秘笈》、孟樊的《論文寫作方法與格式》、畢恒達《教授為什麼沒告訴我》、德國K.茨威格特 H.克茨《比較法總論》等著作。

撰寫論文搜索資料過程中，就“一國兩制”的構想而言，兩岸學者均有大量的文獻資料探討，其中婁傑在《“一國兩制”基本國策與海峽兩岸和平統一實踐研究》一文中說明了“一國兩制”構想的由來、背景、可行性與各階段的實踐，並提出了兩岸應加強經貿交流合作的建議[11]。而諸多文獻說明在兩岸分治蔣氏父子執政時期，雖處於美國“兩個中國”戰略的環境之下，兩岸仍秘密地透過密使互相接觸、溝通，共產黨並向國民黨提出了兩岸統一的辦法與條件，且即便是兩岸武裝對立，國民黨對於“一個中國”的方向並未改變且曾考慮過兩岸如何統一的問題[12]。而多本著作亦記載臺灣在李登輝執政時期兩岸亦有秘密聯絡管道，也曾提及兩岸統一的問題，例如國學大師南懷瑾即在兩岸秘密“溝通”過程中提出兩岸統一的上、中、下三策，其中中策即是“大陸劃出從浙江溫州到福建泉州、漳州和廈門一塊地方，臺灣劃出金門、馬祖，兩岸合起來搞一個經濟特區，吸收台港等地百年來的經濟工商經驗。有力出力，有錢出錢，做一個新中國的樣板。[13]”

在大陸地區政府“和平統一”的基本方針不變的情況下，大陸地區政府對台政策隨著兩岸的交流而漸漸

---

[11] 參閱婁傑：《“一國兩制”基本國策與海峽兩岸和平統一實踐研究》，中共中央黨校 1998 年博士學位論文，第 107-112 頁。

[12] 參閱苗言、霍志慧：《解放後國共兩黨三次秘密和談始末》，載《黨史博采》2003 年第 3 期，第 14-18 頁。

[13] 參閱魏承思：《兩岸密使 50 年》，星克爾出版有限公司 2005 年版，第 34-35 頁。

調整，為了更有效的達到資源統合的目標，大陸地區政府設立海峽西岸經濟區欲加強海西地區經濟的發展，基於海峽西岸經濟區的建設發展方針，福建省政府設立了“平潭綜合實驗區”，關於實驗區的學術研究，以大陸期刊論文為最大宗，從設立之時強調實驗區特色的“五個共同”[14]，到探討實驗區法律地位[15]與其制度構建的研究，皆散見於各期刊中，其中福建省涉台法律研究中心助理研究員鄭清賢對於2012年海峽法學論壇有關實驗區建設子議題研討會進行了兩岸法律學者對於實驗區的社會治理、制度障礙解決之道與立法具體問題等議題看法的整理[16]，關於實驗區的立法主體，徐平與鄭清賢提出了幾個可能的立法模式並進行各模式的利弊分析[17]。

臺灣方面對於實驗區的著墨較少，例如若在臺灣博碩士論文知識加值系統中以關鍵字“平潭”查詢，已授

---

[14] 參閱卓祖航：《從共建平潭綜合實驗區"共同家園"起步推進兩岸合作向寬領域高層次發展—關於平潭綜合實驗區也是兩岸智庫合作實驗區的探討》，載《發展研究》2010 年 12 期，第 26-29 頁。

[15] 參閱熊文釗、鄭毅前揭書，第 3-12 頁。

[16] 參閱鄭清賢：《獻策“兩岸人民共同家園”建設—2012 年海峽法學論壇有關平潭建設子議題研討綜述》，載《海峽法學》2012 年第 03 期，第 24-29 頁。

[17] 參閱徐平、鄭清賢：《關於平潭綜合實驗區立法主體的思考》，載《海峽法學》2013 年第 02 期，第 3-11 頁。

權且能完整看到論文內容的研究論文並不多，其他多半未授權或是論文未公開， 2012年有研究對實驗區提出了臺灣戰略安全上的質疑[18]，臺灣地區國防大學的一篇碩士學位論文亦指出實驗區是中共經濟統戰的一環[19]。僅管兩岸學者對於實驗區有的支持肯定、有的質疑顧忌，然目前的實驗區在大陸當局透過海關總署、財政部、國家稅務總局、福建省人民政府、福建省人大常務委員會、福建省科學技術廳、福建省住房和建設廳、福建省交通運輸廳、福建省物價局...等各政府機關以辦法、通知、意見、披複等種種文件，已開始漸漸落實了實驗區的各種優惠方案[20]。此外，自兩岸開放三通以來，為解決日益增加的涉台法律問題，福建省人大常委會辦公廳於2007年11月設立“福建省涉台法律研究中心”，專責收集整理有關涉台資料、研究臺灣法規及兩岸交流中的法律問題、承擔涉台立法相關問題調研工作及提供涉台立法決策諮詢[21]。潘書宏認為地方涉台專項

---

[18] 參閱沈明室：《中共設立平潭實驗區的戰略意圖及影響》，載《戰略安全研析》2012 年第 84 期，第 38-45 頁。

[19] 參閱施竣恩：《中共對台經濟統戰作為之研究—以平潭綜合實驗區為例》，臺灣地區國防大學 2013 年碩士學位論文，第 83-93 頁。

[20] 例如：《中華人民共和國海關對平潭綜合實驗區監管辦法（試行）》（海關總署令第 208 號][06/27/2013]）。

[21] 參閱《中心簡介》，載福建省人大常委會涉台法律研究中心網站 http://www.fjrd.gov.cn/fjrdww/Desktop.aspx?PATH=/Homepage/stflyj/stf

立法往往創新程度高，福建省宜及時把握立法時機、抓住涉台立法主線和重點，並適時擴大涉台立法範圍[22]，同時也與林建偉一致主張實驗區的地方立法權應適度的擴張[23]。

而為進一步預先設想實驗區基本法的內涵，本書為找出兩岸憲法的最大公約數，參考盛辛民等著的《海峽兩岸法律制度比較・憲法》整理製作兩岸憲法條文意義相近的比較表，並參考李昌道、焦宏昌關於港澳基本法制定之過程與原則的文章與著作，借鑒作為實驗區基本法制定原則的參考。在設想實驗區基本法的思考過程，為瞭解美國對國家統一的追求，參考美國弗萊切關於南北戰爭後美國利用修憲追求國家統一的過程。而透過回顧當年國共兩黨政治協商制定憲法的歷史，參考李炳南、荊知仁、劉山鷹關於政協憲法制定過程的著作與文章，以設想一個兩岸共治的實驗區政府組織的架構。最後透過心理學Maslow人類需求層次發展與社會行為統

lyj_zxjj，瀏覽時間：2014-10-5。

[22] 參閱潘書宏：《地方涉台專項立法比較與評析——兼議對福建省涉台立法的啟示》，載《福建行政學院學報》2010 年第 01 期，第 105-109 頁。

[23] 參閱林建偉、潘書宏：《論地方涉台立法權的適度拓展——以平潭綜合實驗區為考察對象》，載《福建行政學院學報》2011 年 05 期，第 82-88 頁。

計學關於大數法則應用等研究，推出實驗區基本法制訂的最後內涵會是主義思想的方向。而實驗區主義思想內容的設計則主要參考侯承業所著《南懷瑾與金溫鐵路》，透過瞭解南懷瑾修建金溫鐵路的理念與實務操作設想實驗區主義思想的內容。

實驗區涉台立法方面，為探討臺灣地區法律限制臺灣人民赴大陸擔任公職的合憲性，參考諸多臺灣學者如李惠宗、吳庚、陳淳文、法治斌、董保城、許育典、吳威志等關於工作權與服公職權的憲法學與違憲審查的著作；關於臺灣人民在實驗區入出境的思考則參考了大陸學者如項讜、劉國福、趙風、黃勝元、王聯源、張惠德、李亮、陳錦新等關於臺灣人民入出境研究的相關著作與文章。

總結而言，關於實驗區的法律構建，相較於大陸而言，臺灣方面較少有文獻研究，然而孤掌難鳴，若實驗區欲成為名副其實兩岸“共同治理”的試驗田，必須兼有以臺灣觀點的元素來加入實驗區法律構建的思考，本書即是在兩岸視野下，以兩岸學者先前研究的基礎，綜合兩岸自分治以來對“一個中國、和平統一”的思考脈絡及實地的調查研究對“新中國樣板”法治建設大膽提出各種可能的模式。

（二）研究方法

本書採用研究方法主要有：

1.歷史分析法。搜集自兩岸分治至今的歷史資料與兩岸政策，特別是分治初期兩岸密使往來的紀錄與文獻，可旁敲側擊當年兩岸領導人的真實心態與想法，藉此分析兩岸政策與方針制定的緣由與目的。此外，對於兩岸分治初期世界各國的對華政策的演變與港澳回歸前後外國勢力在華的作用，其相關的史料，也提供早年“一國兩制”政策實施客觀環境的還原，與兩岸關係進展障礙的時空背景。在實驗區基本法的制訂上，參考當年國共政治協商的紀錄，找出兩岸分治前國共已達協定的憲法內容，作為實驗區基本法制定的方向，以盡可能地找出兩岸在憲政制度上可能的最大公約數。

2.文獻研究法。大量搜集兩岸自分治以來交往過程中所提出對於兩岸統一的意見，藉由這些意見可以瞭解什麼是兩岸意見一致的，什麼是兩岸意見分歧的，綜合這些概念，可試想出兩案可能皆可接受的立法模式，並在實驗區進行實驗。另外也參考過去學者對於實驗區已做的調查，輔以本書的調查研究，調整對於兩岸在實驗區立法模式的設計。

3.規範分析法。關於實驗區的法律構建，本書擬分析兩岸的憲法、立法法、反國家分裂法、兩岸人民關係條例、兩岸經濟架構協議等可能關係到兩岸實驗區法律構建的現行規範，藉以瞭解目前實驗區法律構建的障礙與可能的出路。另外，從大陸政府機關對於實驗區所發佈的辦法、通知、意見、披覆等文件可瞭解實驗區現行實質的優勢。並且對於實驗區相關議題，例如臺灣地區人民在實驗區擔任公職的相關制度，對於臺灣地區部分法規進行合憲性審查。

4.比較研究法。在本書中，先比較兩岸政策隨著兩岸領導者換屆的變遷，並透過比較瞭解兩岸執政者對兩岸關係的態度；再次，於實驗區的政策法規介紹時，一併比較兩岸在相同領域的規範並比較其優劣；設想實驗區基本法的內涵時，則比較美國憲法兩岸憲法、政協憲法、社會主義國家憲法等，藉以找出兩岸憲法最大公約數以求同存異。

5.實地研究法。親自走訪實驗區兩次，觀察實驗區軟硬體的發展情況，對於實驗區的交通、氣候、地貌、自然景觀、建設等進行瞭解。

6.社會觀測法。為切實瞭解實驗區現今的風土人情，筆者實地走訪實驗區，藉由觀察與互動，瞭解實驗區的文化，藉此對於實驗區的風土有基本的認識。

7.訪問研究法。兩次赴實驗區調研中，第一次參觀實驗區政府機關如實驗區管委會、海關監管單位等，並拜會多位官員如福建省人大常委會法制辦主任、管委會辦公室副主任、財政處官員等，第二次主要訪問的對象為實驗區的大陸地區人民與臺灣地區人民如管委會台籍幹部與台商協會幹部等，瞭解他們實際的立法需要。為以兩岸視野來說明民眾對實驗區的觀感與態度，對於已經赴實驗區發展的臺灣商家或人民，本書透過訪談瞭解受訪者當初赴實驗區的動機與對實驗區各方面的看法包括實驗區法制建設、交通建設、優惠政策、“兩岸共同家園”的構想、實驗區政府行政效率與態度、生態環境、當地居民友善程度、生活便利度等，以及調查認為實驗區尚待改善的實際問題。接著，大陸方面，本書希望瞭解實驗區大陸人民自實驗區設立至今對實驗區各方面的看法，非原本實驗區當地居民者，希望瞭解遷徙至實驗區定居的原因、在實驗區與臺灣人民共同生活的互動經驗與感受，以及對實驗區認為尚待改善的制度障礙或實際問題；臺灣方面，本書亦在臺灣地區對臺灣民眾就實驗區的態度進行訪談，希望可以瞭解台人前往實驗區工作或定居的意願，最後綜合各訪談結果，依各個領域對實驗區提出各方面的立法建議。

（三）研究思路

本書的研究思路緊扣兩岸視野，由於實驗區為綜合性質的探索與嘗試，因此對於實驗區的法律制度構建，臺灣觀點或是臺灣元素不可或缺，在實驗區設立發想的追溯，從兩岸分治以來兩岸政策的發展瞭解到和平統一的大原則，由和平統一大原則發展而來的“一國兩制”制度與海西經濟區的構想，由海西經濟區構想衍生的平潭綜合實驗區；並剖析實驗區的政策制度，瞭解到實驗區的功能定位不只具有兩岸經濟、貿易交流的功能，還是一個政治、社會等綜合性促進兩岸關係的平臺；再由實驗區“五個共同”的政策延伸思考兩岸如何共建實驗區的立法機制，並由可能的兩岸共商立法模式進一步設想實驗區基本法的內涵；最後在此實驗區基本法的架構下思考若干法律問題，例如針對“兩岸共同管理”尋找臺灣地區人民在實驗區擔任公職的可行模式，且為落實實驗區“兩岸共同家園”的理想，促進臺灣人民前往實驗區，針對臺灣人在實驗區的出入境，進行相關的制度設計，並將在實驗區取得的第一手訪談資料進行整理，對於實驗區的法律制度構建提出建議。

四、研究範圍與研究限制

（一）研究範圍

本書以“兩岸視野”探討“實驗區”的“法律構建問題”，因此兩岸的視角會是本書研究基本的出發點，特別是兩岸觀點在實驗區的“綜合”下，兩岸觀點的融合會是本書嘗試達成的目標，因此研究範圍主要是兩岸對於能夠促進實驗區發展的相關制度、程式進行研究，至於其他對於實驗區法律制度構建的思考有幫助的科學，例如心理學、社會行為學等科學，站在輔助的角度本書亦有所參考。另外，為便利後續研究者研究，本書亦將此次實地訪談逐字稿作為附錄[24]，對於實驗區非法律制度構建問題的相關議題，其他領域研究者亦可加以利用。

（二）研究限制

本書雖針對實驗區法律制度構建問題自實驗區設立的歷史背景、上位概念、遠景進行研究梳理，並針對實驗區優惠政策制度、兩岸協議相關制度、兩岸憲法、港澳基本法的制定、南懷瑾先生的理念、兩岸關係條例、兩岸出入境相關規定等進行消化後再重新進

[24] 參閱本書附錄 6。

行可行模式的設計，然礙於學驗必難周全，本研究的限制如下：

1.國際局勢的詭譎多變：雖國際目前只承認“一個中國”，然在國際局勢快速變遷與世界大國博弈角力的競爭下，部分國家是否為國家利益將臺灣問題作為國際政治談判籌碼或是以否認“一個中國”作為要脅大陸地區政府的手段難以逆料。因此，若兩岸“九二共識”受到動搖，則相關的思路法理丕變，則本書所設計的各種可行模式即從“可行”變為“不可行”。

2.臺灣地區立法進度難以預估：儘管本書按現行制度研究思考兩岸可能的共商立法模式，然而兩岸協定監督草案尚未通過，若屆時通過的兩岸協議監督法案非目前臺灣地區陸委會的版本，則將為兩岸共商立法可行模式的設計增添變數。

3.兩岸政治因素的多變：由於臺灣地區實行政黨政治，政黨輪替而造成政策中斷的例子比比皆是，因此未來兩岸政策是否因臺灣地區政黨輪替而有所變異無從評估，例如臺灣地區陸委會所公告禁止臺灣人民擔任之大陸地區黨務、軍事、行政或具政治性機關(構)、團體之職務或為其成員是否會在政黨輪替後援引公告中概括性規定，進行政治性機關(構)、團體之職務或為其成員的擴張解釋勢難預料。且若臺灣地區政黨輪替後是否將原本開放的兩岸政策(如直航、自由行等)進行縮減或取消亦難評估，更有甚者，若臺灣地區執政者的施政觸犯大陸地區“反分裂國家法”的規定而導致兩岸兵戎相見，則作為距台最前線的平潭島實驗區難謂無黃粱一夢夢想幻滅的可能。

4.受訪民眾未全具備法學專業：在臺灣地區與實驗區的實地訪談中，由於為了實際地深刻體察親身在實驗區生活的居民對於實驗區的各種建議以提出能實際解決實驗區居民生活問題與滿足居民需求的立法建議，本書並不以學者、官員為最主要受訪對象，因此受訪者對於法律制度構建問題的回答，多植基於內心真實的感受與看法，而非從法學專業的角度出發，故受訪者多僅能反應其自身需求而無法進一步陳述為滿足其自身需求所期待制定的法律制度或直接評議現有法律制度的缺陷與不足，故尚有待研究者針對實驗區居民的種種需求，藉由立法者的法學素養進一步設計足以滿足實驗區居民需求的法律制度。

5.實驗區諸多建設尚在興修，只能遠觀：由於實驗區的建設方興未艾，許多道路與建築尚在興修，故實地調研之時，實際的道路與實驗區管委會所提出的交通路線規劃圖尚無法相符，此外，由於道路尚未完全鋪設完畢，部分工地僅以工地通道互相聯絡，因此許多建築在工地深處只能遠觀其輪廓與大致的規模，無法觀察其細節與預估整體工地完工後的概況。

6.研究資料與相關文獻的搜尋，難免掛一漏萬：囿於個人才學與研究時間，本書研究資料與相關文獻的搜尋不免掛一漏萬，無法周全。

平潭的景色有時會有似曾相識的感覺。(平潭流水镇北港村的田野/攝影:念望舒)

第一章

兩岸視野下的平潭綜合實驗區

第一節　大陸視角下的平潭綜合實驗區

一、大陸對台政策演進

（一）兩岸分治軍事對立時期(1949 年-1978 年)

1949 年 9 月 21 日，中國共產黨在北平召開第一屆中國人民政治協商會議，會中宣佈於同年 10 月 1 日成立中華人民共和國，而中國國民黨政府亦於是年 12 月 7 日決定遷至臺灣島臺北盆地，至此開始了兩岸分治的局面[25]。

1.第一次秘密和談

分治之初雖軍事對立情勢緊張，但大陸方面並不放棄國共和談的可能性。1955 年 5 月，國務院總理周恩來在全國人大常委會指出，如果條件允許的話，中國人民解放臺灣的方式可採取和平手段。主席毛澤東也認為大陸與臺灣要化干戈為玉帛“以和為貴”。

於是，1956 年委請章士釗輾轉帶信給蔣介石[26]，並於信中說明關於兩岸統一後雙方合作的各種安排：第一，兩岸統一後，蔣介石繼續掌有人事及軍政大權，

[25] 參閱李守孔：《中國現代史》，三民書局 1973 年 9 月版，第 176 頁。

[26] 參閱範小芳：《國共兩黨在新中國成立後的三次秘密和談》，載《黨史縱橫》2010 年第 06 期，第 58 頁。

但中國對外的外交事務由中央政府負責；第二，中央政府會在臺灣地區政府財政困難、資金短缺時伸出援手、提供補助；第三，臺灣地區要實行何種社會制度暫議，會在適當時機參考蔣介石與臺灣各領域言論領袖的意見並溝通討論；第四，為了國共兩黨恢復友好關係並再次合作，雙方要互相承諾不要派人做破壞兩黨團結合作的事。信裡文末還提到蔣介石的故鄉奉化其祖墳被保護得好好的，一花一草皆妥善照顧，如果有機會兩岸統一，請蔣介石一定要返鄉探望[27]。

經過一年長考的蔣介石為探中共真實意圖，派其學生宋宜山赴大陸確認中共關於和談的意向，宋宜山在陸期間，大陸地區執政中央負責兩岸統一戰線工作部的主管李維漢向宋宜山說明了國共兩黨如何再次合作的四個具體原則：首先，雙方統一的方式是透過兩黨平等地談判；其次，兩岸統一後臺灣地區高度自治，臺灣的行政區劃為中國的一個自治區；再次，在臺灣的這個自治區，中國中央政府不會派人來參與管理，由蔣介石全權負責臺灣地區公共事務的管理，但國民黨可以派代表參與大陸地區公共事務的管理；最後，雙方共同要求美軍勢力退出臺灣海峽區域。結束北京

[27] 參閱常立權：《建國後國共兩黨三次秘密和談始末》，載《黨史縱橫》2005 年第 02 期，第 13 頁。

密會的宋宜山寫了一份書面報告呈給蔣介石，由於報告內容對於中共多所讚揚，蔣介石大為不悅，因此擱置了中共對兩岸和談的提議[28]。

2.第二次秘密和談

1956 年起新加坡《華南商報》特派記者曹聚仁擔任了近十年兩岸“密使”的工作，曹聚仁於 1956 年 10 月在北京面見了毛澤東，毛澤東表達了再次與蔣介石和談的想法，1957 年 5 月曹聚仁受臺灣方面託付到浙江勘查蔣氏祖墳並拍下照片轉交蔣氏父子，同年 9 月曹聚仁寫信給蔣經國重提國共和談的建議，然而蔣經國將該信交給美國並向美國表示蔣介石“寧為玉碎，不為瓦全”，不會與中共談判。1958 年爆發金門炮戰(臺灣稱八二三炮戰)[29]，毛澤東於炮擊後五十天向曹聚仁表示：“只要蔣氏父子能抵制美國，我們可以和他合作。”這次毛澤東與曹聚仁的談話在後來 1963 年將經過周恩來歸納整理成的“一綱四目”知會了蔣介石，這“一綱四目”的一綱就是“臺灣是中國的一部分，臺灣必須重回中國的懷抱”，四目包括了：(1)兩岸統一後，蔣介石繼續掌有人事與軍政大權，但中

28 參閱苗言、霍志慧：《解放後國共兩黨三次秘密和談始末》，載《黨史博采（紀實版）》2003 年第 03 期，第 15 頁。

29 參閱沈衛平：《金門大戰》，中國之翼出版社 2000 年，第 55 頁。

國對外的外交事務由中央政府負責；(2) 中央政府會在臺灣地區政府財政困難、資金短缺時伸出援手，提供軍政與建設的補助；(3) 臺灣地區要實行何種社會制度的問題可以擱置暫議；(4) 只要臺灣方面不宣佈獨立或是任何形式地脫離中國，中央對台的政策就不會改變，兩岸也不要去做一些分化對方的事。

1958 年 10 月，章士釗告知國民黨美國有一天會出賣蔣介石的，因為美國在華沙會談中向中共建議以金門、馬祖交換中共放棄對臺灣主權的主張。1960 年傅作義輾轉告知陳誠美國“兩個中國”的陰謀，並表達中共絕不放棄臺灣的堅定立場。1961 年 7 月曹聚仁轉達中共願以廈門和金門做為國共之間的緩衝地帶，並開闢金、廈為自由港，未得到回應。到了 1962 年 3 月，曹聚仁再次寫信給蔣經國，仍未得到回應，臺灣方面如此不回應的態度一直到 1965 年夏天，蔣經國乘船赴香港接曹聚仁來台，於日月潭談妥六項條件[30]，

[30] 六項條件如下：(1) 蔣介石攜舊部回到大陸，可以定居在浙江省以外的任何一個省區，仍任國民黨總裁。北京建議撥出江西廬山地區為蔣介石居住與辦公的湯沐邑。(2) 蔣經國任臺灣省長。臺灣除交出外交與軍事外，北京只堅持農業方面必須耕者有其田，其他政務，完全由臺灣省政府全權處理，以 20 年為期，期滿再行洽商。(3) 臺灣不得接受美國任何軍事與經濟援助。財政上有困難，由北京按美國支援數額照撥補助。(4) 臺灣海空軍併入北京控制。陸軍縮編為 4 個師，其中一個師駐廈門和金門地區，三個師駐臺灣。(5) 廈門和金門合併為

由曹聚仁回報中共。然 1966 年大陸地區發生文化大革命，蔣介石因此對國共和談產生疑慮，第二次和談遂不了了之[31]，然此次和談的過程說明蔣氏父子曾有意率部回大陸且廈門、金門做為國共之間的緩衝地帶早為蔣氏父子所接受。

3.第三次秘密和談

1971 年 10 月，中華人民共和國加入聯合國，中美、中日關係改善，因此中共高層又萌生對台展開和談的念頭，然而先前的密使曹聚仁已於 1972 年 7 月與世長辭，因此高齡 90 歲的章士釗自動請纓擔任，卻因過於勞累與氣候不適在香港溘然長逝。然由於中共多次對和談的提議與邀請，1975 年春節期間蔣介石將聯繫和談的任務交給陳立夫，陳立夫接到任務後便透過秘密管道向中共中央發出邀請毛澤東來台訪問的通知，然而在重啟和談尚無消息時，蔣介石即已於是年 4 月西去，周恩來亦於 1976 年 1 月去世，最後毛澤東

一個自由市，作為北京與臺北之間的緩衝與聯絡地區。該市市長由駐軍師長兼任。此師長由臺北徵求北京同意後任命，其資格應為陸軍中將，政治上為北京所接受。（6）臺灣現任文武百官官階和待遇照舊不變。人民生活保證只可提高，不准降低。參閱佚名：《解放後國共兩黨曾以特殊方式“對話”》，載《報刊薈萃》2007 年 12 月，第 20 頁。

[31] 參閱佚名：《解放後國共兩黨曾以特殊方式“對話”》，載《報刊薈萃》2007 年 12 月，第 18-20 頁。

也於同年 9 月過世，第三次秘密和談遂在關鍵人物們紛紛逝世下留下遺憾[32]。

小結

由三次秘密和談的過程可知，維持國家統一一直是中共中央不變的方針，而“和平統一”是中共中央首先考慮的統一方式，在美國“兩個中國”分化的戰略下，蔣介石並未完全順從美國的驅策，中共也未讓美國以金、馬交換臺灣主權的戰略得逞。且美國與蔣介石互信不足，蔣介石仍有意率部返回大陸，廈門與金門在此時期即被規劃為國共之間的緩衝地帶，而期間中共中央第一代領導層所提出的“一綱四目”也為第二代領導層的“一國兩制”起到了奠基的作用[33]。

（二）“一國兩制”構想形成 (1978 年-1981 年)

1978 年 12 月，美國公開承認世界上並無“兩個中國”僅有一個中國，而此中國包含了臺灣，其合法政府是中華人民共和國政府，美國決定和中國的合法政府也就是中華人民共和國政府建交，而中國共產黨

[32] 參閱佚名：《國共兩黨的三次秘密和談》，載《兵團建設》2005 年 5 月，第 37-38 頁。

[33] 參閱婁傑：《“一國兩制”基本國策與海峽兩岸和平統一實踐研究》，中共中央黨校 1998 年博士學位論文，第 2 頁。

也在十一屆三中全會中決定把一切施政重心都放在國家的經濟建設，不再側重“解放臺灣”。於此時空背景下，以鄧小平為首的中共中央第二代領導人，遵循著第一代領導人和平統一的方向，漸漸形成了“一國兩制”的構想，中國共產黨十一屆三中全會公報即出現以“臺灣回到祖國懷抱，實現統一大業”來取代“解放臺灣”的表達方式。1979 年關於國家統一的政策方向由全國人大常委會所撰稿的《告臺灣同胞書》在元旦宣佈[34]，其中關於通航、通郵、通商，即是後來所稱的“三通”，象徵著中共中央對台政策的重大轉變。葉劍英在 1981 年 9 月更進一步揭示兩岸和平統一的九條方針，敘明臺灣如何回歸祖國，即後世所稱的“葉九條”[35]，其中即提及兩岸統一後臺灣作為

[34]《告臺灣同胞書》其要點有：(1) 強調在解決統一問題時，一定要考慮臺灣的現實情況，“尊重臺灣現狀和臺灣各界人士的意見，採取合情合理的政策和辦法，不使臺灣人民蒙受損失”。(2) 提出“我們寄希望於 1700 萬臺灣人民，也寄希望於臺灣當局”，並肯定“臺灣當局一貫堅持一個中國的立場，反對臺灣獨立。這就是我們共同的立場，合作的基礎”。(3) 提出“首先應當通過中華人民共和國政府和臺灣當局之間的商談結束這種軍事對峙狀態”。(4) 提出“雙方儘快實現通航通郵”，“發展貿易，互通有無，進行經濟交流”。參閱《告臺灣同胞書》(1979 年 1 月 1 日)，載新華網，http://news.xinhuanet.com/ziliao/2003-01/23/content_704733.htm，瀏覽時間：2014-10-5。

[35] “葉九條”其要點是：(1) 建議舉行國共兩黨對等談判,實行第三次

"特別行政區"的構想，可謂此時期對台政策方針的進一步發展與深化[36]。

（三）確立"一國兩制"為基本國策時期(1982年-1985年)

1983年6月，鄧小平基於"葉九條"的基礎再提出後世所稱的"鄧六條"[37]，其中除原有和平統一的

國共合作，共同完成祖國統一大業。雙方先派人接觸，充分交換意見。（2）海峽兩岸共同為通郵、通航、通商、探親、旅遊以及開展學術、文化、體育交流提供方便，達成有關協議。（3）國家統一後臺灣作為特別行政區享有高度自治權並可以保留軍隊，中央政府不干預臺灣地方事務。（4）臺灣現行社會經濟制度不變，生活方式不變，同外國的經濟、文化關係不變，私人財產、房屋、土地、企業所有權、合法繼承權和外國投資不受侵犯。（5）臺灣當局和各界代表人士，可擔任全國政治機構的領導職務，參與國家管理。（6）臺灣地方財政遇有困難時可由中央政府酌情補助。（7）臺灣同胞願意回祖國大陸定居，保證妥善安排，不受歧視，來去自由。（8）歡迎臺灣工商界人士 回祖國大陸投資，興辦各種經濟事業，保證其合法權益及利潤。（9）歡迎臺灣各族人民和 民眾團體通過各種管道，採取各種方式提供建議，共商國是。參閱《"葉九條"（1981年9月30日）》，載中國網，http://www.china.com.cn/chinese/zhuanti/ffl/733739.htm，瀏覽時間：2014-10-5。

[36] 參閱何仲山：《"和平統一、一國兩制"基本方針的由來、形成、基本內涵及重大意義》，載中共中央黨史研究室第一研究部 中國中共黨史學會國共關係研究專業委員會主編：《國共關係的歷史回顧與"一國兩制"理論研究》，中共黨史出版社2005年版，第341-342頁。

[37] "鄧六條"其要點是：（1）堅持"一個中國"的原則，反對"兩個中國"，反對臺灣完全自治，反對臺灣獨立。（2）兩種社會制度和平共

一貫要求外尚提到了反對臺灣獨立，兩岸統一後臺灣地區司法獨立，終審權不需到北京，甚至在不威脅到大陸的情況下可以保有自己的軍隊，雙方對等協商，是黨與黨之間的談判，非中央與地方政府的談判。並提到以“一國兩制”解決香港回歸的問題[38]。此期間，為解決即將到來的香港回歸問題，1982 年中華人民共和國憲法的第 31 條規定：“國家在必要時得設立特別行政區。在特別行政區內實行的制度按照具體情況由全國人民代表大會以法律規定。”與同法的第 62 條第 13 項規定，關於設立特別行政區與其制度的決定

存，沒有誰吃掉誰，在大陸實行社會主義，在港臺實施資本主義，臺灣特別行政區司法獨立，終審權不需到北京，且臺灣可保有自己的軍隊，但不能對大陸構成威脅，大陸不派人駐台，黨、政、軍皆由臺灣自己管，中央還給臺灣留名額，雙方誰也不吃虧。(3)以“一國兩制”的方式解決香港回歸問題，保持香港資本主義五十年不變。(4)國共合作和國共談判的共同基礎就是雙方都認同只有“一個中國”，國共合作是平等的合作，不是中央與地方的商談而是黨與黨的商談。(5)謀求和平方式解決臺灣問題，不輕易使用武力統一，但也不完全排除使用武力統一。(6)美國不要妨礙中國大陸與臺灣統一，美國與臺灣關係法是中美關係的很大障礙。參閱《“鄧六條”(1983 年 6 月 25 日)》，載中國網，
http://www.china.com.cn/chinese/zhuanti/ffl/733737.htm，瀏覽時間：2014-10-5。

[38] 參閱《1983 年 6 月 26 日 鄧小平再談“一國兩制”偉大構想》，載人民網，http://cpc.people.com.cn/GB/64162/64165/66004/4463469.html，瀏覽時間：2014-10-5。

是由全國人民代表大會職權的行使，大陸地區政府並與英國政府展開關於香港回歸的談判，最後於 1984 年 12 月中英共同商討了以"一國兩制"構想解決香港問題的基本政策方針例如要依中華人民共和國憲法的規定來設置香港別行政區，並共同簽署了《中英關於香港問題的聯合聲明》，而聲明中的附件《中華人民共和國政府對香港的基本方針政策的具體說明》[39] 提供了針對聲明中政策方針的 14 點具體說明，說明中揭示了將制定香港特別行政區基本法等措施。

此時期憲法的制定與"一國兩制"構想在《中英關於香港問題的聯合聲明》的實踐可謂確立了"一國兩制"為基本國策的時期。

（四）"一國兩制"法制化時期(1985 年-1993 年)

"一國兩制"法制化時期主要體現在香港與澳門兩特別行政區基本法的起草與頒佈：

香港方面，1985 年 4 月《關於成立香港特別行政區基本法起草委員會的決定》由第六屆的全國人民代表大會第三次會議召開通過之後，中華人民共和國香

[39] 參閱《中英關於香港問題的聯合聲明》（含附件），載新華網，http://news.xinhuanet.com/ziliao/2004-04/01/content_1396234.htm，瀏覽時間：2014-10-5。

港特別行政區基本法起草委員會名單又經第六屆全國人大常委會的第十一次會議在同一年的六月通過，7月展開起草工作，經過反復的修改與討論，香港基本法草案於 1990 年 3 月送交第七屆全國人大第三次會議，並於同年四月通過公佈。此期間英國不乏提出阻撓香港回歸的手段諸如 1990 年英國在香港推出的“居英權計畫”，企圖以提供 22.5 萬香港人英國公民地位干擾“港人治港”的實施。又如 1991 年英國推出《香港人權法案條例》，企圖架空香港基本法。及 1992 年香港末代總督彭定康提出了“三違反”[40]的政改方案，企圖以親英勢力控制立法局以達到繼續控制香港的目的。

澳門方面，因有香港的先例在前，所以整體而言，澳門的回歸較香港平順。1986 年 6 月中葡展開關於澳門回歸的談判，1987 年 4 月，雙方共同簽署《中葡關於澳門問題的聯合聲明》[41]，其中亦如《中英關於香

[40] 三違反指“違反了中英聯合聲明的規定、違反了與基本法相銜接的原則、違反了中英兩國已經達成的協議和諒解。”參閱田恒國：《“一國兩制”的法律化實踐》，中共中央黨校出版社 2006 年 6 月第 1 版，第 86-87 頁。

[41] 參閱《中葡關於澳門問題的聯合聲明》（含附件），載新華網，http://news.xinhuanet.com/gangao/2010-03/25/c_123135.htm，瀏覽時間：2014-10-5。

港問題的聯合聲明》般提出 12 條基本政策，1988 年 4 月，第七屆全國人民代表大會第一次會議通過《關於成立中華人民共和國澳門特別行政區基本法起草委員會的決定》，同年 9 月通過中華人民共和國澳門特別行政區基本法起草委員會名單，1993 年 3 月，第八屆全國人民代表大會第一次會議通過《中華人民共和國澳門特別行政區基本法》[42]，至此可謂完成了“一國兩制”的法制化階段，有了基本法作為一個龍頭，其他相關問題即可以藉由制定其他子法解決，此兩地的立法例也將為未來解決臺灣問題提供了參考。

（五）“一國兩制”由理論轉為實踐時期(1993 年迄今)

港、澳基本法雖制定完成，但在政權交接實務上仍有許多待處理的問題，以香港為例，中英兩國於 1985 年 5 月依據《中英關於香港問題的聯合聲明》成立中英聯合聯絡小組，此小組非權力機構，而是為香港回歸的交接工作成立的聯絡機構，負責交接事宜的磋商，並在 1997 年 7 月香港正式回歸前，針對過渡時期政權交接問題、財政預算問題、檔案交接問題、政府

[42] 參閱許崇德：《“一國兩制”理論助讀》，中國民主法治出版社 2010 年 4 月第 1 版，第 29-33 頁。

資產轉移、政權交接儀式、香港參與國際組織問題、民航協定、公務員問題、防務與治安問題、跨越 1997 年的專營權和合約相關問題、鐵路發展與碼頭裝箱問題、香港對外投資保護協定問題、引渡協定問題、香港對外司法判決承認與執行問題、法制本土化、在地化問題、居港權問題、簽證問題、滯港者與難民問題等林林總總因香港回歸所衍伸的各種問題，在 1997 年 7 月香港回歸前召開了 40 次會議，香港回歸後又召開了 7 次會議討論。

1997 年 7 月 1 日香港基本法正式實施後迄今，全國人大常委會曾針對香港基本法作過四次解釋，第一次 1999 年針對香港“居港權”問題，第二次 2004 年針對香港“政改”，第三次 2005 年針對基本法第 53 條第二款[43]，第四次 2011 年針對香港對外事務(剛果金案)進行解釋[44]，四次的解釋保證了基本法在香港的正確適用。

此階段歷經中共中央三位領導人，其對“一國兩制”的內涵各自闡述如下—

[43] 參閱田恒國：《“一國兩制”的法律化實踐》，中共中央黨校出版社 2006 年 6 月第 1 版，第 83-149 頁。

[44] 參閱周藝津：《香港基本法的四次釋法》，載《湖北第二師範學院學報》2012 年冬之卷第 29 卷第 13 期，第 71-73 頁。

1.領導人江澤民(1989~2002)：香港和澳門對“一國兩制”的實踐證明了“一國兩制” 的方針正確，堅持以“和平統一、一國兩制”的基本方針早日解決臺灣問題，堅決反對“臺灣獨立”、“兩個中國”、“一中一台”的任何主張，期望在“一個中國”的原則下儘早與臺灣展開對話與談判，積極推進三通並共同弘揚中華文化[45]。並於 1995 年發表後世稱為“江八點”的談話，主張兩岸領導人在“一個中國”的前提下可以合適的身份稱謂互相訪問，只要是於此前提下什麼問題都可以互相討論[46]。

[45] 參閱《江澤民在中共十六大上的報告（“一國兩制”和祖國統一部分）》，載新華網，http://news.xinhuanet.com/ziliao/2003-01/23/content_704809.htm，瀏覽時間：2014-10-5。

[46] 所謂江八點主要為：一、堅持一個中國原則。中國的主權和領土絕不容許分割。任何製造“臺灣獨立”的言行和違背一個中國原則的主張，都應堅決反對。二、對於臺灣同外國發展民間性經濟文化關係，我們不持異議。但是，反對臺灣以搞“兩個中國”、“一中一台”為目的的所謂“擴大國際生存空間”的活動。只有實現和平統一後，臺灣同胞才能與全國各族人民一道，真正充分地共用偉大祖國在國際上的尊嚴與榮譽。三、進行海峽兩岸和平統一談判。談判過程中，可以吸收兩岸各黨派、團體有代表性的人士參加。在一個中國的前提下，什麼問題都可以談，包括臺灣當局關心的各種問題。作為第一步，雙方可先就“在一個中國的原則下，正式結束兩岸敵對狀態”進行談判，並達成協議。在此基礎上，共同承擔義務，維護中國的主權和領土完整，並對今後兩岸關係的發展進行規劃。四、努力實現和平統一，

2.領導人胡錦濤(2002~2012)：“一國兩制”在香港與澳門的實踐獲得舉世公認的成功，中央將嚴格遵照基本法貫徹“澳人治澳”、“港人治港”的方針依法施政，以大陸內地為其廣大腹地與後盾，保證港澳兩地的繁榮與安定，並繼續堅持以“一國兩制、和平統一”的方針發展兩岸關係，繼續反對“臺灣獨

中國人不打中國人。我們不承諾放棄使用武力，決不是針對臺灣同胞，而是針對外國勢力干涉中國統一和搞“臺灣獨立”的圖謀。五、要大力發展兩岸經濟交流與合作，以利於兩岸經濟共同繁榮，造福整個中華民族。我們主張不以政治分歧去影響、干擾兩岸經濟合作。不論在什麼情況下，我們都將切實維護台商的一切正當權益。要繼續加強兩岸同胞的相互往來和交流，增進瞭解和互信。應當採取實際步驟加速實現直接“三通”，促進兩岸事務性商談。六、中華文化始終是維繫全體中國人的精神紐帶，也是實現和平統一的一個重要基礎。兩岸同胞要共同繼承和發揚中華文化的優秀傳統。七、臺灣同胞不論是臺灣省籍，還是其他省籍，都是中國人，都是骨肉同胞、手足兄弟。要充分尊重臺灣同胞的生活方式和當家作主的願望，保護臺灣同胞一切正當權益。黨和政府各有關部門，包括駐外機構，要加強與臺灣同胞的聯繫，傾聽他們的意見和要求，關心、照顧他們的利益，盡可能幫助他們解決困難。我們歡迎臺灣各黨派、各界人士，同我們交換有關兩岸關係與和平統一的意見，也歡迎他們前來參觀、訪問。八、我們歡迎臺灣當局的領導人以適當身份前來訪問；我們也願意接受臺灣方面的邀請前往臺灣。可以共商國是，也可以先就某些問題交換意見。中國人的事我們自己辦，不需要借助任何國際場合。參閱《江澤民《為促進祖國統一大業的完成而繼續奮鬥》重要講話（1995 年 1 月)》，載新華網，
http://news.xinhuanet.com/ziliao/2003-01/24/content_705100.htm，瀏覽時間：2014-10-5。

立”，臺灣的任何政黨只要不主張“台獨”大陸皆願意交往、對話、合作，有關兩岸軍事方面的互信安全機制、兩岸的制度構建等協商都可以在“九二共識”的基礎上進行，甚至可以協商簽署兩岸和平協議，共同為目前兩岸分治的特殊情況作出合情合理的安排[47]。此期間中央亦於 2005 年通過《反分裂國家法》[48]，該法第七條說明了兩岸可以談判和協商的項目[49]，第八條說明了非和平統一方式的採取時機和必要程式[50]，為兩岸關係提供了明確的立場和底線。2008 年臺

---

[47] 參閱《十八大授權發佈：胡錦濤強調,豐富"一國兩制"實踐和推進祖國統一》，載新華網，http://news.xinhuanet.com/18cpcnc/2012-11/08/c_113637910.htm，瀏覽時間：2014-10-5。

[48] 參閱《反分裂國家法》，載中華人民共和國中央人民政府網站，http://www.gov.cn/ziliao/flfg/2005-06/21/content_8265.htm，瀏覽時間：2014-10-5。

[49] 反分裂國家法第 7 條：“國家主張通過臺灣海峽兩岸平等的協商和談判，實現和平統一。協商和談判可以有步驟、分階段進行，方式可以靈活多樣。臺灣海峽兩岸可以就下列事項進行協商和談判：(一)正式結束兩岸敵對狀態；(二)發展兩岸關係的規劃；(三)和平統一的步驟和安排；(四)臺灣當局的政治地位；(五)臺灣地區在國際上與其地位相適應的活動空間；(六)與實現和平統一有關的其他任何問題。”

[50] 反分裂國家法第 8 條：“‘台獨’分裂勢力以任何名義、任何方式造成臺灣從中國分裂出去的事實，或者發生將會導致臺灣從中國分裂出去的重大事變，或者和平統一的可能性完全喪失，國家得採取非和平方式及其他必要措施，捍衛國家主權和領土完整。依照前款規定採取

灣方面馬英九當選總統，兩岸關係緩和，胡錦濤發表“胡六點”[51]，提出了兩岸可在“一個中國”前提下探討建立軍事安全互信機制問題。

3.領導人習近平(2012~迄今)：2014 年 9 月，習近平在北京接見來自臺灣的和平統一團體時指出，一個國家“統則強、分必亂”，1949 年以來，兩岸雖隔海而治，但在國際上只有一個中國，兩岸皆同屬一個中國的情況不曾改變，若要以和平的方式實現兩岸統一，“一國兩制”是可行的方式，希望兩岸同胞可以互相理解、互相溝通，共同反對台獨、振興中華、同圓中國夢[52]。2015 年 11 月，兩岸領導人於新加坡會面時更強調了九二共識的重要。

非和平方式及其他必要措施，由國務院、中央軍事委員會決定和組織實施，並及時向全國人民代表大會常務委員會報告。”

[51] 胡六點：即“恪守『一個中國』，增進政治互信”、“推進經濟合作，促進共同發展”、“弘揚中華文化，加強精神紐帶”、“加強人員往來，擴大各界交流”、“維護國家主權，協商涉外事務”、“結束敵對狀態，達成和平協定”。參閱《胡錦濤：攜手推動兩岸關係和平發展 同心實現中華民族偉大復興》，載新華網，http://news.xinhuanet.com/newscenter/2008-12/31/content_10586495.htm，瀏覽時間：2014-10-5。

[52] 參閱《習近平總書記會見臺灣和平統一團體聯合參訪團》，載新華網，http://news.xinhuanet.com/politics/2014-09/26/c_1112641354.htm，瀏覽時間：2014-10-5。

二、“一國兩制”與海峽西岸經濟區、平潭綜合實驗區的關聯性

（一）海峽西岸經濟區構想的形成

2004 年福建省提出了海峽西岸經濟區(以下簡稱海西經濟區)的構想，“海峽”指的是臺灣海峽，“西岸”指的是臺灣海峽以西的大陸沿岸一帶，海西經濟區以福建省為主體促進海峽西岸的基礎建設與經濟開發。2005 年共產黨的《中共中央關於制定國民經濟和社會發展第十一個五年規劃的建議》納入了“支持海峽西岸經濟發展”的內容，2006 年於第十六屆六中全會《中共中央關於構建社會主義和諧社會若幹重大的決定》又一次地申明“支持海峽西岸經濟發展”並將其寫入政府工作報告與“十一五”規畫綱要，又在2007 年共產黨的十七大報告寫入“支持海峽西岸經濟發展”，最後《國務院關於支持福建省加快建設海峽西岸經濟區的若干意見》於 2009 年 5 月由國務院正式推出[53](以下簡稱《關於海西經濟區的若干意見》)，海

[53] 參閱《國務院關於支持福建省加快建設海峽西岸經濟區的若干意見》，載中華人民共和國中央人民政府網站，http://www.gov.cn/zwgk/2009-05/14/content_1314194.htm，瀏覽時間：2014-10-5。

西經濟區的構想至此由地方層級上升至中央層級[54]。

2011 年 3 月國務院正式批准《海峽西岸經濟區發展規劃》，2011 年 4 月國家發改委正式頒佈《海峽西岸經濟區發展規劃》(以下簡稱《海西經濟區發展規劃》)全文，海西經濟區發展規劃中指出海西經濟區指導思想依據《關於海西經濟區的若干意見》的內容指示為社會主義、“鄧小平理論”[55]和“三個代表”[56]思想，

---

[54] 參閱張志南、李閩榕：《海峽西岸經濟區發展報告（2010）》，社會科學文獻出版社 2011 年 5 月第 1 版，第 15 頁。

[55] 1992 年，中共十四大報告中把鄧小平理論的主要內容概括為九點：一、在社會主義發展道路問題上，強調走自己的路，不把書本當教條，不照搬外國模式，以馬克思主義為指導，以實踐作為檢驗真理的唯一標準，解放思想，實事求是，尊重群眾的首創精神，建設有中國特色的社會主義。二、在社會主義的發展階段問題上，作出了中國還處在社會主義初級階段的科學論斷，強調這是一個至少上百年的很長的歷史階段，制定一切方針政策都必須以這個基本國情為依據，不能脫離實際，超越階段。三、在社會主義的根本任務問題上，指出社會主義的本質是解放生產力，發展生產力，消滅剝削，消除兩極分化，最終達到共同富裕。強調現階段中國社會的主要矛盾是人民日益增長的物質文化需要與落後的社會生產之間的矛盾，必須把發展生產力擺在首要位置，以經濟建設為中心，推動社會全面進步。判斷各方面工作的是非得失，歸根到底，要以是否有利於發展社會主義社會的生產力，是否有利於增強社會主義國家的綜合國力，是否有利於提高人民的生活水準為標準。科學技術是第一生產力，經濟建設必須依靠科技進步和勞動者素質的提高。四、在社會主義的發展動力問題上，強調改革也是一場革命，也是解放生產力，是中國現代化的必經之路，僵化停滯是沒有出路的。經濟體制改革的目標，是堅持公有制和按勞分配為主體、其他經濟成分和分配方式為補充的基礎上，建立和完善社會主

義市場經濟體制。政治體制改革的目標，是以完善人民代表大會制度、共產黨領導多党合作和政治協商制度為主要內容，發展社會主義民主政治。同經濟、政治的改革和發展相適應，以"有理想、有道德、有文化、有紀律"為目標，建設社會主義精神文明。五、在社會主義建設的外部條件問題上，指出和平與發展是當代世界兩大主題，必須堅持獨立自主的和平外交政策，為中國現代化建設爭取有利的國際環境。強調實行對外開放是改革和建設必不可少的，應當吸收和利用世界各國包括資本主義發達國家所創造的一切先進文明成果來發展社會主義，封閉只能導致落後。六、在社會主義建設的政治保證問題上，強調堅持社會主義道路、堅持人民民主專政、堅持中國共產黨的領導、堅持馬克思主義毛澤東思想。這四項基本原則是立國之本，是改革開放和現代化建設健康發展的保證，又從改革開放和現代化建設獲得新的時代內容。七、在社會主義建設的戰略步驟問題上，提出基本實現現代化分三步走。在現代化建設的長過程中要抓住時機，爭取出現若干個發展速度比較快、效益又比較好的階段，每隔幾年上一個臺階。貧窮不是社會主義，同步富裕又是不可能的，必須允許和鼓勵一部分地區一部分人先富起來，以帶動越來越多的地區和人們逐步達到共同富裕。八、在社會主義的領導力量和依靠力量問題上，強調作為工人階級先鋒隊的共產黨是社會主義事業的領導核心，党必須適應改革開放和現代化建設的需要，不斷改善和加強對各方面工作的領導，改善和加強自身建設。執政黨的黨風，黨同人民群眾的聯繫，是關係黨生死存亡的問題。必須依靠廣大工人、農民、知識份子，必須依靠各民族人民的團結，必須依靠全體社會主義勞動者、擁護社會主義的愛國者和擁護祖國統一的愛國者的最廣泛的統一戰線。党領導的人民軍隊是社會主義祖國的保衛者和建設社會主義的重要力量。九、在祖國統一的問題上，提出一個國家、兩種制度的一國兩制創造性構想。在一個中國的前提下，國家的主體堅持社會主義制度，香港、澳門、臺灣保持原有的資本主義制度長期不變，按照這個原則來推進祖國和平統一大業的完成。參閱《鄧小平理論》，載維基百科，http://zh.wikipedia.org/wiki/%E9%82%93%E5%B0%8F%E5%B9%B3%E7%90%86%E8%AE%BA，瀏覽時間：2014-10-5。

並以推進中國和平統一為出發，規劃為兩岸人民交流合作先行先試的區域，目標是海西經濟區與臺灣經濟區不斷地融合而形成兩岸共同發展的格局，故其成立的目的不僅希望海西地區得以繁榮富裕，也希望可以藉由海西地區的發展促進兩岸經濟的融合，符合中央“增進兩岸交流、促進和平統一”的一貫方針[57]。

（二）平潭綜合實驗區構想的形成

平潭島是中國第五大島，距臺灣新竹僅 126 公里，是大陸距離臺灣最近的區域，2009 年 3 月在國務院《關於海西經濟區的若干意見》正式出臺以前，臺灣民主自治同盟福建省委員會[58](以下簡稱臺盟委員會)

---

[56] 三個代表：1.要始終代表中國先進社會生產力的發展要求；2.要始終代表中國先進文化的前進方向；3.要始終代表中國最廣大人民的根本利益。參閱《“三個代表”重要思想》，載新華網，http://news.xinhuanet.com/ziliao/2003-01/21/content_699933.htm，瀏覽時間：2014-10-5。

[57] 參閱《海峽西岸經濟區發展規劃》，載廈門市人民政府網，http://www.big5.xm.gov.cn:82/zt/gclsgwygyzc/zyzc/201104/t20110411_398049.htm，瀏覽時間：2014-10-5。

[58] 臺灣民主自治同盟福建省委員會是由臺灣省人士組成的社會主義勞動者、社會主義事業建設者和擁護社會主義愛國者的政治聯盟，是接受中國共產黨領導、同中國共產黨通力合作的親密友党，是進步性與廣泛性相統一、致力於中國特色社會主義事業的參政黨。1955 年 11 月底，臺盟中央主席謝雪紅來閩視察期間與有關方面人士商談在福建建立臺盟組織事宜。1958 年 1 月 8 日，臺盟福建省支部籌備委員會在

就與福建省相關部門、院校針對平潭地區進行深入調研，研究平潭地區先行先試的發展可行性，5 月國務院正式出臺《關於海西經濟區的若干意見》後，臺盟委員會即在同年 7 月於福建省政協十屆常委會第七次會議作出了《關於在平潭設立兩岸合作的海關特殊監管區的構想》的報告[59]，福建省委省政府亦於當月設

福州市成立。“文化大革命”期間福建臺盟組織被迫停止活動。1979 年 3 月，經臺盟中央批准，臺盟福建省支部委員會在福州正式成立；1987 年 12 月，根據臺盟章程，“省支部委員會”改為“省委員會”。目前，臺盟福建省委在全省 5 個設區市（福州、廈門、漳州、泉州、南平）建立了組織，有盟員 500 餘人。歷任主委為王天強、張克輝、林青山、葉慶耀、汪毅夫，現任主委為鄭建閩。改革開放以來，在中共福建省委和臺盟中央的領導下，我省臺盟組織堅持中國共產黨的領導，團結廣大盟員和臺胞，不斷加強自身建設，認真履行參政黨職能，結合自身特點和優勢，廣泛團結島內外臺灣同胞，大力宣傳“和平統一、一國兩制”方針和胡錦濤同志新形勢下發展兩岸關係的四點意見，為促進海峽兩岸經濟、文化、社會交流和人員往來，為維護臺胞的合法權益，為海峽西岸經濟區建設和祖國和平統一大業積極貢獻力量。近年來，省臺盟在文化與學術、農業發展與合作、人員往來等方面加強與臺灣的交流，取得了很大成績，擴大了影響。今後，臺盟還將在加強海峽兩岸人員交流交往方面繼續努力，為推動祖國和平統一大業再立新功。參閱《臺盟簡介》，載臺灣民主自治同盟福建省委員會網站，http://www.fjtm.org.cn/class_type.asp?zf11id=99，瀏覽時間：2014-10-5。

[59] 參閱臺盟福建省委員會：《關於在平潭設立兩岸合作的海關特殊監管區的構想》，載宋焱、王秉安、羅海成 主編：《平潭綜合實驗區兩岸合作共建模式研究》，社會科學文獻出版社 2011 年 10 月第 1 版，第 5-9 頁。

立了福州(平潭)綜合實驗區(以下簡稱平潭實驗區)，2010 年 8 月，實驗區升格為正廳級單位，2011 年 3 月，國家發改委發佈《海西經濟區發展規劃》，指出要將平潭實驗區建設成為兩岸同胞合作建設、先行先試、科學發展的共同家園，並於 2011 年 12 月轉由福建省直管。2011 年 12 月國家發改委發佈《平潭綜合實驗區總體發展規劃》(以下簡稱《平潭實驗區發展規劃》)，指出要以“先行先試、大膽創新”等原則將實驗區開展為兩岸共同規劃、共同開發、共同經營、共同管理、共同受益的合作試點。

（三）“一國兩制”與海峽西岸經濟區、平潭綜合實驗區的關聯性？

綜合(一)、(二)可知，平潭實驗區的構想源自於海西經濟區的構想，海西經濟區的指導思想是社會主義、鄧小平理論與“三個代表”，雖鄧小平理論已包含“一國兩制”實現中國統一的主張，然不論是《關於海西經濟區的若干意見》、《海西經濟區發展規劃》或是《平潭實驗區發展規劃》等文件中皆隻字未提“一國兩制”，可見海西經濟區的設立非直接為實現“一國兩制”而設，海西經濟區其主要目的還是在為兩岸和平統一創造條件；平潭實驗區也非純為實驗兩岸

“一國兩制”而設，它更像是兩岸人民在大陸地區一個區域內進行摸索，試試看來自實行資本主義地區的臺灣人民來到實行社會主義的大陸地區要如何將彼此融合在一起，並試著將兩個主義的長處綜合在一起，找出一個適合兩岸人民的最佳社會制度；而“兩岸和平統一”的政策方針也非中共中央第二代領導人鄧小平所首次提出，鄧所提出的“一國兩制”構想乃源自於第一代領導人“和平統一”的政策方針，是為了“和平統一”而提出，故論者與其說海西經濟區、平潭實驗區是為實現“一國兩制”而設[60]，倒不如說都是為“兩岸和平統一”而設，且依臺盟於 2010 年所提出的《關於創建海西區兩岸特色經濟合作試點鏈的建議》，其“翔安、金門共建實驗區”的功能定位也才是“一區兩制”試點區，平潭實驗區的功能定位主要還是兩岸服務業對接區、現代化濱海旅遊商貿城市與兩岸社會合作交流實驗區的[61]，故“一國兩制”與海

[60] 參閱《陸委會開門沒顧厝 放任福建省長搞統戰》，載臺灣地區自由時報新聞網，http://news.ltn.com.tw/news/focus/paper/571637，瀏覽時間：2014-10-5。

[61] 參閱臺盟福建省委員會：《關於創建海西區兩岸特色經濟合作試點煉的建議》，載宋焱、王秉安、羅海成 主編：《平潭綜合實驗區兩岸合作共建模式研究》，社會科學文獻出版社 2011 年 10 月第 1 版，第 10-15 頁。

西經濟區、平潭實驗區此三構想的思路脈絡應為如下圖示：

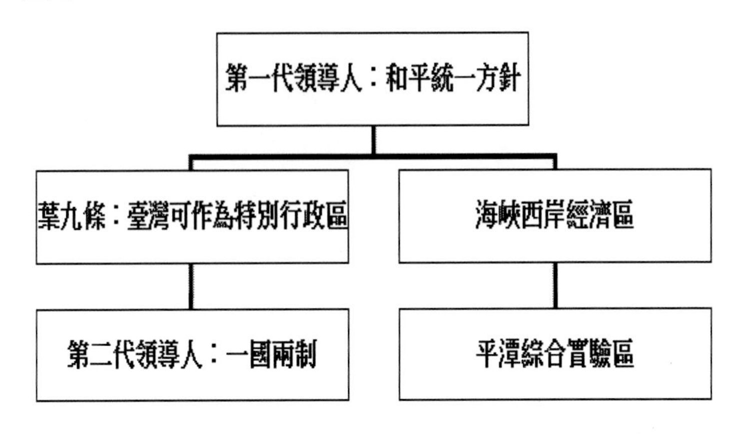

圖 1：“一國兩制”與海峽西岸經濟區、平潭綜合實驗區此三構想的思路脈絡圖

(資料來源：自行製作)

三、運用智慧避免衝突

回顧兩岸分治後大陸政府對台政策的歷史可以明白，自國民黨政府遷台後，大陸政府的對台政策自始自終一脈相承，皆以兩岸和平統一為優先目標，希望盡可能的以和平方式實現中國統一，而平潭實驗區本著最原始“和平統一”的初衷，即是大陸政府在一個大陸離臺灣最近的區域，開放臺灣人民來定居、工作、生活，希望兩岸人民在此區域相處愉快，也希望臺灣

人民的生活圈以平潭為入口擴及平潭、擴及海峽西岸，借著兩岸人民的交流、共同發展、彼此借鑒，可以共建一個美好的共同家園，一同實現中國夢，也為中國統一的目標奠定基礎、累積經驗。所以可以說大陸政府對平潭實驗區的態度是開放的、大方的，是意味深長的、寄予厚望的，是一個渴望中華民族可以運用智慧不透過戰爭而實現國家統一的殷切期盼。

兩岸同胞都過著同一個中國年。（平潭“年味”系列——貼上美麗的羊年窗花/攝影：林映樹）

第二節　臺灣視角下的平潭綜合實驗區

一、台灣對大陸的政策演進

（一）兩岸分治軍事對立時期(1949 年-1979 年)

1949年國民黨領導人蔣介石率部眾撤退臺灣並提出了“反攻大陸”的口號與“一年整訓，二年反攻，掃蕩‘共匪’，三年成功”的方針[62]，1950 年朝鮮戰爭爆發，美國杜魯門總統令第七艦隊進入臺灣海峽阻止共軍進攻臺灣並要求國民黨政府不要攻擊大陸，並拋出“臺灣問題未定論”的說法以獲得派兵進入臺灣海峽的合法性，當時的國民黨政府對此發表四點聲明[63]，從該四點聲明中可以看出即便在美國戰略與共軍

[62] 參閱楊樹標、楊菁：《蔣介石傳（1950-1975）》，浙江大學出版社 2011 年 4 月第 1 版，第 183-184 頁。

[63] 由當時國民黨外交部長所提出的四點聲明如下：（1）在與日本締結和平條約前，美國政府將與臺灣國民黨當局“共同負擔”臺灣的“保衛”問題。（2）“臺灣系中國領土之一部分，乃為各國所公認”，美國政府的上述聲明與建議，“當不影響開羅會議關於臺灣未來地位之決定，亦不影響中國對於臺灣的主權”。（3）美國政府的建議和政策，只是針對亞太地區當時“遭受共產主義之侵略或威脅”所採取的“緊急措施”。臺灣當局期望的是上述“侵略與威脅”能在“短期內”予以消除，否則，臺灣當局“及其友邦自仍有採取其他步驟以抵

攻台的壓力下，蔣介石仍公開聲明臺灣是中國領土的一部分、中國對臺灣仍有主權以防止美國“兩個中國”的戰略實現，且有意趁朝鮮戰爭反攻大陸但最終遭美國政府以維持臺灣海峽和平為由阻撓未果[64]。

1950 年末至 1953 年，國民黨政府基本以金門、馬祖、大陳島作為基地向海峽西岸島嶼諸如白沙山島、黃焦島、湄洲島、南日島等島嶼進行進攻[65]，1954 年國民黨政府與美國簽署《中美共同防禦條約》[66](美

抗此種侵略或其威脅之共同責任”。（4）臺灣當局接受美國的建議，“自不影響中國反抗國際共產主義侵略及維護中國主權領土完整之立場”。參閱楊樹標、楊菁：《蔣介石傳（1950-1975）》，浙江大學出版社 2011 年 4 月第 1 版，第 166 頁。

[64] 參閱楊樹標、楊菁：《蔣介石傳（1950-1975）》，浙江大學出版社 2011 年 4 月第 1 版，第 164-169 頁。

[65] 參閱田玨、傅玉能：《臺灣史綱要》，福建人民出版社 2012 年 7 月第 1 版，第 471 頁。

[66] 《中美共同防禦條約》其主要內容為：一、本條約締約國承允依照聯合國憲章之規定，以不危及國際和平、安全與正義之和平方法，解決可能牽涉兩國之任何國際爭議，並在其國際關係中，不以任何與聯合國宗旨相悖之方式，作武力之威脅或使用武力。二、為期更有效達成本條約之目的起見，締約國將個別並聯合以自助及互助之方式，維持並發展其個別及集體之能力，以抵抗武裝攻擊，及由國外指揮之危害其領土完整與政治安定之共產顛覆活動。三、締約國承允加強其自由制度，彼此合作，以發展其經濟進步與社會福利，並為達到此等目的，而增加其個別與集體之努力。四、締約國將經由其外交部部長或其代表，就本條約之實施隨時會商。五、每一締約國承認對在西太平洋區域內任一締約國領土之武裝攻擊，即將危及其本身之和平與安全。茲並宣告將依其憲法程序採取行動，以對付此共同危險。任何此項武裝攻擊及因而採取之一切措施，應立即報告聯合國安全理事會。此等措施應於安全理事會採取

台共同防禦條約)，且美國當局要求若無必勝的希望絕不同意蔣介石增兵金、馬反攻大陸，然蔣介石仍持續增兵金、馬至臺灣全軍人數之三分之一，因此 1955 年起，美國的對台政策展開調整，同時中共中央也開始轉變追求統一所採取的方式[67]，如本章第一節所述，兩岸於之後展開了國共第一次秘密會談，關於蔣介石政府與共產黨的三次秘密和談本節不再贅述，然從秘密會談的過程可知蔣介石並未曾完全放棄國共和談的可能。

1958 年美國以削減對國民黨政府的援助為要脅要求蔣介石自金、馬撤軍，企圖藉由孤立臺灣進而託管臺灣以達成“兩個中國”的戰略目標，然不論毛、蔣

恢復並維持國際和平與安全之必要措施時予以終止。六、為適用於第二條及第五條之目的，所有「領土」等辭，就中華民國而言，應指台灣與澎湖；就美利堅合眾國而言，應指西太平洋區域內在其管轄下之各島嶼領土。第二條及第五條之規定，並將適用於經共同協議所決定之其他領土。七、中華民國政府給予，美利堅合眾國政府接受，依共同協議之決定，在台灣澎湖及其附近，為其防衛所需要而部署美國陸海空軍之權利。八、本條約並不影響，且不應被解釋為影響，締約國在聯合國憲章下之權利及義務，或聯合國為維持國際和平與安全所負之責任。九、本條約應由中華民國與美利堅合眾國各依其憲法程序予以批准，並將於在台北互換批准書之日起發生效力。十、本條約應無限期有效。任一締約國得於廢約之通知送達另一締約國一年後予以終止。參閱《中華民國與美利堅合眾國間共同防禦條約》，載全國法規資料庫，http://law.moj.gov.tw/LawClass/LawAll.aspx?PCode=Y0010095，瀏覽時間：2014-10-6。

[67] 參閱張同新、何仲山：《從南京到臺北（蔣介石敗退臺灣真相始末）》，武漢出版社 2011 年 10 月第 2 版，第 273-274 頁。

皆未同意。茲此，毛澤東下令金門，金門炮戰(八二三炮戰)就此爆發，毛澤東於炮戰第二天即對其秘書表示炮擊其實是為了讓蔣介石有一個對抗美國要求蔣介石放棄金門、馬祖的理由，共軍向金門開炮能使蔣介石有更充分的理由繼續固守金、馬而不讓美國“兩個中國”的戰略目標實現。可見國共當時雖然對峙，但是雙方對於美國企圖分化中國的意圖仍保持警覺與默契，炮戰的結果是蔣介石放棄了武力反攻大陸[68]，1971年中華人民共和國取代中華民國加入聯合國，1972 年中華人民共和國與美國簽署《聯合公報》(又稱“上海公報”)其中內容提到“在臺灣海峽兩邊的所有中國人都認為只有一個中國，臺灣是中國的一部分，”是美國在公報中公開的聲明與理解[69]，也奠定了後來中美建交的基礎，同年臺灣地區與日本斷交[70]，1975 年蔣介石去世由嚴家淦繼位至 1978 年。

觀兩岸軍事對峙時期臺灣方面對大陸的政策，可

---

[68] 參閱尹家民:《國共往事風雲錄 4》，當代中國出版社 2012 年 1 月第 1 版，第 227-240 頁。

[69] 參閱《中華人民共和國和美利堅合眾國聯合公報（“上海公報”）（1972 年 2 月 28 日）》，載新華網，http://news.xinhuanet.com/ziliao/2002-01/28/content_257045.htm，瀏覽時間：2014-10-6。

[70] 參閱楊樹標、楊菁:《蔣介石傳（1950-1975）》，浙江大學出版社 2011 年 4 月第 1 版，第 404-421 頁。

謂由以"武力反攻大陸"為目標轉變至"確保偏安臺灣"為目標，過程中國民黨政府失去了國際上代表中國的地位，並依靠《中美共同防禦條約》得以一息尚存、在台自治，但值得注意的是，雖然過程中美國一再提出分化中國、製造兩個中國的策略要求，但兩岸似乎有默契地一致防止此結果的發生，雙方也不曾放棄和談的可能。總結而言，此時期臺灣方面的大陸政策還是主張"一個中國"，"臺灣是中國領土的一部分、中國對臺灣仍有主權"的主張沒有改變。

（二）蔣經國任臺灣地區總統時期(1978 年-1988 年)

1978 年蔣經國就任臺灣地區總統，1979 年中華人民共和國與美國建交，因美國不再承認臺灣地區做為國家的合法性，先前與臺灣地區所簽署的《中美共同防禦條約》即必須廢除，因此美國國內另自行制定《與臺灣關係法》[71]以作為處理臺灣問題的準則。而大陸

[71] 美國與中華民國斷交後，雙方關係無法以"國際條約"規範之，因此以美國國內法規範。其目的在於取代遭廢除的《中美共同防禦條約》（Sino-American Mutual Defense Treaty）。1979 年眾參兩院以不到兩天的時間，分別在 3 月 28 日及 29 日表決通過）。1979 年 4 月 10 日經美國總統吉米·卡特簽署，法案共十八條，成為美國法律，並追朔自 1979 年 1 月 1 日生效。美國訂定與臺灣關係法的要旨為："本法乃為協助維持西太平洋之和平、安全與穩定，並授權繼續維持美國人民與在臺

方面此時也釋出善意，期望結束軍事對峙、兩岸展開三通，對此劣勢，蔣經國提出了“不接觸、不妥協、不談判”的“三不政策”[72]作為因應，儘管後來大陸方面提出“葉九條”與“鄧六條”，蔣經國皆“不為所動”，如此拒中共於千里之外的態度在 1986 年“華航事件”[73]發生後產生了轉變，為處理該事件，臺灣

灣土地上所有人民間(The People on Taiwan)之商業、文化及其他關係，以促進美國外交政策……”該法第二條第二款指出，“任何企圖以非和平方式來決定臺灣的前途之舉 -- 包括使用經濟抵制及禁運手段在內，將被視為對西太平洋地區和平及安定的威脅，而為美國所嚴重關切”。另一方面，根據該法第六條，“美國總統或美國政府各部門與臺灣人民（The People on Taiwan）進行實施的各項方案、交往或其他關係，應在總統指示的方式或範圍內”，經由或透過“美國在台協會”來進行實施。值得注意的是，與臺灣關係法並未延續《中美共同防禦條約》的宗旨（“臺灣”一詞僅包括臺灣、臺灣本土及澎湖列島，金門、烏丘、馬祖、東引、東沙以及南沙群島），“臺灣”一詞僅僅代表臺灣本島、澎湖列島等其餘環繞臺灣本島之小島，並未包含金門與馬祖；與臺灣關係法亦未表示美國對臺灣主權現狀的認定以及未來歸屬的看法，只是一個規範美國政府對臺灣政府政策的法律。參閱《與臺灣關係法》，載維基百科，
http://zh.wikipedia.org/wiki/%E8%87%BA%E7%81%A3%E9%97%9C%E4%BF%82%E6%B3%95，瀏覽時間：2014-10-6。

[72] 參閱肖如平：《蔣經國傳》，浙江大學出版社 2012 年 6 月第 1 版，第 355-362 頁。

[73] 華航事件：1986 年 5 月 3 日，一名臺灣中華航空公司飛行員在空中制服了其他機組人員，將一架貨運飛機劫持至中國大陸的廣州白雲機場，迫使蔣經國派出代表赴香港與大陸代表談判遣返飛行員與貨機事宜。這是國共內戰以後雙方官員首次接觸。參閱《三不政策》，載維

不得不派人赴香港處理並與大陸代表展開談判，這是兩岸分治後第一次的官方接觸。此後，臺灣方面於 1987 年 7 月解除戒嚴令[74]並於同年 11 月基於人道考慮開放臺灣人民赴大陸探親，兩岸關係稍有緩解。

（三）李登輝任臺灣地區總統時期(1988 年-2000 年)

1988 年學生時代富有社會主義思想且曾為共產黨員的李登輝於蔣經國過世後依法繼任總統[75]，執政初期尚堅持蔣經國的“三不政策”提出以“自由、民主、均富統一中國”的口號鼓吹“三民主義統一中國”，並採取官方與民間區別的態度處理兩岸事務，即官方仍需堅持“三不政策”、堅拒“一國兩制”，

基百科，http://zh.wikipedia.org/wiki/%E4%B8%89%E4%B8%8D%E6%94%BF%E7%AD%96，瀏覽時間：2014-10-6。

[74] 1987 年 7 月 14 日，總統蔣經國頒佈總統令，宣告臺灣地區自同年 7 月 15 日淩晨零時起解嚴，解除在臺灣本島、澎湖與其它附屬島嶼實施的戒嚴令（簡稱“解嚴”），在臺灣實施達 38 年又 2 個月的戒嚴令自此走入歷史。參閱《臺灣省戒嚴令》，載維基百科，http://zh.wikipedia.org/wiki/%E8%87%BA%E7%81%A3%E7%9C%81%E6%88%92%E5%9A%B4%E4%BB%A4#.E6.88.92.E5.9A.B4.E4.BB.A4.E7.9A.84.E8.A7.A3.E9.99.A4，瀏覽時間：2014-10-6。

[75] 參閱李敖：《李登輝的真面目》，中國友誼出版社 2010 年 7 月第 1 版，第 138 頁。

民間則可循序漸進地擴大兩岸交流[76]。1990 年 1 月臺灣方面以"台、澎、金、馬關稅領域"名義申請加入"關稅暨貿易總協定"（GATT），開始積極謀求加入國際經貿組織，10 月於總統府成立"國家統一委員會"。1991 年 1 月於行政院成立大陸委員會，2 月通過《國家統一綱領》，表示仍不放棄統一的立場，3 月成立海峽兩岸交流基金會(以下簡稱海基會)，4 月通過臺灣地區憲法增修條文並延續蔣經國生前的規畫廢止《動員戡亂時期臨時條款》，7 月向國際表示臺灣願意接受雙重承認，期望能仿照兩德的模式，獲得國際承認臺灣地區的國際地位，以形成"兩個中國"的事實，8 月臺灣方面以"中華臺北"名義申請加入"亞太經濟合作會議"（APEC），1992 年 5 月完成第二階段修憲，7 月通過《臺灣地區與大陸地區人民關係條例》[77]，讓陸委會得委託海基會代表臺灣政府與海協會進行兩岸交流的權力有了法源依據，10 月開始海基會與海協會開始討論有關如何描述"一個中國"的問題，雙方建立了後世所稱的"九二共識"，即兩岸

---

[76] 參閱郭傳璽：《中國國民黨臺灣 40 年史綱》，中國文史出版社 1993 年 7 月第 1 版，第 413-414 頁。

[77] 參閱《行憲後歷任總統（大事年表）》，載臺灣地區總統府網站，http://www.president.gov.tw/Default.aspx?tabid=74#02，瀏覽時間：2014-10-6。

“雙方雖均堅持一個中國的原則，但對於一個中國的涵義，認知各有不同。[78]” 也是後世所稱 “一中各表”，但核心內容應為兩岸皆承認世界上只有一個中國。1993 年在新加坡舉行首次“辜汪會談”，簽署四項協定[79]。

於李登輝執政期間值得特別注意的是，自 1990 年 12 月起至 1992 年 6 月兩岸展開了秘密會談，密談的開端是 1988 年大陸方面時任全國政協常委、國民黨革命委員會(民革)的賈亦斌赴香港與南懷瑾[80]見面商談

[78] 參閱《九二共識的真相》，載臺灣地區海基會網站，http://www.sef.org.tw/public/Data/2101517202971.pdf，瀏覽時間：2014-10-6。

[79] 參閱《九二共識大事記》，載臺灣地區海基會網站，http://www.sef.org.tw/public/Data/2121319451471.pdf，瀏覽時間：2014-10-6。

[80] 南懷瑾簡介：南懷瑾(1918～2012) ，樂清南宅殿后村人。幼承庭訓，少習諸子百家。浙江國術館國術訓練員專修班第二期畢業、中央軍校政治研究班第十期畢業、金陵大學研究院社會福利系肄業。抗日戰爭中，投筆從戎，躍馬西南，籌邊屯墾。返蜀後，執教於中央軍校軍官教育隊。旋即潛心佛典，遁跡峨嵋大坪寺，閱藏三年。後講學於雲南大學、四川大學等校。赴臺灣後，任文化大學、輔仁大學、政治大學、以及其他大學、研究所等教授。在港、台及居美時期，曾創辦東西方文化精華協會總會、老古文化事業股份有限公司、美國維吉尼亞州東西方文化學院、加拿大多倫多中國文化書院、香港國際文教基金會。並關心家鄉建設，1990 年泰順、文成水災，捐資救患，並在溫州成立南氏醫藥科技基金會、農業科技基金會等。又將樂清故居重建，移交地方政府做為老幼文康中心，且為廈門南普陀寺修建禪堂，倡建金溫

兩岸和談的可能，大陸方面之所以找上南懷瑾是因其曾有恩於李登輝，且李登輝的親信蘇志誠曾是南懷瑾的學生[81]，密談過程中，南懷瑾提出兩岸統一的上、中、下三策[82]，其中的中策就是臺灣海峽西岸沿海一

鐵路，作出巨大貢獻，眾所皆知。生平致力於弘揚中國傳統文化，出版有論語別裁、孟子旁通、大學微言、老子他說，及佛、道兩家近六十多種著作，有經英、法、荷蘭、西班牙、葡萄牙、義大利、韓國、羅馬尼亞等八種語文翻譯流通。曾講學歐、美、日各國，美國華盛頓大學尚設有南懷瑾學院。其門生博士，自出鉅資，用其名義在國內創立光華獎學基金會，資助三十多所著名大學，嘉惠研究師生等舉。要之：其人一生行跡奇特，常情莫測，有禪學大師、國學大師種種稱譽，今人猶不盡識其詳者。近年為重續中華斷層文化心願，致力提倡幼少兒童智力開發，推動讀經及中、英、算並重之工作。又因國內學者之促，為黃河斷流、南北調水事，倡立「參天水利資源工程研考會」，作科研工作之先聲，不辭勞瘁，不避譏嫌云云。參閱《南老師簡介》，載老古文化出版社網站，http://www.laoku.com.tw/indext.asp，瀏覽時間：2014-10-6。

[81] 參閱裴高才：《兩岸密使賈亦斌、南懷瑾："九二共識"搭台人》，載《名人傳記》2013 年第 5 期，第 14-17 頁。

[82] 南懷瑾於密談過程所提到兩岸統一上、中、下三策："我建議成立一個中國政經重整振興委員會，包括兩岸兩黨或多黨派人士參加，修改歷來憲章，融合東西新舊百家思想，中華文化特色的社會主義的憲法、國號、年號問題，都可以在這個委員會內商量，使之成為全中國人的國統會。這是上策。中策是大陸從浙江溫州到福建泉州、漳州和廈門劃出一塊地方，臺灣劃出金門馬祖，兩岸合起來搞一個經濟特區，吸收台港等地百年來的經濟工商經驗。有力出力，有錢出錢，做一個新中國的樣板。最重要的是為國家建立南洋海軍強有力的基地，控制南沙及東沙群島，對東南亞至太平洋海域建立管制權力。下策是只就兩岸經濟、貿易、投資，通與不通的枝節問題商討解決辦法。大

帶劃出一塊區域與金門、馬祖共同設立一個經濟特區，此一構想皆獲得參與密談的代表們一致贊同[83]，此可謂前揭海西經濟區構想形成的發軔。1991 年 6 月，兩岸密談代表敲定日期舉辦第一次"辜汪會談"(大陸方面稱"汪辜會談")，南懷瑾並親自研擬了一份《和平共濟協商統一建議書》，於該書中提出了兩岸關係基本三原則[84]，希望雙方能針對此建議書回信，然因雙方各有考慮對此建議未有回應而告終，錯失了一次兩岸和談的契機[85]。然也因有這段兩岸密使的秘密往來，才造就了後來 1992 年的"九二共識"與 1993 年的"辜汪會談"。

1995 年 1 月大陸方面領導人江澤民發表"江八點"，李登輝即於 4 月以俗稱的"李六條"[86]作為回

家談生意，交換煤炭石油。"參閱魏承思：《兩岸密使 50 年》，星克爾出版有限公司 2005 年版，第 34-35 頁。

[83] 參閱魏承思前揭書，第 18-35 頁。

[84]《和平共濟協商統一建議書》兩岸關係基本三原則如下：1.和平共濟，祥化宿怨；2.同心合作，發展經濟；3.協商國家民族統一大業。"參閱魏承思前揭書，第 63-64 頁

[85] 參閱魏承思前揭書，第 62-65 頁。

[86] "李六條"內容如下：1. 在兩岸分治的現實上追求中國統一。民國三十八年以來，臺灣與大陸分別由兩個互不隸屬的政治實體治理，形成了海峽兩岸分裂分治的局面，也才有國家統一的問題。因此，要解決統一問題，就不能不實事求是，尊重歷史，在兩岸分治的現實上探尋國家統一的可行方式。只有客觀對待這個現實，兩岸才能對於「一

個中國」的意涵，儘快獲得較多共識。2.以中華文化為基礎，加強兩岸交流。博大精深的中華文化，是全體中國人的共同驕傲和精神支柱。我們歷來以維護及發揚固有文化為職志，也主張以文化作為兩岸交流的基礎，提升共存共榮的民族情感，培養相互珍惜的兄弟情懷。在浩瀚的文化領域裡，兩岸應加強各項交流的廣度與深度，並進一步推動資訊，學術、科技、體育等各方面的交流與合作。3.增進兩岸經貿往來，發展互利互補關係。面對全球致力發展經濟的潮流，中國人必須互補互利，分享經濟。臺灣的經濟發展要把大陸列為腹地，而大陸的經濟發展則應以臺灣作為借鑒。我們願意提供技術與經驗，協助改善大陸農業，造福廣大農民；同時也要以既有的投資與貿易為基礎，繼續協助大陸繁榮經濟，提升生活水準。至於兩岸商務與航運往來，由於涉及的問題相當複雜，有關部門必須多方探討，預作規劃。在時機與條件成熟時，兩岸人士並可就此進行溝通，以便透徹瞭解問題和交換意見。4.兩岸平等參與國際組織，雙方領導人藉此自然見面。本人曾經多次表示，兩岸領導在國際場合自然見面，可以緩和兩岸的政治對立，營造和諧的交往氣氛。目前兩岸共同參與若干重要的國際經濟及體育組織，雙方領導人若能藉出席會議之便自然見面，必然有助於化解兩岸的敵意，培養彼此的互信，為未來的共同合作奠定基礎。我們相信，兩岸平等參與國際組織的情形愈多，愈有利於雙方關係發展及和平統一進程，並且可以向世人展現兩岸國人不受政治分歧影響，仍能攜手共為國際社會奉獻的氣度，創造中華民族揚眉吐氣的新時代。5. 兩岸均應堅持以和平方式解決一切爭端。炎黃子孫先互示真誠，不再骨肉相殘。我們不願看到中國人受內戰之苦，希望化干戈為玉帛。因此，於民國八十年宣佈終止動員戡亂，確認兩岸分治的事實，不再對大陸使用武力。遺憾的是，四年來，中共當局一直未能宣佈放棄對台澎金馬使用武力，致使敵對狀態持續至今。我們認為，大陸當局應表現善意，聲明放棄對台澎金馬使用武力，不再做出任何引人疑慮的軍事活動，從而為兩岸正式談判結束敵對狀態奠定基礎。本人必須強調，以所謂「台獨勢力」或「外國干預」作為拒不承諾放棄對台用武的理由，是對中華民國立國精神與政策的漠視和歪曲，只會加深兩岸猜忌，阻撓互信；兩岸正式談判結束敵對狀態的成熟度，需應，其最主要的要求是希望兩岸可以平等參與國際組織並希望大陸方面可以宣佈放棄武力統一。至此，李登輝漸漸展露其野心，1996 年 6 月透過金錢收買美國政客得以獲准以“私人地、非正式地”方式過境訪問美國康乃爾大學並公開發表演說，達成了向世界提示中華民國仍存在的目標。由於李登輝此舉有分裂中國之虞，大陸方面隨即於同年 7 月舉行地對地導彈射擊訓練，造成臺灣地區人心惶惶[87]。1996 年李登輝提出“戒急用忍”，呼籲臺灣企業不要前往大陸投資，造成許多即將赴陸投資的台商計畫生變，兩岸經貿往來

要雙方共同用真心誠意來培養醞釀。目前，我們將由政府有關部門，針對結束敵對狀態的相關議題進行研究規劃，當中共正式宣佈放棄對台澎金馬使用武力後即最適當的時機，就雙方如何舉行結束敵對狀態的談判，進行預備性協商。6.兩岸共同維護港澳繁榮，促進港澳民主。香港和澳門是中國固有領土，港澳居民是我們的骨肉兄弟，一九九七年後的香港和一九九九年後的澳門情勢，是我們密切關心的問題。中華民國政府一再聲明，將繼續維持與港澳的正常連系，進一步參與港澳事務，積極服務港澳同胞。維持經濟的繁榮與自由民主的生活方式。是港澳居民的願望，也受到海外華人和世界各國的關注，更是海峽兩岸無可旁貸的責任。我們希望大陸當局積極回應港澳居民的要求，集合兩岸之力，與港澳人士共同規劃維護港澳繁榮與安定。參閱《“李六條”的中、英文內容》，載大陸資訊及研究中心，http://www.mac.gov.tw/ct.asp?xItem=47407&ctNode=5841&mp=4，瀏覽時間：2014-10-6。

[87] 參閱竇應泰：《李登輝弄權密錄》，山東友誼出版社 2007 年 1 月第 1 版，第 329-349 頁。

遂呈停滯[88]。1998 年，美國總統克林頓於訪問大陸時提出對台“三不”政策[89]，再次表達不支持“兩個中國”與“臺灣獨立”的立場，然而李登輝卻於 1999 年接受德國之聲電臺訪問時，聲稱“兩岸關係是特殊的國與國之間的關係”，且在其他場合說明大陸方面所提出的“一個中國”不包含臺灣，中華民國與中華人民共和國是兩個不同的國家，即後世所稱“兩國論”，引發喧然大波[90]，也正式表露了其竊思臺灣獨立的傾向[91]。

---

[88] 參閱《兩岸佈局夢想 壯志未酬》，載王永慶紀念專輯網站，http://money.chinatimes.com/97rp/fpg-king/02/97101702.htm，瀏覽時間：2014-10-6。

[89] 克林頓的“三不”承諾為“美國不支持臺灣獨立；不支持“兩個中國”、“一中一台”；不支持臺灣加入任何必須由主權國家參加的國際組織”。參閱《克林頓的“三不”承諾》，載新華網，http://www.hb.xinhuanet.com/art/2007-05/11/content_10003472.htm，瀏覽時間：2014-10-6。

[90] 參閱黃修容：《國共關係史》（下卷），廣東教育出版社 2002 年 12 月第 1 版，第 2619-2621 頁。

[91] 李登輝於總統卸任後即促成了以臺灣獨立為主要要求的政黨“臺灣團結聯盟”，此党並以李登輝為精神領袖。參閱《台聯歷史》，載臺灣團結聯盟全球資訊網，http://www.tsu.org.tw/?post_type=about&p=74，瀏覽時間：2014-10-6。

（四）陳水扁任臺灣地區總統時期(2000 年-2008 年)

2000 年臺灣地區政黨輪替，在野的民進黨上臺執政，時任總統的陳水扁於就職演說中，公開提出以中共不動武為前提的“四不一沒有”[92]兩岸政策， 先表明不會改變現狀的主張以解除人們對他傾向台獨的疑慮，然而卻在同年 6 月否認“九二共識”，否認“一個中國”的事實[93]。2002 年臺灣地區以“臺灣、澎湖、金門及馬祖個別關稅領域”加入世界貿易組織(World Trade Organization)[94]，同年陳水扁主張“一邊一

[92] “四不一沒有”即“不宣佈獨立、不更改國號、不推動兩國論入憲、不推動改變現狀的統獨公投；沒有廢除國統綱領與國統會的問題。”參閱《行憲後歷任總統（大事年表）》，載臺灣地區總統府網站，http://www.president.gov.tw/Default.aspx?tabid=75，瀏覽時間：2014-10-6。

[93] 參閱董世明：《臺灣六十年史綱：1949-2009》，暨南大學出版社 2011 年 12 月第 1 版，第 287 頁。

[94] 臺灣地區於 1990 年 1 月 1 日依據 GATT 第 33 條規定，以在對外貿易關係上具自主權地位的“臺灣、澎湖、金門及馬祖個別關稅領域”向 GATT 秘書處提出入會申請，歷經多年努力，終於在 2001 年完成各項雙邊與多邊入會經貿諮商。臺灣地區入會工作小組於 2001 年 9 月 18 日舉行第 11 次會議，採認臺灣地區入會議定書及工作小組報告，ＷＴＯ第四屆部長會議於同年 11 月 11 日通過採認我國入會案，臺灣地區由時任經濟部部長林信義於 11 月 12 日代表我國簽署入會議定書。臺灣地區入會條約案於 11 月 16 日經立法院審議通過，陳水扁於 11 月 20 日簽署臺灣加入 WTO 批准書，自批准日起 3 日生效（即 90

國”，強調臺灣是主權獨立的國家，造成兩岸關係緊張，大陸地區亦於 2005 年制定《反分裂國家法》，明文規定對台動武法律依據，對於該法陳水扁提出了六點聲明表達其強烈反對的立場並鼓動臺灣人民一齊反對[95]。2006 年中止臺灣地區“國家統一委員會”與《國

年 11 月 22 日)，臺灣地區乃於 12 月 2 日致函ＷＴＯ秘書長確認接受臺灣入會議定書。經過 30 天之等待期後，臺灣地區於 2002 年 1 月 1 日成為ＷＴＯ第 144 個會員。參閱《臺灣地區申請加入 GATT/WTO 之歷史紀要》，載臺灣地區 WTO 入口網，http://www.trade.gov.tw/cwto/Pages/Detail.aspx?nodeID=354&pid=312950&dl_DateRange=all&txt_SD=&txt_ED=&txt_Keyword=&Pageid=0，瀏覽時間：2014-10-6。

[95] 陳水扁六點聲明如下：第一，“中華民國是一個主權獨立的國家；國家的主權屬於 2300 萬臺灣人民；臺灣前途任何的改變，只有 2300 萬臺灣人民才有權決定”。九成臺灣民眾表達認同，這是臺灣社會最大共識、朝野最大公約數。第二，中共制定反分裂過程，證明目前台海兩岸確實存在許多制度性的差異，不需要刻意凸顯民主與不民主，和平與非和平的差異有多大，但是解決的方法，絕對不是制定不民主與非和平的《反分裂國家法》。第三，國際社會幾乎壓倒性反對，再三提出嚴正呼籲，中共仍然毫無自覺、無法自治、一意孤行通過一部侵略性的法律。國際輿論明確指出錯誤後，北京當局依然渾然不知如何反省。第四，臺灣人民崇尚民主、愛好和平，有決心、責任與國際社會共同捍衛民主的體制、維護台海和平以及區域穩定。第五，反分裂法片面改變台海現狀，引發區域緊張、國際騷動、隊員趨於緩和的兩岸關係造成嚴重負面影響。身為國家領導人，他及政府將嚴肅面對、謹慎因應，“和解不退縮，堅定不對立”既定立場不會改變。第六，非和平烏雲籠罩在台海上空，當國際社會都齊一發生時，臺灣更應該團結，不分男女老幼、不分黨派立場、不分職業行業，臺灣人民更不能沒有聲音。參閱《陳水扁：中國人大不能表決臺灣人民命運》，中

家統一綱領》，傳達“廢統”意識，2007 年宣示“四要一沒有”[96]兩岸政策，公然宣佈其“台獨”立場並舉辦以臺灣名義加入聯合國的公民投票，不但造成台海情勢緊張也造成臺灣地區股市重挫，然公投結果並未通過[97]。

（五）馬英九任臺灣地區總統時期(2008 年迄今)

2008 年臺灣地區再次政黨輪替，由國民黨馬英九執政，他在上任後大力推動兩岸和平發展，他堅定地希望兩岸維持現狀，也就是希望“不統一、不獨立、不動武”，極力維護臺灣地區的憲法並主張兩岸要在“九二共識、一中各表”的前提下恢復已經中斷八年的兩岸協商；而其主張的“一中”就是中華民國，認為兩岸就是“一個中華民國，兩個地區”，並認為這

央社記者蔡素蓉臺北十六日電，載大紀元網站，http://www.epochtimes.com/b5/5/3/16/n850934.htm，瀏覽時間：2014-10-6。

[96] “四要一沒有”即“臺灣要獨立、要正名、要新憲、要發展；臺灣沒有所謂左右的問題，只有統獨問題。”參閱《行憲後歷任總統（大事年表）》，載臺灣地區總統府網站，http://www.president.gov.tw/Default.aspx?tabid=75，瀏覽時間：2014-10-6。

[97] 參閱田鉦、傅玉能前揭書，第 487-488 頁。

是最“理性務實”的定位，兩岸關係若要繼續向前邁進，雙方就要求同存異的共識，彼此雖不承認對方的主權，但也不要去否認對方擁有治權的現實[98]，同時呼籲雙方在台海與國際和解休兵，追求雙贏。

2008 年年底兩岸開始“三通”，2010 年兩岸簽署《海峽兩岸經濟合作架構協定》(Economic Cooperation Framework Agreement,以下簡稱 ECFA)，馬英九執政期間兩岸的合作範圍開始擴大，諸如投資保障、智慧財產權保護、農產品檢疫檢驗、船員勞務合作、金融合作、直接通郵、核電安全、司法互助與共同打擊犯罪、醫藥衛生合作、商品檢驗認證、食品安全、陸客觀光及兩岸直航等，皆透過數次的“江陳會談”與簽署多份兩岸協定，一步一步地積墊兩岸雙方的善意與互信。2012 年馬英九先生宣誓就任其第二任總統時，揭櫫 “以兩岸和解實現台海和平”的兩岸政策[99]，2013 年 6 月兩岸依世界貿易組織的原則在 ECFA 的架構與服務貿易總協定(General Agreement on Trade in

---

[98] 參閱袁易:《馬英九就職演說之內容分析:挑戰與展望》,載王緝思 主編:《中國國際戰略評論 2012》,世界知識出版社 2012 年 6 月第 1 版，第 129 頁。

[99] 參閱《行憲後歷任總統（大事年表)》，載臺灣地區總統府網站，http://www.president.gov.tw/Default.aspx?tabid=95，瀏覽時間：2014-10-6。

Services，簡稱 GATS)的規範下簽署《海峽兩岸服務貿易協定》(以下簡稱服貿協議)，然遭到在野黨發動群眾運動阻撓其實施至今。而對於“一國兩制”，馬英九認為不適用於臺灣地區，一直是反對的立場[100]。2015 年 11 月，兩岸領導人於新加坡會面，馬英九於會中提出五點主張以謀求維持兩岸和平繁榮現狀[101]。

[100] 參閱《府：總統多次公開反對一國兩制》，載 YAHOO 奇摩新聞網，https://tw.news.yahoo.com/%E5%BA%9C-%E7%B8%BD%E7%B5%B1%E5%A4%9A%E6%AC%A1%E5%85%AC%E9%96%8B%E5%8F%8D%E5%B0%8D-%E5%9C%8B%E5%85%A9%E5%88%B6-110451216.html，瀏覽時間：2014-10-6。

[101] 五點主張如下：第一、鞏固「九二共識」，維持和平現狀。海峽兩岸在 1992 年 11 月就「一個中國」原則達成的共識，簡稱「九二共識」。九二共識是兩岸推動和平發展的共同政治基礎，正是因為雙方共同尊重九二共識，過去七年半來，我們才能獲致包括達成 23 項協議在內的豐碩成果與和平榮景，讓兩岸關係處於 66 年來最和平穩定的狀態。這個部分，等一下在會談的時候，我會再做進一步的說明。第二、降低敵對狀態，和平處理爭端。兩岸目前已不再處於過去的衝突對立，雙方應該持續降低敵對狀態，並以和平方式解決爭端。第三、擴大兩岸交流，增進互利雙贏。目前兩岸尚未結案的議題，例如貨貿協議、兩會互設機構、與陸客中轉等，應該儘速處理，以創造兩岸雙贏。　　第四、設置兩岸熱線，處理急要問題。兩岸目前在海基會、海協會首長之間，與陸委會、國臺辦副首長之間，都已經設有聯繫的機制。今後應該在陸委會、國臺辦首長之間設立熱線，以處理緊急與重要的問題。第五、兩岸共同合作，致力振興中華。兩岸人民同屬中華民族、都是炎黃子孫，應該互助合作，致力振興中華。參閱《總統出席「兩岸領導人會面」》，載臺灣地區總統府網

二、台灣方面對平潭綜合實驗區的態度與觀感

綜觀臺灣地區自兩岸分治後的諸位領導人，所有的領導人的相同之處就是不承認所謂“一個中國”就是“中華人民共和國”，且未曾接受“一國兩制”的主張，這是其相同點；其相異點是，五位領導人中有兩位領導人曾公開主張大陸地區與臺灣地區是兩個國家。故可知當臺灣地區的領導人主張只有“一個中國”時，兩岸關係即較為和緩，大陸方面便採取傾向和平統一的方式進行兩岸交流；然當臺灣地區的領導人傾向“兩岸不屬同一個國家”時，大陸方面便表現出將採取兩岸必須以“武力統一”的可能性。

兩岸關係在 2008 年馬英九當選臺灣地區總統後出現了曙光，大陸方面國務院審時度勢即在 2009 年 5 月由公開宣佈了《國務院關於支持福建省加快建設海峽西岸經濟區的若干意見》並由福建省委省政府設立了福州(平潭)綜合實驗區(以下簡稱平潭實驗區)，2010 年 8 月，平潭實驗區升格為正廳級單位，2011 年 3 月，國家發改委發佈《海西經濟區發展規劃》，指出要將實驗區建設成一個有著大陸同胞與臺灣同胞一起生

站，http://www.president.gov.tw/Default.aspx?tabid=95，瀏覽時間：2015-11-30。

活、一起建設、一起發展、一起探索的共同家園，並於 2011 年 12 月轉由福建省直管。2011 年 12 月國家發改委發佈《平潭綜合實驗區總體發展規劃》(以下簡稱《平潭實驗區發展規劃》)，指出要以“先行先試、大膽創新”等原則將平潭實驗區打造成一個兩岸同胞一起規劃、兩岸同胞一起開發、兩岸同胞一起經營、兩岸同胞一起管理、兩岸同胞一起受益的合作試驗田。

（一）官方聲明

2009 年在大陸方面甫推出海西經濟區及平潭實驗區初期，5 月份臺灣地區陸委會副主委劉德勳即表示，海西的概念如何落實，大陸經貿體系與產業結構，對台商有多大的吸引力都還有待觀察。政治大學國發所副教授童振源認為，海西區政策提出是因福建經濟發展遇到瓶頸，福建地理丘陵多，交通不便利，產業鏈不夠聚集，現在中央政策加持下，經濟效應可能不會太大。童振源分析，台資金融機構到福建設分行或參股，牽涉到兩岸金融 MOU 的市場准入簽定，不論官方或業界，臺灣方面不會僅滿意於只在福建地區，福建地區只是優先，不是唯一[102]。9 月份臺灣地區熟悉

[102] 參閱林庭瑤：《大陸學者觀點 這裡…可做 ECFA 示範基地》，載《經濟日報》，2009 年 5 月 15 日 A12 版。

兩岸談判事務的官員指出，大陸有很多想法和構想，與臺灣不太一樣。以平潭特區為例，大陸方面設想先取一個點做試驗，“範圍有局限性”，但對臺灣而言，如果要簽署兩岸協議，是要“普遍施行”，沒區域或對象的限制。至於哪些地方要額外提供特別優惠，臺灣當然是樂觀其成[103]。

大陸方面考慮到臺灣同胞對兩岸交通建設的積極渴望，特別在“十二五”規畫綱要的草案中指出，要在兩岸之間距離最近的地方，研究如何在臺灣海峽海底開通海底隧道，隧道中可鋪設高速鐵路與高速公路，原本規劃北京到福州的高鐵，要接著規劃福州到臺北的高鐵，高速公路也一併鋪設連結兩岸。然臺灣方面對大陸京台高速規劃始終沒有正面回應。陸委會高層官員 2010 年 3 月 15 日，回應大陸中鐵隧道集團副總工程師王夢恕說法時表示，“不光是兩岸海底隧道，世界上想建海峽海底隧道都有很多困難，當前兩岸情況還不適合去談這種問題”[104]，對於臺灣海峽海底隧道的構想認為還不是時候。

---

[103] 參閱王光慈：《中共拋風向球 福建平潭變自由港 兩岸共建共管？》，載《聯合報》，2009 年 9 月 22 日 A11 版。

[104] 參閱賴錦宏：《海底隧道連接兩岸 十二五 擬建閩台高鐵》，載《聯合報》，2011 年 3 月 8 日 A9 版。

2012年福建平潭實驗區以高薪徵求臺灣民眾前往任職，引起兩岸關注。台灣方面有研究對實驗區提出了臺灣戰略安全上的質疑[105]，一篇國防大學的碩士學位論文亦指出實驗區是中共經濟統戰的一環[106]。時任臺灣地區陸委會主委的賴幸媛在臺灣地區立法院則指出，據現行臺灣地區兩岸人民關係條例規定，臺灣地區禁止臺灣地區人民赴大陸地區任何有關黨、政、軍等具有公務性質的機關、單位、附屬團體或機構任職，否則就是違法。該法第33條明文規定，臺灣地區人民不得赴大陸地區擔任任何有關黨、政、軍等具有公務性質的機關、單位、附屬團體或機構任職，並指出“若有這種情況就是觸法”；一旦有違法情事，政府可依兩岸條例第90條的相關罰則處罰[107]。

此外，陸委會表示，大陸的“平潭綜合實驗區”是依據其“十二五規劃綱要”推動的實驗區，透過“五個共同”，也就是兩岸齊力規劃、兩岸齊力開發、兩岸齊力經營、兩岸齊力管理、兩岸一齊受益的合作模式進行相關實驗，而“十二五規劃綱要”其實是依

[105] 參閱沈明室前揭文，第38-45頁。

[106] 參閱施竣恩前揭文，第83-93頁。

[107] 參閱羅印沖：《陸委會：登陸任公職違法》，載聯合報，2012年3月28日A17版。

據“一國兩制”方針處理兩岸關係。包括時任臺灣地區“行政院長”的陳沖、“經建會主委”尹啟銘都對平潭表示看法，並且都是負面意見，陳沖說對岸的目的不單純，而尹啟銘則強調風險很高，但陸委會則是直截了當，定調實驗區為政治考慮，表明平潭綜合實驗區是“一國兩制”的實驗區，但陸委會很巧妙地以對岸自身就是以此定位，為臺灣方面如此界定背書，但根據大陸地區官方的說法，平潭實驗區並未牽涉一國兩制[108]。而對於陸委會的說法，時任臺灣地區副總統的吳敦義提出了不同看法，認為平潭綜合實驗區是大陸的計畫，“十一五”計畫已完成，現在要推“十二五”計畫。大陸在其控制的一個區域“要開發它的工業區”，只是號召各方的人去投資，呼籲臺灣方面不要去品評[109]。

2014年平潭綜合實驗區打算透過“臺灣創業園”的優惠措施，吸引臺灣年輕專業人才前往當地投資、就業。對此優惠措施，臺灣地區陸委會則表示，不會評論平潭推出的“優惠”舉措，但要提醒臺灣民眾注

---

[108] 參閱黃國梁：《胡溫力推平潭兩岸綜合實驗區　馬政府說“不”》，載聯合報，2012年3月28日A17版。

[109] 參閱劉永祥、陳洛薇：《吳敦義：陸推平潭開發　我不宜品評》，載經濟日報，2012年4月3日A13版。

意投資風險；若在大陸任職，也千萬不要違反“兩岸人民關係條例”的相關規定。時任陸委會發言人的吳美紅表示，平潭綜合實驗區的優惠舉措屬於大陸單方面的作為，陸委會不予評論，但會持續關注這些措施的發展情況，並提醒臺灣民眾留意相關風險。吳美紅說：“到大陸去從事投資或交流活動，應該要注意相關的經營跟投資風險。如果有在大陸任職，要注意避免違反兩岸人民關係條例第 33 條的規定。”並再次重申臺灣地區陸委會已依兩岸人民關係條例第 33 條第 2 項公告了禁止臺灣地區人民、法人、團體或其他機構在大陸地區擔任哪些黨務、軍事、行政或具政治性機關、團體的職務或為其成員，也提醒臺灣人民在大陸地區不得從事妨害國家安全或利益的行為[110]。

（二）民間看法

2011 年有位名叫鄭文聰的台商，在大陸地區已經商二十五年之久，他認為大陸地區政府可參考臺灣地

[110] 參閱王照坤：《平潭再推優惠 陸委會：注意風險》，載 YAHOO 奇摩新聞網，https://tw.news.yahoo.com/%E5%B9%B3%E6%BD%AD%E5%86%8D%E6%8E%A8%E5%84%AA%E6%83%A0-%E9%99%B8%E5%A7%94%E6%9C%83-%E6%B3%A8%E6%84%8F%E9%A2%A8%E9%9A%AA-100500376.html，瀏覽時間：2014-10-7。

區過去的民主經驗，在大陸地區挑一個地區當作實行臺灣政治經濟制度的“民主實驗區”來協助大陸地區的民主化進程，而這個實驗區就是具有“先行先試”特色的福建省東南海西平潭島。大陸地區一位長期研究涉台知名的學者郭震遠在得知此概念後，認為在大陸地區設一個“民主試點”或許可能會是將來兩岸摸索新型政治關係的趨勢[111]。2012 年臺灣地區聯電榮譽副董事長宣明智邀請新竹縣、市長和科學園區，研商爭取新竹南寮或新豐坡頭漁港，成為與大陸福建平潭的直航港，讓臺灣地區桃竹苗 4 縣市各項產品，能在最短的時間與距離行銷大陸[112]。臺灣民眾亦有言：“臺灣有人因擔心國家(臺灣地區)主權遭侵蝕，見不得兩岸發展新合作關係，因此大肆反對。其實，平潭的地位演變，安全也應該有改進；若臺灣民眾仍持護照出境、持臺胞證入彼岸，我國(臺灣地區)主權並未動搖。[113]” 有人認為，臺灣官方對於平潭綜合實驗區是兩樣情，地方縣市政府躍躍欲試，臺灣地區陸委會官員則

[111] 參閱羅印沖：《台商出書倡議：大陸籌設民主實驗區》，載聯合報，2011 年 9 月 16 日 A4 版。

[112] 參閱羅緗綸、李青霖：《大新竹爭直航港 南寮直通平潭》，載聯合報，2012 年 1 月 21 日 B1 版。

[113] 參閱林松青：《把平潭當成機會》，載聯合報，2012 年 3 月 13 日 A15 版。

說這是一國兩制，指示地方政府別各行其是，勸台商別冒險。許信良批陸委會說：“馬政府這種政策很保守。”大陸是在自己的領土上試驗“一國兩制”，放在從前，豈不是為三民主義統一中國提供試驗場；大陸方面並沒有到金馬台澎任何一個縣市試驗共治共管，陸委會實過於敏感[114]。

臺灣地區反對意見則表示，在大陸地區統戰的大目標下，大陸方面吸引台商投資的招數不斷推陳出新，這是大陸地區霸佔臺灣人財產的一貫伎倆，畫大餅欺騙投資，再甕中捉鱉強佔台商資金，平潭是福建的偏僻小島，人口外移嚴重，此次投資案打出“五個共同”，陸委會日前表示不接受，但國民黨榮譽主席吳伯雄卻赴陸提出“一國兩區”的說法，態度大轉變，令人不解，建議勞委會應將外勞與本勞工資脫鉤，讓台商、台幹返台工作並警告臺灣人不要再到平潭“赴死”[115]。曾至天安門自戕抗議的受迫害台商沈柏

[114] 參閱林松青：《你向南，我向西》，載聯合報，2012年3月18日A15版。

[115] 參閱《血淚控訴// 受害台商 抗議福建平潭招商》，載YAHOO奇摩新聞網，https://tw.news.yahoo.com/%E8%A1%80%E6%B7%9A%E6%8E%A7%E8%A8%B4-%E5%8F%97%E5%AE%B3%E5%8F%B0%E5%95%86-%E6%8A%97%E8%AD%B0%E7%A6%8F%E5%BB%BA%E5%B9%B3%E6%BD%AD%E6%8B%9B%E5%95%86-203118759.html，瀏覽時

勝警告“投資中國死路一條”，他說，福建誘騙動作全是假的，平潭只是個窮鄉僻壤，人口嚴重外移，無水無人的荒島，只因中共招術用盡，現在換成福建平潭實驗區招商，而其共管共治共理口號，只是新的誘騙噱頭罷了。平潭為何獨厚臺灣民眾共同投資，沈柏勝認為是中共統戰伎倆，由一國兩制變成一國共治，最終變成一國一制。曾在福建投資的台商黃錫聰直指中共玩弄司法，福建是沒有法治的，他歷經 12 年司法訴訟雖勝訴仍拿不回被霸佔的廠房，卻還被要求寫“感謝狀”給法院，他呼籲台商不要認為今天沒發生事情往後就很安全[116]。

福建省政府除祭出高薪，要招募臺灣人到平潭綜合實驗區工作，未見具體辦法就已遭陸委會批評是大陸對台“統戰”後，同年又以提高參股比率、證券全照等做誘因吸引台資金融業者前往。熟悉大陸的臺灣大型民營金控高層私下分析，兩岸合資架構下，代表台資持股比率可能只有 51%或 66%，因為無法獨資，

間：2014-10-8。

[116] 參閱賴友容：《平潭實驗區招商 台商：投資死路一條》，載大紀元電子日報網站，2012 年 3 月 27 日，http://www.epochtimes.com.tw/12/3/27/189108.htm%e5%b9%b3%e6%bd%ad%e5%af%a6%e9%a9%97%e5%8d%80%e6%8b%9b%e5%95%86-%e5%8f%b0%e5%95%86-%e6%8a%95%e8%b3%87%e6%ad%bb%e8%b7%af%e4%b8%80%e6%a2%9d，瀏覽時間：2014-10-7。

仍有無法完全掌控經營權、兩岸文化差異大等管理上的問題。不過他認為，台資銀行當時已有 7 家在大陸設立分行，申設子行也是未來指日可待之事[117]。且儘管陸委會提醒台商赴福建平潭綜合實驗區投資的風險，全球顯示器大廠冠捷科技仍看好平潭的發展前景。冠捷福清廠總經理唐瑞慶表明，將分 3 階段投資平潭，第 1 期投資 4,000 萬美元，預定版 2013 年第 3 季或第 4 季就能投產。未來視市場發展狀況，也不排除將研發中心遷至平潭[118]。

（三）對臺灣地區人民的訪談

為實際了解台灣地區人民對於實驗區的觀感與看法，本書特設計訪談題組在台灣地區新北市與往返台北—平潭之間的高速客滾麗娜號，針對台灣地區的居民對於實驗區相關問題進行訪談，在台灣地區受訪的七例中，僅有一位沒聽說過實驗區，但知道實驗區優惠政策的只有四位，對於兩岸共同家園的構想只有一位不認同，有意願參與實驗區“共同管理”的有三位，在了解實驗區優惠政策之後有意願前往實驗區定居

[117] 參閱呂淑美、陳怡慈：《何必屈就「不毛之地」…超國民待遇 才有吸引力》，載經濟日報，2012 年 5 月 10 日 A10 版。

[118] 參閱劉永祥：《冠捷看好平潭 3 階段投資》，載經濟日報，2012 年 5 月 20 日 A9 版。

或就業的有三位，全部受訪者皆覺得台灣地區法律禁止台灣人民在大陸地區擔任公職的規定不完全合理，全部受訪者都覺得有機會願意到實驗區看看，詳細訪談逐字稿可參看本書附錄 6。

1.臺灣人民前往平潭工作或定居的意願：

對於前往實驗區工作或定居的意願，一位受訪者會視待遇與是否可照顧到家庭為考慮，如果待遇與家庭可得到妥善的照顧即較有意願前往定居[119]。一位受訪者對於優惠政策懷有戒心，認為天下沒有白吃的午餐，擔心赴實驗區會人財兩失[120]，一位受訪者覺得實驗區離自己太遙遠，只要能在臺灣好好生存就好，沒有想過遠赴他鄉定居或創業[121]。一位受訪者擔心要與大陸人相處，生活習慣不同，可能會不習慣，即便有優惠政策亦無意願前往[122]。有三位已有親人在實驗區定居的臺灣人民，則對實驗區的前景持相當樂觀的態度，認為在大陸地區政府的支持下，實驗區一定會有所發展，已有未來前往實驗區發展的計畫[123]。

2.對於實驗區開放臺灣人民參與“共同管理”與

---

119 訪談個案 A。

120 訪談個案 B。

121 訪談個案 C。

122 訪談個案 D。

123 訪談個案 E 與 F。

臺灣地區禁止臺灣人民在大陸禁止擔任公職的看法：

受訪者多數支持臺灣人民在實驗區參與“共同管理”，有的受訪者認為這個政策是正面的，但應該是短暫的，可能不會長久，因為在一個地方生活總是要參與公共事務。對於臺灣地區法律的限制，認為限制公務員尚屬合理，若限制平民就不合理，因為平民平時並不涉及國家機密，應無需禁止[124]。有受訪者認為構想不錯，但認為臺灣人民在大陸擔任公職應是被利用，需付出一定的代價[125]，對於臺灣法律禁止的規定，多位受訪者認為禁止臺灣公務員赴陸擔任公職應屬合理，但沒有必要禁止平民百姓[126]。而部分受訪者認為只要是好官，不管是哪裡人都可以[127]。

小結

觀自 2009 年福建省設立平潭實驗區，臺灣方面開始時是持觀望態度並樂觀其成，演變為官方認為是“一國兩制”實驗區而對民間採取不鼓勵並警告風險與提醒法規的態度，臺灣地區行政官員多所批評、不予支持。而臺灣民間自然是有支持與反對，對於平潭實驗區所潛藏的龐大商機與大陸地區的政府大力支

[124] 訪談個案 A。

[125] 訪談個案 B。

[126] 訪談個案 B、C、D、E。

[127] 訪談個案 F。

持，支持的民眾似乎較反對者多，然而由於臺灣地區主管機關的不支持，臺灣地區媒體對於平潭實驗區的報導可謂冷淡，且所有的報導幾乎會在文末呼籲臺灣民眾須注意風險。自臺灣地區副總統吳敦義發表對於平潭實驗區臺灣方面不要去品評的說法後，媒體才較少將“一國兩制”與平潭實驗區做連結，然而仍是在報導中提示諸如平潭實驗區基礎建設不完善等風險，臺灣地區民進黨則自始至終採取反對的態度。

然根據實地訪談臺灣人民的結果發現，民眾多以是否能夠生存為考慮，雖少數民眾認為赴平潭投資有一定程度的風險，但是還是有民眾表示看好或是已經前往，然而不論是否看好實驗區的發展，臺灣人民多有意願前往平潭“一探究竟”，且所有的受訪者皆認為臺灣現行禁止臺灣人民赴大陸地區擔任公職的禁制疑似過苛，限制對象的範圍有討論的空間。

兩岸分治的漫漫長夜，是否即將迎來希望的曙光？(龍鳳頭海濱浴場的晨曦/攝影：馮發)

第三節　兩岸可嘗試在實驗區解決主義路線分歧

綜合大陸視角與臺灣視角下的平潭實驗區，本書認為自國共分治以來，兩岸領導人的縱橫捭闔其實就是主義路線的僵持與鬥爭，大陸方面作為內戰的勝利者為了中國全面的統一又希望兩岸不要再流血衝突，提出了兩種主義在一個國家並存的統一方式；而臺灣方面作為內戰的戰敗者，雖在美國“兩個中國”的國際戰略下得以暫時生存，但因與大陸地區實力相差懸殊，所以對大陸方面所提出的兩岸政策處處提防，並試圖在中美角力下左右搖擺從中得利換取生存空間，然又因大陸方面已制定《反分裂國家法》，故難以以明示“台獨”的方式作為威脅大陸當局讓利的手段，僅能配合美國，在中美關係不佳時，充當美國的棋子，做為與大陸談判的籌碼。臺灣地區在如此搖擺的兩岸政策下，本書相信，雖然大陸方面已以《反分裂國家法》明確向世界宣示兩岸關係的底線，但觀近代美國在亞洲的所作所為，在美國認為必要時，挑動“台獨”導致兩岸戰爭仍是其國際政治手段的選項之一，故臺灣地區當前的兩岸政策可謂風險甚大，爭取在美國採取此手段前消除此選項，應是攸關兩岸人民生命安全的重大目標。而臺灣地區部分政治人物，若在明知大陸地區《反分裂國家法》已明確規定大陸地區得以“非和平的方式”防止“台獨”發生的情勢下，仍為了自身的政治利益一意孤行，明知山有虎，偏向虎山行，“明知不可獨，仍向獨前進”，而造成兩岸戰爭殺戮犧牲、無辜百姓生靈塗炭，無疑將成為歷史的罪人。

本書以為平潭實驗區提供了一個兩岸中國人研究解決中國近代以來的主義路線問題的機會，社會主義與資本主義是否形同水火，無法在人類社會並存？是兩岸可以在實驗區試驗探索的主題；社會主義與資本主義如何有效地融合，或是如何互相截長補短融入人類的生活，也是實驗區可以研究探索的主題；本著人類“趨吉避凶”的原始本性，任何主義都應是為了人類更真、更善、更美的生活而存在，實驗過程中，大陸方面作為強勢的一方，應在實驗過程中展現豁達大度、包容理解、高瞻遠矚、誠實信用的正面態度；臺灣方面，應在實驗過程中以大處著眼，不能一味地站在自身利益為出發，亦不能認為既然是主義路線之爭就要爭出個勝敗證明自己長期以來堅持的主義信仰是正確的，其實不論是主義、路線、制度何來對錯？人總認為對自己有利的就是對的，對自己不利的就是錯的，但是要兼顧每個人的利益產生矛盾衝突時，就是有對有錯了，所以要如何讓每個人民的利益最大化，才是兩岸要在實驗區共同實驗探究的重點。此外，沒有一個制度是完美的，制度的發展速度遠比人對環境情勢的反應來得遲緩，制度不完美的部分需要人來補強，補強要補得好需要好的人，好的人需要正面的文化薰陶與培養，所以如果說平潭實驗區要設計發展一套兩岸人民宜居的機制，這套機制應會是各種主義的截長補短與“正面文化”的完美融合。

此外，根據歷史紀錄可知，是多少人的用心良苦與穿針引線才造就了“九二共識” 和兩岸第一次的“辜汪會談”，兩岸共同建立的“九二共識”確實得來不易。因此，“九二共識”與南懷瑾先生在其《和平共濟協商統一建議書》已揭櫫的兩岸關係發展三原則：和平共濟，祥化宿怨；同心合作，發展經濟；協商國家民族統一大業，正是兩岸當前不論是否在實驗區實驗過程所進行的兩岸協商或是在其他任何方面所進行的兩岸協商所應秉持的共識與原則。

「和平共濟、祥化宿怨」不正是老百姓馨香祝禱的小小願望？(平潭名勝之一海壇天神 海上視角/攝影：念望舒)

第二章

實驗區的政策優勢與制度現況

平潭綜合實驗區(以下簡稱平潭實驗區)之所以自成立之初就受到各界廣大的關注，無非是與其對台高度優惠的政策有關，這些優惠政策各自透過中央各部門與地方部門的規章來落實。本章將以一個臺灣地區人民赴平潭實驗區可享有的政策優惠為出發點介紹實驗區各方面的特殊政策與制度現況，並以兩岸相關制度比較的方式研究平潭實驗區的發展優勢與功能定位。

第一節　實驗區的優越地位與優勢

一、實驗區的優越地位

（一）特區中的特區

位於福建省東南沿海的平潭島曾經是兩岸關係緊張時，大陸地區解放軍的三軍聯合演習地點，由於戰略位置重要，所以是台海發生衝突時軍事攻擊的目標之一，也因此許多基礎建設例如平潭與福建內陸的跨海大橋顧慮戰爭時遭到摧毀而曾無法獲得良好發展[128]。自兩岸關係緩和後，2011 年 12 月國家發改委發

[128] 參閱閻傑：《平潭：大陸與臺灣的實驗田》，載《中國新聞週刊》2012年 08 期，第 46 頁。

佈《平潭綜合實驗區總體發展規劃》(以下簡稱《平潭發展規劃》)，規劃中指出平潭實驗區將加強高新技術產業、服務業、海洋產業及旅遊業等四大產業與臺灣地區的合作 ，中國經濟時報對於平潭實驗區比經濟特區更加特殊、更加優惠的政策將其評為“特區中的特區”[129]，國際海事綜合資訊網更報導其“比特區還特”，來強調其特殊地位[130]，自 2011 年以來福建省對平潭實驗區的固定資產投資已近千億。2015 年 4 月國務院更批准《中國(福建)自由貿易試驗區總體方案》，將平潭片區 43 平方公里劃為自由貿易試驗區[131]，福建省政府亦於當月批覆《中國（福建）自由貿易試驗區平潭片區實施方案》[132]，進一步加大實驗區自由開放的程度。

---

[129] 參閱《平潭：兩岸合作的“特區”特區中的特區再造一個廈門福中福》，載金融界網站，
http://istock.jrj.com.cn/article,000592,5057914.html，瀏覽時間：2014 年 10 月 8 日。

[130] 參閱《福建平潭綜合實驗區“比特區還特”》，載國際海事資訊網，http://www.simic.net.cn/hot_show.php?id=79，瀏覽時間：2014-10-8。

[131] 參閱《國務院關於印發中國（福建）自由貿易試驗區總體方案的通知》(國發〔2015〕20 號)。

[132] 參閱《中國（福建）自由貿易試驗區平潭片區實施方案》，載中國(福建)自由貿易試驗區平潭片區網站，
http://www.ptftz.gov.cn/news/2015042111_58.html，瀏覽時間：2015-12-09。

（二）土地利用總體規劃

根據《平潭發展規劃》的規定，對於平潭實驗區的土地管理要探索新政策、新方法[133]，於 2013 年《福建省人民政府關於平潭綜合實驗區土地利用總體規劃（2011—2030 年）的批覆》[134]中同意了實驗區管委會所提出的《平潭綜合實驗區土地利用總體規劃(2011—2030 年)》(以下簡稱《實驗區總體規劃》)，規劃中將實驗區分為主島與離島進行開發。

1. 主島

主島內分為四區，每區各分數個組團依序進行開發，“四區、十一組團”（參見圖 2）。

[133] 參閱《平潭發展規劃》第八章第一節第 7 條：“（一）支持平潭綜合實驗區開展土地管理改革綜合試點，積極探索土地管理改革新舉措、新政策。（二）優先保證平潭綜合實驗區開發建設用地，其用地計畫指標由福建省人民政府單列並予以傾斜。（三）允許平潭綜合實驗區按照國家規定合理開發利用海壇島周邊附屬海島及海域，對重大專案用海的圍填海計畫指標給予傾斜。在新的通關制度實施前，要先行落實不受其約束的其他優惠政策。”

[134] 參閱《福建省人民政府關於平潭綜合實驗區土地利用總體規劃（2011—2030 年）的批復》，閩政文[2013]232 號。

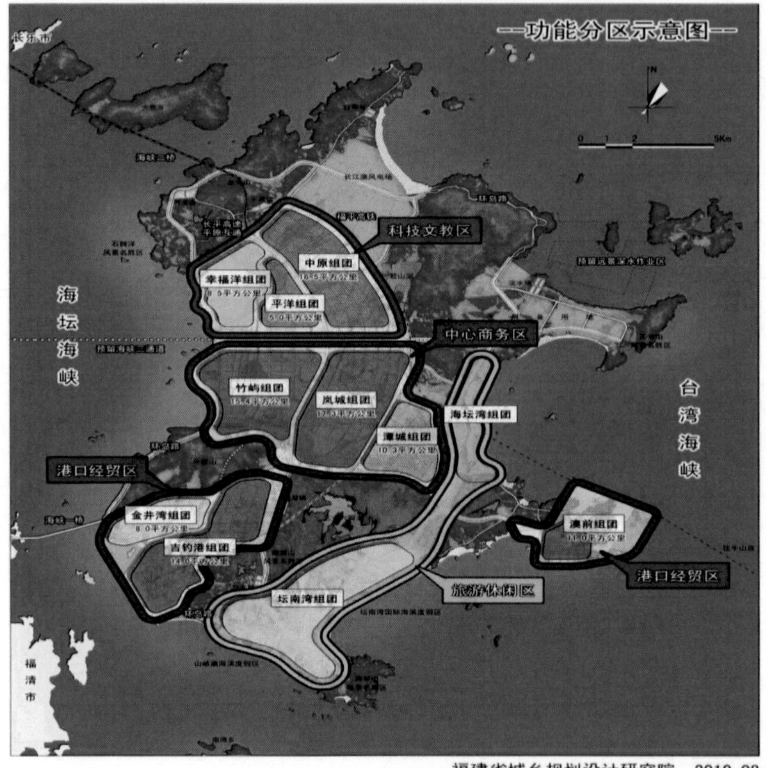

圖 2：平潭綜合實驗區總體規劃功能分區示意圖

(資料來源：福建省城鄉規劃設計研究院。)

(1) 中心商務區：位於主島中部，分三個組團，其中潭城組團是舊有的老城區，其餘兩個組團分別為嵐城組團和竹嶼組團。潭城組團的功能定位為旅遊服務、醫療、商業、教育、居住、貿易、生活等的發展，而竹嶼組團和嵐城組團的功能定位則是居住、餐飲、生活、行政、商務會展、購物、酒店、金融保險、辦公、休閒等功能的發展。

(2) 港口經貿區：位於主島西南、東南部，分為三個組團，其中金井灣組團規劃為具有臺灣特色的高品質濱海商貿區，於此組團中，規劃發展水景住宅、臺灣飲食街、臺灣購物街、景觀商務區、臺灣精品免稅街等；吉釣港組團因距離對台深水貨運碼頭較近，所以將此組團設計為海關特殊監管及國家一類開放口岸的區域，規畫發展轉口貿易、保稅物流、港口航運、貨運代理、保稅加工等；而澳前組團因距離對台客運碼頭和中心漁港，所以將此碼頭規劃為兩岸海上直航對接的快速通道，再整合海、陸、空交通系統成為機場、車站、碼頭共構的交通樞紐，故此主團主要發展為臺灣特色農產品交易中心、綜合商貿、深加工水產品等。

(3) 科技文教區：主要規劃在主島中北部，也分為三個組團，其中幸福洋組團的目標是打造一個兩岸合作具示範性的“低碳智慧”城市，它將建設智慧住宅、建構智慧交通體系、發展“智慧”經濟的濱海新區、服務高新技術產業、智慧節能等；中原組團重點在構建一個環保低碳、科技轉化能力強、自主研發的綠色產業基地，著力發展高新技術產業例如電子資訊、清潔能源、海洋生物、高端機械裝備等；平洋組團，主要規劃為兩岸共同開創的文化與教育基地以及技術研發產業創新基地，致力發展產業研發、高等教育、職業技術教育培訓等。

(4) 旅遊休閒區：在平潭主島東南部海岸與鄰近島礁及海域，規劃為兩個組團。一個是海潭灣組團，因擁有國家級森林公園和天然的海濱沙灘，故佈局規劃將此主團建設為高水準的公共休閒活動區與海濱觀光勝地，推動海上休閒活動與濱海觀光項目；另一個是潭南灣組團，著力發展為高層次國際養生度假區，包括休閒度假樂園、沙灘俱樂部、度假酒店、海洋主題公園、國際養生村等高端觀光休閒養生景區與國際旅遊精品。

2.離島(小島)開發

實驗區的離島共有小島五座，目前先規劃為生態國際村、高檔住宅區、船舶產業島、海洋牧場島、海上補給基地、高端國際度假島[135]。

（三）商事登記管理

1. 目前實驗區商事登記規則

為促進經濟發展並與國際接軌，平潭實驗區亦對現行商事註冊登記進行改革，福建省並於 2013 年公佈《平潭綜合實驗區商事登記管理辦法》[136]，其中特點如下：

(1) 經營範圍登記放寬：每個商事主體只要不是國務院規定、或法律與法規明定禁止的項目都可以自行選擇從事何種經營範圍。

(2) 名稱的選用自主：申請人若採用“平潭”字樣作為商事主名稱，只要不違背社會上的公序良俗或損害公眾的社會利益與國家利益，皆毋須再作名稱近似審查，可直接自行選擇行業特徵與字型大小[137]。

(3) 先照後證：商事主體可直接進行毋須許可審批的經營項目的經營活動，前提是先領取營業執照，其他只要不是需要事先審批的例如有關人民生命財產

[135] 參閱《平潭綜合實驗區總體規劃（2010-2030）》第 7 條。

[136] 參閱附錄 1《平潭綜合實驗區商事登記管理辦法》（省政府令第 130 號 2013.11.29）。

[137] 同前註。

安全或國家安全等的專案，都事後再行管理。

(4) 直接登記制：在實驗區所有允許類、鼓勵類的外商投資企業都比照台資企業所適用的直接登記制，只需到登記機關申請註冊登記，毋須提交審批機關文件。

(5) 註冊資本認繳登記制：此登記制為簡便商事登記申請人，在商事登記機關登記時只需登記發起人與公司股東約定認繳的出資方式、出資額、出資責任及出資期限等，毋須再繳交驗資報告，待發起人或股東實際出資繳付後，向商事登記機關繳交驗資機構證明並辦理備案，且於營業執照中將此作為備註事項紀錄[138]。

(6) 市場主體住所(經營場所)登記條件放寬：商事登記申請人在進行經營場所登記時，商事登記機關對於所登記的市場主體住所不再審查其使用功能及法定用途，申請人只要證明對該經營場所、住所有使用權即可。

(7) 企業年檢制度改為年度報告制度：商事主體每年透過專門的信用資訊公示平臺提交年度報告給商事登記機關，將報告公諸於眾[139]。

---

138 同前註。

139 同前註。

(8) 建立商事主體信用資訊公示系統與經營異常名錄：建立商事主體信用資訊公示平臺系統，對於那些登記的商事主體住所無法聯繫的，或是每年不按時提交年度報告的商事主體，都納入信用監管並登錄經營異常名錄[140]。

(9) 外資企業全程電子化登記：建立外資企業登記全程電子化的網路系統，外資企業可以在外資企業網上使用全程電子化模式，諸如網上自動存檔、網上核發執照、網上智能比對、網上亮照公示、網上審查核准、網上提交材料等功能[141]。

此外，在實驗區設立註冊資本 100 萬元以下內資有限公司的，允許註冊資本“零首付”[142]。

而實驗區在自由貿易試驗區(以下簡稱自貿區)實施後，在行政審批、商事登記方面更加簡化、放寬，特點如下：

(1) 實行“一口受理”服務模式：提供網上集中審批平台，同一個審批事項涉及多個職能部門的，行政審批局可以集中審批，省去層層審批

---

140 同前註。

141 同前註。

142 參閱《福建省人民政府辦公廳轉發省工商局關於提高工商服務水準七條措施的通知》，閩政辦〔2011〕225 號。

的耗時與不便，對於外資審理、外資項目核准、工商登記、企業代碼、稅務登記等事項可以"一表申報、一口受理、關聯審批"，另外推行"三證合一、一照一號"制度，也就是工商營業執照、組織機構代碼證、稅務登記證三合一，省去開一個公司需要申請多個證照的不便[143]。

(2) 推動台灣人民可憑台灣身分證到自貿區內註冊個體工商戶，並試著研究兩岸商事主體互相承認的機制[144]。

2. 目前臺灣地區商事登記相關規定

(1) 臺灣公司可經營範圍：依臺灣地區《公司名稱及業務預查審核準則》第 12 條之規定，有違反公序良俗、為專門職業技術人員執業範圍者、性質上非屬營利事業者、政府依法實施專營者與其他法令另有規定者不得預查登記[145]。

(2) 公司名稱限制較多：除臺灣地區《公司法》第 18 條規定，那些有違善良風俗與破壞公共秩序或容

---

143 參閱《中國（福建）自由貿易試驗區平潭片區實施方案》第 4 條第 1 項第 2 款。

144 參閱《中國（福建）自由貿易試驗區平潭片區實施方案》第 4 條第 1 項第 3 款。

145 參閱臺灣地區《公司名稱及業務預查審核準則》第 12 條。

易使人誤認可能與公益團體、政府機關有關的名稱，臺灣地區的公司都不得使用[146]，臺灣地區的公司名稱只能使用臺灣地區教育部編訂之國語辭典或辭源、辭海、康熙或其他通用字典中所列有之文字為限且有規定特定文字不得使用例如：福利社、合作社、研習班、研習會、產銷班等，對於公司名稱的限制較多[147]。

(3) 經營項目須經許可：除登記所營事業經營的專案，不得記載“除許可業務外，得經營法令非禁止或限制之業務”[148]，

(4) 登記所需的文件：依臺灣地區《公司名稱及業務預查審核準則》第 16 條之規定，臺灣地區的公司登記須檢附股份有限公司登記應附送書表，且公司設立登記與營業登記需分別申請。

(5) 工商登記電子化：在電子化方面，實驗區與臺灣地區一樣皆可上網提交材料與登記。

(6) 公司設立資本額門檻取消：臺灣地區為促進企業開辦，在 2009 年時修法取消設立公司最低資本額的門檻，而實驗區設立註冊資本 100 萬元以下內資有限公司的，也允許註冊資本“零首付”，故為鼓勵創

---

146 參閱臺灣地區《公司法》第 18 條。

147 參閱臺灣地區《公司名稱及業務預查審核準則》第 5-10 條。

148 參閱臺灣地區《公司名稱及業務預查審核準則》第 11 條。

業兩地皆降低了成立公司的門檻。

（四）工商行政管理職權下放

將國家工商行政的管理權下放到平潭綜合實驗區工商部門

(1) 授予實驗區企業管轄登記權：只要企業住所涉在平潭綜合實驗區，內資企業依法應當由國家工商總局登記管轄的，內資企業在實驗區工商部門進行登記即可[149]。

(2) 類似前條規定，那些依法本應由國家工商總局登記註冊的外資企業，只要企業住所設在實驗區就由平潭綜合實驗區工商部門來行使該些企業與其分支機搆的登記和管理監督權。

(3) 在不含變更行政區劃企業名稱的前提下，實驗區工商部門可使用國家工商總局企業名稱資料庫並行使企業名稱變更的受理權。

(4) 類似前條規定，在不含變更行政區劃企業名稱的前提下，實驗區工商部門可使用“國家工商總局綜合業務系統”向國家工商總局申報將“中國”字樣加入名稱當中並行使外資企業名稱預先核准與變更登

[149] 參閱《國家工商行政管理總局關於支援平潭綜合實驗區開放開發促進兩岸交流合作的意見》，工商辦字〔2012〕 73 號。

記的受理權[150]。

(5) 除名稱重複或有損國家安全與社會公眾利益的企業名稱或對社會大眾造成誤認或欺騙的名稱外，台資企業在實驗區都可自由選用企業名稱且名稱中開放使用該從事行業的臺灣地區慣用語來作表達。

(6) 支持實施寬鬆市場准入：只要法律法規無明確規定禁止的經營項目和行業，為了深化兩岸經貿交流、促進兩岸科技文化教育合作與承接臺灣產業轉移，允許實驗區秉持“先行先試”的原則先行登記，並支持積極逐步探索國務院與法律法規所提出的新興業態與新興產業，為其不斷累積經驗。

(7) 非熱點、重點行業的內外資企業只要無不良行為紀錄、合法經營，皆試行報備式年檢。

(8) 不再進行對紙本年檢材料的審核和歸檔，在實驗區試點支持推型外商投資企業全程電子化年檢。

(9) 繼續依法律原則與公司註冊資本的功能，探索開展註冊資本登記的改革：只要不違反法律法規與不影響其他企業名稱，個體工商戶轉為個人獨資企業或合夥企業者，可以沿用原字型大小與名稱；轉型登記為有限公司者，可以繼續使用原名稱加上“有限公

150 參閱《國家工商行政管理總局關於支援平潭綜合實驗區開放開發促進兩岸交流合作的意見》，工商辦字〔2012〕 73 號。

司”或“有限責任公司”[151]。

(10)臺灣地區人民可以在實驗區先行先試申辦個體工商戶[152]。

(11)支持實施商標戰略：支持開展商標戰略實施試點、示範工作，將實驗區列為國家工商總局實施商標戰略的重點聯繫地區[153]。

(12)支持廣告發展：在實驗區設立的臺灣地區企業若在實驗區內設立戶外看板、廣告，允許在廣告內容中使用繁體字；實驗區內有關廣告經營發佈活動與廣告企業從事固定形式印刷品的審批登記，允許福建省工商局委託實驗區工商部門依法進行[154]。

(13)支持創新機制、交流借鑒：為保障所有商事主體登記的標準統一、地位平等、規則公平，支持實驗區工商部門研究構建一個統一的商事登記制度。

(14)為打造開放、公平的工商環境，實驗區在流通領域商品品質、直銷監管、打擊商標侵權、交流合作、消費維權、競爭執法、流通環節食品安全監管等領域由實驗區工商部門加強與臺灣有關部門合作並創

[151] 同前註。

[152] 同前註。

[153] 同前註。

[154] 同前註。

新監管模式，建立更有效、更便捷、更靈活的監管制度[155]。

小結

綜上可知，實驗區的工商部門獲得了較大的行政管理職權，且為加強對台合作，台資企業不但可使用臺灣地區的習慣用語，在廣告字體的使用上也可使用繁體字，營造了更寬鬆、更彈性的商業環境。

二、交通優勢

（一）地理優越地位

平潭島位於福建省東部海域，東瀕臺灣，西臨福州，北接長樂國際機場，南連興化水道，以海潭島為主共含 126 個島嶼，為我國第五大島，是大陸地區離臺灣地區最近的島，距離臺灣地區新竹縣僅距 68 海浬[156]，由平潭至臺北港或台中港搭乘高速滾輪僅需時 2.5-3 小時，具有大陸距台最近的優勢。此外，濱海長達 70 公里的優美沙灘與列為國家重點風景區的海潭八大景，使其極具觀光發展潛力。

---

[155] 參閱《國家工商行政管理總局關於支援平潭綜合實驗區開放開發促進兩岸交流合作的意見》，工商辦字〔2012〕 73 號。

[156] 參閱《平潭開發：歷史性的機遇》，載《閩商文化研究》2010 年第 01 期，第 118-119 頁。

（二）陸海空交通情況

1.陸運

鐵路交通方面，實驗區主體形成“人”字型的鐵路網佈局。規劃福（州）平（潭）高鐵、台海高速鐵路（預留）、台海貨運鐵路（預留）及鐵路支線，前三條鐵路還將承擔城際運輸的功能，促進海西內及台海間的城際聯繫。並在實驗區北、中、南部分別建設高鐵北站、高鐵中心站和高鐵南站。

公路交通方面，規劃漁（溪）平（潭）高速公路、長（樂）平（潭）高速公路、台海高速公路（預留）。國道 316 線平潭主島段逐步改造為城市快速路；其他縣道結合規劃佈局改造成城市道路。基本全島以“一環兩縱兩橫”作為島上幹道，所謂“一環”就是環繞整個平潭島的環島路，依一級公路標準設計；所謂“兩縱”就是潭東與潭西兩條南北向的大道；所謂“兩橫”就是漁平與福平兩條東西向的大道。另尚有澳前貨運站、吉釣貨運站、中原貨運站等三處的公路貨運站，並規劃流水貨運站為預備貨運站；還有吉釣客運站與嵐城客運站等兩處一級客運站，並規劃澳前客運站為預備客運站。

2.海運

平潭港區將成為海峽兩岸“三通”直航的主要口

岸和交通樞紐，是福州港重要的組成部分，主要業務為散雜貨運輸、對台客貨滾裝、集裝箱支線，同時著力發展郵輪等旅遊客運，一步一步成為實驗區和海峽西岸經濟區的重要港口與特色鮮明、客貨兼具的高端港區。

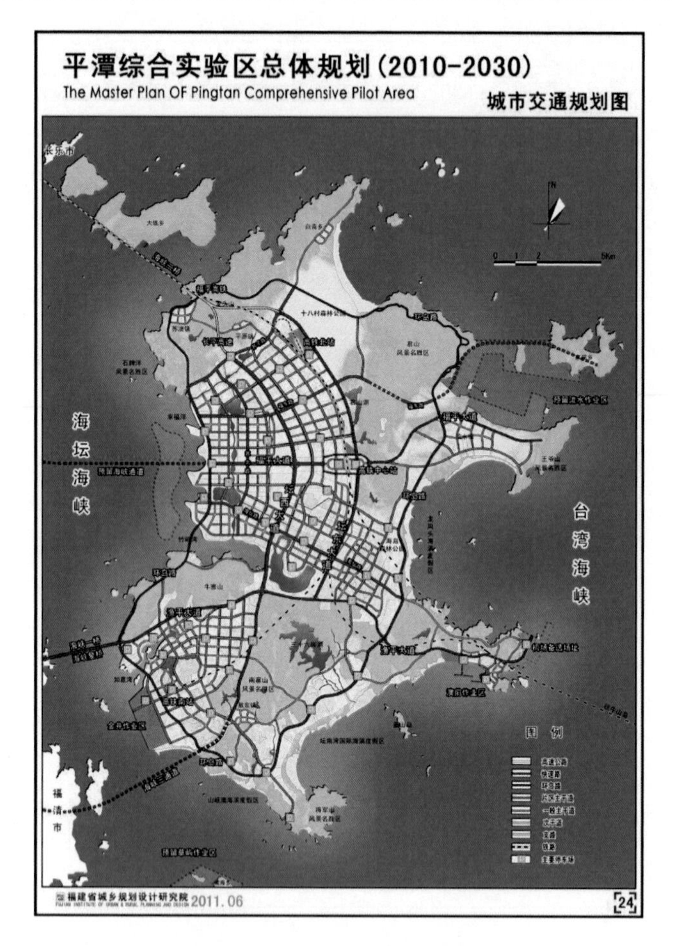

圖 3：主島城市交通規劃圖

(資料來源：福建省城鄉規劃設計研究院)

平潭港區分為 4 個作業區，分別為金井作業區、流水作業區、澳前作業區和草嶼作業區。規劃期內主要開發金井作業區、澳前作業區，流水作業區、草嶼作業區作為遠景預留發展作業區。 金井作業區是平潭港區規劃期內重點發展的作業區，以海峽客貨滾裝和貨物運輸為主，發展郵輪等旅遊客運。澳前作業區以服務漁業為主，近期作為對台客貨滾裝的作業點。 主島規劃四處遊艇碼頭，分別位於幸福洋、竹嶼口、竹嶼灣、如意灣。並設立口岸作業區 4 處，分別為金井、澳前、嵐城和中原口岸作業區。

3.空運

設置平潭（支線）機場，具體選址由民航設計部門通過專項規劃確定。設置一處基地型通用機場，滿足通用航空發展的需要。中國民航總局已經正式公佈，在福建省建立 4 個支線機場，其中一個在平潭島，定位為 4C 級的臨海機場，規劃可停放波音 737 飛機，目前已經啟動前期工作[157]。

[157] 參閱《對外交通》，載中國平潭網，http://www.pingtan.gov.cn/ldwl/ldwlList.aspx?cid=455677，瀏覽時間：2014-10-8。

曾經平潭與內陸之間沒有橋樑連通，往返都靠渡輪。（平潭海峽大橋/攝影：馮發）

第二節　財稅、通關、產業扶持政策

一、財稅政策

（一）企業所得稅優惠政策

1.若在實驗區設立企業且企業的主營業項目是《企業所得稅優惠目錄 》》（見附錄 2：平潭綜合實驗區企業所得稅優惠目錄）中規定的鼓勵類產業項目，而該主營業務又占該企業收入總額的 70%以上時，則該企業得減按 15%的稅率徵收企業所得稅。

2.如果一個企業在實驗區內外都設有機構，以實驗區內的機構所得來衡量是否適用前揭優惠稅率的標準，企業在實驗區外設立的機構不在衡量的範圍。

3.如果一個企業既符合國務院規定的各項稅收優惠條件及《中華人民共和國企業所得稅法》與其實施條例的稅收優惠條件又符合實驗區的 15%優惠稅率徵收條件，該企業可以同時試用符合的稅收優惠條件，符合國務院所規定其他各項稅收優惠條件者，採取最優惠的稅率課稅；如果適用定期減免稅的減半優惠者，須依照 25%法定稅率計算所得出的應納稅額減半課征企業所得稅。

4.若依臺灣地區所得稅法第 5 條第 5 項規定[158]，目前在臺灣地區的營利事業所得稅稅率是 17%，與實驗區企業所得稅稅率 15%相較之下，實驗區擁有較優惠的企業所得稅政策[159]。

（二）進口貨物稅收政策

實驗區的有關進口稅收政策，除法律、法規和現行政策另有規定外，按照下列規定辦理[160]：

1.基本上凡是從境外進口與生產有關的貨物例如在實驗區從事服務外包、物流、檢測維修、研發設計所需的機器、設備；倉儲設施所需的基建物資、基礎設施建設項目所需的建設廠房、設備或機器；以及生產營運所需的維修用零配件、設備、機器、模具，以上這些貨物原則進口都免稅，例外在“一線”不予免

[158] 參閱臺灣地區《所得稅法》第 5 條第 5 項：“營利事業所得稅起征額及稅率如下：一、營利事業全年課稅所得額在十二萬元以下者，免征營利事業所得稅。二、營利事業全年課稅所得額超過十二萬元者，就其全部課稅所得額課征百分之十七。但其應納稅額不得超過營利事業課稅所得額超過十二萬元部分之半數。”

[159] 參閱《財政部 國家稅務總局關於廣東橫琴新區福建平潭綜合實驗區深圳前海深港現代服務業合作區企業所得稅優惠政策及優惠目錄的通知》，財稅[2014]26 號。

[160] 參閱《關於平潭綜合實驗區有關進口稅收政策的通知》，財關稅[2013]62 號。

稅的貨物如註腳所示[161]。

2.凡是實驗區內物流企業進口用於流轉的貨物以及從境外進入實驗區與生產有關的貨物例如企業為加工出口產品所需的消耗性材料、元器件、原材料、包裝物料、零部件等都實施備案管理，給予保稅。例外在"一線"不予保稅的貨物如註腳所示[162]。

3.上述免稅的貨物如果從實驗區進入大陸內地就必須按照一般進口報關程式並依法繳稅，但如果在

[161] 在"一線"不予免稅的貨物包括：1. 法律、行政法規和相關規定明確不予免稅的貨物。2. 國家規定禁止進口的商品。3. 商業性房地產開發專案進口的貨物，即興建賓館飯店、寫字樓、別墅、公寓、住宅、商業購物場所、娛樂服務業場館、餐飲業店館以及其他商業性房地產項目進口的建設物資、設備（如電梯、空調、水泥、鋼材、大理石、燈具等建築材料和裝飾裝修材料）。4.生活消費類貨物（具體詳附錄3：生活消費類貨物目錄）。5. 20 種不予減免稅的商品中未列入上述生活消費類貨物清單的其他商品。6. 其他與生產無關的貨物。參閱《關於平潭綜合實驗區有關進口稅收政策的通知》，財關稅[2013]62 號。

[162] 在"一線"不予保稅的貨物包括：1. 法律、行政法規和相關規定明確不予保稅的貨物。2. 國家規定禁止進口的商品。3.商業性房地產開發專案進口的貨物，即興建賓館飯店、寫字樓、別墅、公寓、住宅、商業購物場所、娛樂服務業場館、餐飲業店館以及其他商業性房地產項目進口的建設物資、設備（如電梯、空調、水泥、鋼材、大理石、燈具等建築材料和裝飾裝修材料）。4.區內個人、企業和行政管理機構自用的生活消費用品（具體商品範圍同《在"一線"不予免稅的貨物清單》中的第 4 和 5 項）。5. 列入加工貿易禁止類目錄的商品。6. 其他與生產無關的貨物。參閱《關於平潭綜合實驗區有關進口稅收政策的通知》，財關稅[2013]62 號。

“一線”已經完稅的就不用再課征。

4.若實驗區的企業將依前揭規定而在實驗區免稅、保稅的貨物轉售給個人，就必須依進口有關規定補繳相應的進口稅差。

5.如果貨物在實驗區生產、加工後才經“二線”銷到大陸內地的必須依法課征環節增值稅、消費稅，但實驗曲現試行根據企業申請對內銷貨物按其對應進口料件或按實際報驗狀態徵收關稅政策，此政策將經實際操作並不斷完善後再正式實施。

（三）臺灣居民個人所得稅補貼政策

臺灣地區人民在實驗區任職、受雇、履約所取得的“工資薪金所得”、“勞務報酬所得”、“稿酬所得”、“特許權使用費所得”、“財產租賃所得”、“財產轉讓所得”、“其他所得” 或是一個納稅年度內在大陸連續或累計居住超過 183 天的臺灣地區人民在實驗區取得的“個體工商戶生產經營所得”、“對企事業單位的承包經營、承租經營所得”，若在實驗區實際申報繳納個人所得稅，可按照臺灣地區人民在實驗區實際申報繳納個人所得稅的 20%予以補貼，亦即有在實驗區報稅的臺灣地區人民都可以獲得 20%的所得稅退稅[163]。

（四）平潭對台小額商品交易市場免稅政策

另外，實驗區有一個特殊的規定就是每人每天有6000元的額度可免稅（包括關稅、進口環節增值稅、消費稅）攜帶臺灣原產商品進入實驗區的對台小額商品交易市場[164]，至於對台小額商品交易市場的商品經營範圍詳批註[165]。

二、通關政策

根據《平潭綜合實驗區總體發展規劃》第八章第一節，實驗區的通關政策本就是實驗區的一大特色，

---

163 參閱附錄4：《在平潭工作的臺灣居民涉及內地與臺灣地區個人所得稅稅負差額補貼實施辦法》（閩嵐綜實管綜〔2014〕17號 2014.3.21）。

164 參閱《財政部關於平潭對台小額商品交易市場稅收政策問題的通知》（財關稅函〔2013〕12號）。

165 平潭對台小額商品交易市場的商品經營範圍為糧油食品類、土產畜產類、紡織服裝類、輕工業品類和醫藥品類等六大類：一是糧油食品類，包括糧油製品、食用動物及其產品、食用植物及其產品、水產品、食品製成品。二是土產畜產類，包括茶葉、咖啡、可哥、香調料及香料油、山貨、畜產品、煙類。三是紡織服裝，包括紡織品、絲織品、服裝。四是工藝品類，包括陶瓷、地毯及裝飾掛毯、工藝品。五是輕工業品類，包括家用電器、箱包及鞋帽、文體用品、日用五金器皿、鐘錶、傢俱、日用雜品、紙品。六是醫藥品類，包括中成藥、藥酒。參閱《財政部關於平潭對台小額商品交易市場稅收政策問題的通知》（財關稅函〔2013〕12號）。

2014年國務院批覆同意平潭港口岸對外開放，開放範圍包括南北兩個區域，南部區域（含草嶼島部分岸線）由金井港區和澳前港區組成。同意設立正處級海事、海關、出入境檢驗檢疫和正團級邊防檢查機構[166]。

（一）海關監管辦法

1.海關監管原則

實驗區特殊的海關監管辦法就是平潭與境外之間的口岸設定為"一線"管理；平潭與大陸地區內陸的其他地區之間的關卡稱作"二線"，設置"二線"管理。海關監管單位管理的原則為所謂"分類管理、人貨分離、一線放寬、二線管住"分線管理。自貿區實施後，更推行國際貿易"單一窗口"，口岸相關部門"一站式"作業，通關只需要"一次申報、一次查驗、一次放行"，提升通關作業效率[167]。

除了規章、法律、行政法規另有特別規定者，從內陸進入實驗區享受實驗區退稅政策的貨物(以下簡稱退稅貨物)、進出實驗區及在實驗區內儲存的保稅貨物以及有關生產的免稅貨物皆由海關實行電子帳冊管

---

[166] 參閱《國務院關於同意福建平潭港口岸對外開放的批復》（國函〔2014〕26號）。

[167] 參閱《中國（福建）自由貿易試驗區平潭片區實施方案》第4條第4項第2款。

理[168]。另外，自貿區的部分試著研究由企業自主報稅、自助通關、自助審放、重點稽核的通關徵管作業，如屬 CEPA、ECFA 項下的貨物可面提交原產地證書[169]。

2.對平潭與境外之間進出貨物的監管

除了規章、法律、行政法規另有特別規定者，在一線也就是實驗區與共和國境外之間進出的一般貨物依據正常進出口相關規定進行報關手續，而有關生產的免稅貨物與退稅貨物以及保稅貨物，海關僅實行備案管理即可。

海關對從境外進入平潭與生產有關的貨物實行保稅或者免稅管理，但部分貨物不予保稅、免稅的詳如註腳[170]。另，除了規章、法律、行政法規另有特別規定者，一般依正常報關手續進入實驗區的貨物，必須實行許可證件與出口配額管理，而自共和國境外進入

---

168 參閱《中華人民共和國海關對平潭綜合實驗區監管辦法（試行）》（海關總署令第 208 號）。

169 參閱《中國（福建）自由貿易試驗區平潭片區實施方案》第 4 第 4 項第 3 款。

170 海關對從境外進入平潭與生產有關的貨物實行保稅或者免稅管理，但下列貨物除外：（一）生活消費類、商業性房地產開發專案等進口貨物；（二）法律、行政法規和規章明確不予保稅或免稅的貨物；（三）列入財政部、稅務總局、海關總署會同有關部門制定的“一線”不予保稅、免稅的具體貨物清單的貨物。參閱《中華人民共和國海關對平潭綜合實驗區監管辦法（試行）》（海關總署令第 208 號）。

實驗區採取備案管理的貨物，毋須實行許可證件、進口配額管理。

3.對實驗區與內陸地區之間貨物進出的監管

實驗區與內陸之間好比境內與境外，由內陸地區販賣到實驗區的退稅貨物，必須依據出口貨物的相關規定進行報關手續；由實驗區販賣到內陸地區的保稅貨物、減免稅貨物、退稅貨物，必須依據進口貨物相關規定進行報關手續[171]。

內陸地區有關生產的貨物販賣到實驗區就視為出口，所以原則上海關都會進行退稅，但是有一些貨物不予退稅的詳如批註[172]。另，凡是設在實驗區的企業加工、生產並販賣到內陸地區的保稅貨物，該企業可以提出選擇依實際報驗狀態或者依料件繳付進口關稅；而凡是設在實驗區的企業加工、生產並販賣到內陸地區的保稅貨物，該企業的消費稅、進口環節增值稅由海關依據貨物實際報驗狀態按規定課征。若企業

[171] 參閱《中華人民共和國海關對平潭綜合實驗區監管辦法（試行）》（海關總署令第 208 號）。

[172] 區外與生產有關的貨物銷往平潭視同出口，海關按規定實行退稅，但下列貨物除外：（一）生活消費類、商業性房地產開發專案等採購的區外貨物；（二）法律、行政法規和規章明確不予退稅的貨物；（三）列入財政部、稅務總局、海關總署會同有關部門制定的“二線”不予退稅的具體貨物清單的貨物。參閱《中華人民共和國海關對平潭綜合實驗區監管辦法（試行）》（海關總署令第 208 號）。

依法可申請選擇關稅課征依據的，海關將依據貨物實際報驗狀態按規定課征進口關稅[173]。

凡適用海關相關原產地管理規定且為實驗區販賣到內陸地區的優惠貿易政策專案所規定的貨物，都允許提出享有優惠稅率。

自實驗區販賣到內陸地區並辦理報關手續的貨物，必須實行許可證件與進口配額管理，但若是在第一線進境的過程中海關已經檢驗許可證件、配額的，相同許可證件、配額項下的貨物在第二線進入內陸地區時就不再檢驗了。而自內陸地區販賣到實驗區並辦理報關手續的貨物，毋須實行許可證件、出口配額管理[174]。

（二）檢驗檢疫監管辦法

實驗區對臺灣地區特別制定了較便捷的出入境監督管理和檢驗檢疫工作如下：

1.平常就經常往來實驗區和臺灣地區的臺灣漁船、小額貿易船舶和臺灣車輛已不須每次申報，僅需自主登記即可。

2.從實驗區進入大陸地區內陸的商品除了部分進

[173] 參閱《中華人民共和國海關對平潭綜合實驗區監管辦法（試行）》（海關總署令第 208 號）。

[174] 同前註。

口食品、廢料等重點敏感商品需要檢驗外，其餘皆在“一線”口岸經檢疫與放射性檢測後備案管理即可。

3.若商品原產於臺灣且為法定檢驗貨物並在實驗區生產加工者即不再需實施檢驗。

4.在實驗區生產加工然後出口的產品，除了進口國有要求出口國提供證明或進口商與出口商有合同約定要在裝船前作檢驗，否則無須實施檢驗。

5.在大陸地區生產的出口商品若由實驗區的“二線”輸入實驗區也免於檢驗檢疫。

6.在實驗區分級、挑選、更換包裝、中轉、過境的商品只實施檢疫與食品檢驗。

7.除非進口國有特別的註冊要求，在實驗區已經獲得食品安全管理體系認證的企業，備案時可簡化審核程式。

8.臺灣地區生產的食品、化妝品銷往實驗區者，其包裝皆可使用繁體中文。

9.在實驗區為了設計、研發而進口的舊機電產品免予裝運前檢驗。

10. 如果經“一線”口岸進入實驗區的商品屬於強制性認證產品但是用於科研、測試等免辦理強制性認證的產品，可辦理免辦證明實施快速驗放。

11. 屬於兩岸交流用在人道主義捐贈、救助等非商業用途的少量醫療物品，實驗區特別開闢“綠色通道”，可在口岸先放行後審批。

12. 實驗區更將進一步製作臺灣產品認證目錄，對於在臺灣地區獲得認證的產品，實驗區直接予以承認不須再次申請認證[175]。

（三）臺胞出入境簽注

臺灣地區人民為了在實驗區投資、就業、學習而需長期居留者可簽發有效期最長 5 年的居留簽注，不受在大陸居留 1 年以上的限制[176]。

（四）台車入閩政策

“台車入閩”可謂實驗區另一大特色，所謂“台車入閩”就是臺灣的車輛經許可後可以直接搭船到福建省使用，臨時車牌與駕照一次簽注可享三個月的有效期限[177]。

---

[175] 參閱《質檢總局關於發佈〈平潭綜合實驗區出入境檢驗檢疫監督管理辦法〉的公告》（2013 年第 98 號）。

[176] 參閱《福建省公安廳關於制定惠台出入境便利政策配套實施管理辦法的通知》（2013 年 9 月 24 日）。

[177] 參閱《臺灣地區臨時入閩機動車和駕駛人管理規定（試行）》（閩公綜〔2009〕709 號）。

三、產業扶持政策

(一)先進製造業、現代服務業、物流航運業、商貿業、融資租賃業

1.先進製造業

為了鼓勵先進製造業入駐，實驗區對於符合實驗區發展方向與符合入駐標準的先進製造業給予前 5 年納稅年度按其年繳納稅收的地方級財政分成部分的 80%予以獎勵，且如果是在實驗區第一家生產經過認定為國家試產計畫或新產品試鑒定計劃的專利產品，在該產品開始銷售 5 年內地方級產品新增的稅收部分完全無須繳交；如果企業在實驗區設立企業技術中心、工程研發中心、工程實驗室，省級的可以一次性領取 100 萬元的獎勵，國家級的可以一次性領取 200 萬元的獎勵。

2.現代服務業

為鼓勵現代服務企業諸如企業管理服務、律師及相關的法律服務、公證服務、會計審計及稅務服務、市場調查、社會經濟諮詢和其他專業諮詢、廣告業、智慧財產權服務、職業仲介服務、市場管理、會議及展覽服務、旅遊服務、包裝服務、安保服務、辦公服務等多種形式的商務服務業入駐，實驗區對於符合實

驗區發展方向與符合入駐標準的現代服務業給予前 5 年納稅年度按其年繳納稅收的地方級財政分成部分的 50%予以獎勵。對已在實驗區設立的現代服務企業，認定前在實驗區納稅的，自認定次年起 5 年內，企業年繳納稅收的地方級分成部分以認定當年為基數，新增加部分按 50%給予獎勵。

3.物流航運業

為鼓勵物流航運企業諸如從事海運、空運、保稅倉儲與物流、集裝箱中裝、二次拼箱、船舶管理、航運經紀以及從事船舶、隧道、海洋工程設備融資租賃等業務的新辦企業入駐，實驗區對於符合實驗區發展方向與符合入駐標準的物流航運業給予前 5 年納稅年度按其年繳納稅收的地方級財政分成部分的 65%予以獎勵，若屬國際海運業者享 80%的獎勵。對已在實驗區設立的現代服務企業，認定前在實驗區納稅的，自認定次年起 5 年內，企業年繳納稅收的地方級分成部分以認定當年為基數，新增加部分按 65%給予獎勵。

4.商貿業

為鼓勵商貿業諸如貿易類企業、功能性市場以及從事貿易管理、技術服務等業務的企業入駐，實驗區對於符合實驗區發展方向與符合入駐標準的大型商貿業(但異地採購貨源且異地出口報關為主的企業不適用)會在其開始經營的前5年納稅年度提供其地方級財政分成部分的年繳納稅收的 50%予以獎勵，若屬國際海運業者享 80%的獎勵。對已在實驗區設立的大型商貿企業（但異地採購貨源且異地出口報關為主的企業除外），認定前在實驗區納稅的，自認定次年起五年內企業年繳納稅收的地方級分成部分以認定當年為基數，新增加部分按 50%給予獎勵[178]。

5.融資租賃業

在自貿區實施後，自貿區鼓勵發展跨境融資租賃業，歡迎國內外與台灣金融機構、企業集團在自貿區設立融資租賃公司並依其規模予以補助，另為促進融資租賃業通過境內外資本市場上市融資與獎勵其在自貿區的經營貢獻亦訂有一系列的獎勵與補助措施，對於融資租賃方面的專業人才也有獎勵或補貼[179]。

---

[178] 參閱《平潭綜合實驗區鼓勵扶持產業發展的暫行規定》(平潭綜合實驗區管委會 閩嵐綜實管綜〔2011〕2 號)。

[179] 相關補助或獎勵措施如下：一、鼓勵企業入駐—支持國內外知名融資租賃公司在平潭自貿片區設立總部或開設分支機構。鼓勵臺灣金融機構、企業集團在平潭自貿片區設立融資租賃公司。對在平潭自貿片區內已設立、新設或遷入的融資租賃公司和金融租賃公司，按實繳註冊資本金分五年平均給予開辦補助:(一)註冊資本實繳 5000 萬元(含)～5 億元的，給予補助 100 萬元；(二)註冊資本實繳 5 億元（含）～10 億元的，給予補助 300 萬元；(三)註冊資本實繳 10 億元以上的，給予補助 500 萬元。二、拓寬融資管道—支援區內融資租賃企業通過境內外資本市場上市融資。(一) 對在福建海峽股權交易中心掛牌交

易的區內融資租賃公司，給予一次性獎勵 10 萬元。（二）對在全國中小企業股份轉讓系統實現上市融資的區內融資租賃公司，給予一次性獎勵 30 萬元。（三）對已實現上市融資或掛牌融資且募集資金全部用於投資平潭自貿區內項目的融資租賃企業，按照投資金額給予 1%的專項補助，最高金額不超過 300 萬元。（四）允許區內融資租賃公司（金融租賃公司除外）在淨資產 10 倍與上年末風險資產的差額範圍內借用外幣資金，在不超過淨資產 10 倍範圍內借用人民幣資金。（五）支持、鼓勵區內融資租賃企業通過銀行間市場、債券市場等金融市場發行債券，利用金融創新工具開展債券、票據及其他方式的融資。允許平潭自貿片區內融資租賃企業通過保函、信用證等開展赴境外融資業務。借用的外債可根據需要調回區內結匯使用。（六）註冊在平潭綜合實驗區內的基金及保險機構對區內融資租賃公司進行股權投資的，且年度投向區內融資租賃公司總額超過 1 億元的，給予投資資金 1%的風險補助，年度獎勵最高不超過 300 萬元。三、經營貢獻獎勵—對註冊在平潭自貿片區內的融資租賃企業（金融租賃公司除外）開展經營業務給予以下獎補：（一）在平潭自貿片區內經營期滿一年，且年度繳納入庫地方級稅收在 100 萬元以上的融資租賃企業，自滿足獎補條件年度起五年內，按照年繳納入庫地方級稅收的 50%給予獎勵，年繳納入庫總稅收達 2000 萬元及以上的，按年繳納入庫地方級稅收的 70%給予獎勵；（二）對租用平潭自貿片區內商務營運中心及其他我區統一承建的辦公樓，按實際繳納租金的 30%予以補助，補助期限為三年；（三）對購入單台（套）設備在 100 萬元人民幣及以上的，並被平潭自貿片區企業租賃使用的融資租賃公司，按照合同履行金額 5‰給予獎勵，單一企業單筆業務獎勵金額不超過 20 萬元，總獎勵金額不超 200 萬元；（四）對購入智慧製造設備、飛機、船舶、新能源生產設備、醫療設備等符合《平潭綜合實驗區產業指導目錄》設備的融資租賃公司，按照合同履行金額 8‰給予獎勵，單一企業單筆業務獎勵金額不超過 30 萬元，總獎勵金額不超 300 萬元。四、專才激勵措施（一）對平潭自貿片區內融資租賃企業的高管及專業人才，年度繳納個人所得稅在 5 萬元及以上的，前兩年按每年繳納個人所得稅地方級分成部分的 80%獎勵、第三年起按 60%獎勵，企業高管人員

6.配套政策

以上前述各類型企業實驗區特制訂配套政策例如自註冊登記日起五年內在實驗區所有行政事業性收費都免繳等優惠[180]。

及專業人員的貢獻獎勵，用於其個人購房、租房等補貼。（二）支持平潭自貿片區融資租賃高層次人才申報福建自貿試驗區高層次人才引進計畫；（三）鼓勵平潭自貿區內融資租賃企業引進國內外知名總部企業的高管人員和專業技術人才，凡符合我區優秀人才引進條件的，在職稱評審、子女入學、戶籍遷入等方面，按照《平潭綜合實驗區關於加強中高層次人才引進工作的若干規定（試行）》（閩嵐綜實管綜〔2014〕59號）和《平潭綜合實驗區中高層次人才住房保障辦法（試行）》（閩嵐綜實管綜〔2014〕60號）的規定執行獎勵。(以下略)。參閱《關於支持中國(福建)自由貿易試驗區平潭片區融資租賃業加快發展的實施辦法》（平潭綜合實驗區管委會辦公室 嵐綜管辦〔2015〕205號）。

180 配套政策：1.對入駐的以上企業，自工商註冊登記之日起五年內，對其涉及本區域內的行政事業性收費地方收入部分予以全免。2.對新入駐的以上企業用海項目的海域使用金地方分成部分，在省定的基礎上，區裡再按地方分成部分的50%予以專項補助。3.對高新企業投保出口信用保險，在省定給予保費50%補助、利用保單進行融資給予融資總額年3%貼息補助的基礎上，區裡再分別給予保費20%補助和2%貼息補助。4.對信用擔保機構為以上企業融資提供擔保，在省財政安排用擔保風險補償專項資金的基礎上，區裡再比照省裡補助標準予以風險補償。省財政和區財政安排信用擔保鳳險補償專項資金，屬為生產性企業提供融資擔保的擔保機構各按年度擔保額1.6%給予風險補償，屬為貿易企業提供融資擔保的擔保機構各按年度擔保額1%給予風險補償。5. 對新入駐的以上企業項目用地，按取得土地成本價掛牌出讓土地使用權，土地出讓價格可分期繳納，期限可延長至兩年。對新引迸的特殊的生產型高新技術項目，可通過一事一議、特事特辦的

（二）服務外包產業

1.財稅優惠政策

(1) 實驗區為鼓勵服務外包企業入駐，2015 年底前在實驗區註冊的服務外包企業自註冊日起 3 年內所有行政事業性收費地方收入部分皆免繳，且給予前 3 年納稅年度按其年繳納稅收的地方級財政分成部分的 50%予以獎勵。

(2) 實驗區服務外包企業為承接外包專案而從內陸地區採購有關生產的貨物就當作是出口，可以退稅；如果是從共和國境外進口有關生產的貨物則可享受免稅或保稅。

力式，經區管委會研究，在土地使用上給予特殊優惠。但其所獲得的土地使用權不得轉讓。對入駐園區的以上企業，經區管委會批准，可根據企業的規模，按照總用地面積的 7%比例配套生活服務區；屬台資企業的，允許其按臺灣習俗的生活方式規劃構建。5.對在園區內由我區統一承建的標準廠房、寫字樓、生活配套用房，以實驗區管委會審批的購買面積：按成本價售讓給企業，但十年內不得轉讓；屬企業租用的，以區管委會審批的租用面積，每年按租金的 30%予以補貼，補貼期限為五年。6.凡新入駐領辦、創辦以上企業的投資者，企業高級管理人員和專業科技人員，在其戶口落戶，子女入學方面享受優先政策。7.對新入駐的以上企業年繳納個人所得稅總額 5 萬元及以上的企業高管人員和專業科技人員，前兩車按每年繳納個人所得稅地方級分成部分的 80%、後三年按 60%給予企業高管人員和科技人員貢獻獎勵，用於其個人購房補助和租房補貼。參閱《平潭綜合實驗區鼓勵扶持產業發展的暫行規定》（平潭綜合實驗區管委會 閩嵐綜實管綜〔2011〕2 號）。

(3) 實驗區屬從事國家鼓勵的離岸服務外包業務的企業其所提供的應稅服務免課增值稅且若主營業項目為鼓勵類項目可減按 15%的稅率徵收企業所得稅。

(4) 如果名列《財富》500 強、IAOP 全球外包 100 強及中國服務外包十大領軍企業、中國 100 強成長型服務外包企業者在實驗區設立具有獨立法人資格、合法營業達一年、註冊金額在兩千萬之上的服務外包企業，福建省即給予總部經濟政策優惠。不但如此，實驗區從其納稅年度的第 3 年內依照其年繳納稅收的地方級財政分成部份的 80%予以獎勵。

(5) 實驗區特別規劃一服務外包園區，入駐的服務外包企業可享土地出讓金優惠，且繳納期限延長至 2 年，且前 3 年由實驗區提供免費辦公用房，若自購辦公用房者，由實驗區提供 20%的購房補貼。2015 年底前在實驗區註冊的外包服務企業若因服務外包園區基礎設施尚未完成而先於實驗區外租用辦公用房者，實驗區將提供最高 30%的租金補貼。

2.開拓市場政策

實驗區國際服務外包企業在前 3 年撥打國際電話所產生的電話費，實驗區補助百分之三十的電話費，補助上限為每年三十萬元；另根據合同給予離岸服務外包企業退稅。且為鼓勵服務外包企業申請發明專利並獲得國際認證，所有境內外申請發明專利所需的申請費、審查費都由實驗區全額補貼，而國際認證或認證升級的費用實驗區補助 50%，其餘商標註冊、版權登記亦同。此外，服務外包企業派遣員工赴境外從事服務的對其出境審批提供便利。

3. 人才引進政策

人才的引進是實驗區重點之一，2012 年實驗區推出“四個一千[181]” 人才工程，其中，引進服務外包人才亦是工程之一，為了吸引一群高科技人才和服務外包團隊在實驗區長駐，實驗區擬提供住房、稅收、資金的優惠，例如：只要創新團隊的核心成員與帶頭人每年在實驗區工作時間在六個月以上然後工作滿 5 年，就有權在實驗區第一次買房時購買限量優惠價的商品房；每個創新團隊帶頭人提供人民幣五十至一百五十萬元的生活補助經費；每個創新團隊提供人民幣三百至一千萬元的項目補助；團隊帶頭人在 5 年內繳交的個人所得稅地方留成部分依百分之七十來提供獎勵。

[181] 所謂“四個一千”人才工程即面向臺灣引進 1000 名專才、面向海內外招聘 1000 名高層次人才、從福建省內選派 1000 名年輕幹部到平潭工作、培養 1000 名實驗區人才。參閱蘭鋒：《“四個一千”人才工程正式啟動》，載《福建日報》，2012 年 2 月 15 日第 1 版。

4.台資服務外包企業政策

(1) 實驗區對於台資企業離岸外包參加出口信用保險和保單融資者，在省外經貿專項資金補助的基礎上再分別提供融資總額年百分之二的貼息補助與保費百分之二十的補助；2013-2015 年，補助台資企業人才培養省籍外經貿專項資金從每人四千五百元增加為每人六千元。

(2) 臺灣地區人民在實驗區從事服務外包工作者，其所得稅按照在實驗區實際申報繳納的個人所得稅的 20%提供補貼，且其子女在實驗區就讀可享免費義務教育[182]。

（三）總部經濟

實驗區鼓勵企業將總部設於實驗區，若符合總部認定標準[183]的企業可享經營貢獻獎勵、辦公用房優

[182] 參閱《平潭綜合實驗區服務外包扶持政策》（省外經貿廳 省發展改革委 省經貿委 省財政廳 省資訊化局 平潭綜合實驗區管委會 2012 年 11 月）。

[183] 總部認定標準：總部企業是指具有獨立法人資格、工商註冊和稅收匯繳在平潭綜合實驗區域內的綜合型總部、職能性總部及其他符合條件的總部企業。對在我區新註冊設立的且同時具備以下基本條件的企業，可認定為新引進的總部企業。（1）在我區進行工商登記註冊，具有獨立法人資格，實行統一核算，並在我區匯總繳納企業所得稅。（2）總部企業投資或授權管理和服務的企業不少於 2 個。（3）營業收入中來自下屬企業和分支機搆的比例不低於 20%。（4）實際到位註冊資本

惠、規費減免等優惠[184]。

（四）金融業

實驗區對於法人及非法人金融機構皆有獎補，依註冊資本或營運資金的金額予以依定程度的補助等，另外，對於金融業的購放、租房、稅賦亦有相當的優惠政策[185]。

金不低於 5000 萬元，對於仲介服務、研發機構、軟體、動漫創意、文化產業等總部企業的註冊資本不低於 1000 萬元。（5）年度繳納入庫稅收總額不低於 1000 萬元；對於仲介服務、研發機構、軟體、動漫創意、文化產業等總部企業的年度繳納入庫稅收總額不低於 500 萬元。符合以下任一條款可視同為總部企業：（1）屬世界 500 強、中國 500 強企業、中央直管企業、中國民營企業 100 強以及臺灣“100 大”企業在實驗區設立的總部型企業（含地區總部）；（2）上市公司；（3）在我區新註冊設立並年度繳納入庫稅收總額達到 2000 萬元及以上的企業。參閱《平潭綜合實驗區促進總部經濟發展的暫行規定》（平潭綜合實驗區管委會 閩嵐綜實管綜〔2013〕52 號）。

[184] 參閱《平潭綜合實驗區促進總部經濟發展的暫行規定》（平潭綜合實驗區管委會 閩嵐綜實管綜〔2013〕52 號）。

[185] 參閱《平潭綜合實驗區促進金融業發展的暫行規定》（平潭綜合實驗區管委會 閩嵐綜實管綜〔2013〕53 號）。

古色古香的海壇古城。(海壇古城作為我國首座海島旅遊古城，是集“吃、住、行、遊、購、娛”為一體的全功能的大型旅遊文化綜合體。圖為目前正在建設的海壇古城一期專案/攝影：念望舒)

第三節　台資企業與臺胞生活就業政策

一、台資企業政策

（一）台資企業財政獎補政策

台資企業在實驗區基本皆享有前揭優惠，例如產業服持政策的獎勵、金融業獎補的政策、規費減免、保費補助、貼息補助等皆有適用[186]。

（二）台資企業用地用海政策

台資企業可享購屋、購地優惠，若是租屋可享每年租金的 30%補貼且可補貼 5 年，海域使用金可減征 50%[187]。

（三）台資企業人才引進政策

符合人才引進標準的臺灣地區人民可享所得稅優惠[188]，且在實驗區第一次買房時可以購買一間限量優

---

[186] 參閱《平潭綜合實驗區管委會關於支持臺灣同胞創業發展的暫行規定》（閩嵐綜實管綜〔2013〕55 號）。

[187] 同前註。

[188] 對適用實驗區人才引進條件，在符合實驗區鼓勵類產業目錄及相關條件的企業任職的台籍高管人員、各類專業科技人員（含文化教育等領域的人才，下同），其在實驗區年繳納個人所得稅總額 5 萬元及以上的，前兩年按每年繳納個人所得稅地方級分成部分的 80%，後三年

惠價的商品房，若採租屋方式可承租實驗區特別建設的公共出租住屋[189]。

（四）簡化台資企業註冊條件和手續

台資企業註冊的條件和手續獲得簡化，例如可以以臨時租住的辦公場所暫時登記為住所，在 6 個月內再辦理固定住所登記。且台資企業的招牌可使用繁體字宣傳，臺灣地區農民亦可直接以自然人身份加入農民專業合作社並享有同等待遇[190]。

（五）鼓勵與扶持臺灣高等教育畢業生到實驗區創業政策

臺灣地區高等教育畢業生如符合實驗區標準到實驗區創業者，可享規費減免、免費創業指導、創業資金扶持、創業平臺支持、租金補貼或購屋優惠還有創

按 60%，給予企業高管人員和科技人員貢獻獎勵，用於其個人購房補助和租房補貼；或可依據《在平潭工作的臺灣居民涉及內地與臺灣地區個人所得稅稅負差額補貼實施辦法》,按臺灣居民在平潭實際申報繳納個人所得稅總額的 20%給予補貼，上述個稅補貼政策可擇優選擇，不得重複享受。參閱《平潭綜合實驗區管委會關於支持臺灣同胞創業發展的暫行規定》（閩嵐綜實管綜〔2013〕55 號）。

[189] 參閱《平潭綜合實驗區管委會關於支持臺灣同胞創業發展的暫行規定》（閩嵐綜實管綜〔2013〕55 號）。

[190] 參閱《關於支援平潭綜合實驗區台商投資企業發展的工商行政管理措施（試行）》（平潭綜合實驗區管委會辦公室 閩嵐綜實管辦〔2011〕108 號）。

業獎勵[191]。

[191] 大陸普通高校全日制臺灣畢業生、臺灣高校畢業生和國（境）外高校臺灣畢業生（不含各類非全日制學歷教育畢業生，以下簡稱“台生”），畢業後 5 年內到實驗區獨資、合資、合夥創辦企業或從事個體經營。企業由台生擔任法定代表人，且台生創業團隊核心成員出資額不低於註冊資本的 30%。台生創業企業和項目，必須符合國家、省和實驗區產業政策，並且具有明確的創業意向和創業方案，鼓勵擁有各類發明專利等智慧財產權的項目。可享受優惠政策如下：（一）工商註冊“綠色通道”。免收個體工商戶、企業註冊登記費和驗照費。對投資鼓勵類、允許類專案的台資企業，免予提交審批機關檔，實行直接登記制。設立註冊資本 100 萬元以下內資有限公司的，允許註冊資本“零首付”。（二）全程創業指導。提供人事代理服務，3 年內免收人事代理服務費用。免費提供政策諮詢、專案推介、開業指導、市場分析等創業就業服務。提供全程代辦服務，對台生自主創業過程中遇到的管理、技術與資金等問題提供相應的扶持與幫助，協助台生企業做好企業業務培訓、人員招聘以及宣傳推介等工作。（三）創業資金扶持。創業項目最高資助金額為 15 萬元。自籌資金不足的，可申請小額擔保貸款或貼息貸款，小額擔 保貸款最高額度 15 萬元，合夥經營和組織起來就業的可提高為 30 萬元，並對符合條件的小額擔保貸款給予 2 年貼息。安置就業困難人員的，可按規定申領就業困難人員社會保障費用補貼。（四）創業平臺支持。入駐實驗區各類公益性創業孵化基 地、園區的台生企業，3 年內免費提供 50 平方米以內的辦公經營場所。在基地、園區外租賃場所用於創業的，2 年內補助場所租金，最高補助標準為 3000 元/月。企業參加由區管委會舉辦的各類會展和節慶活動，3 年內展位費全免。（五）生活保障。在實驗區沒有生活住房的，可按規定申請承租公租房、人才房租金補貼、購買限價商品房等。具有碩士學位以上、承租人才住房的，由財政補助人才住房租金的 60%。具有博士學位的，可申請購買限價商品房。（六）創業獎勵。台生首次在實驗區領取工商營業執照，且正常經營納稅 6 個月以上的，給予每戶 1 萬元的一次性開業補貼。正常經營納稅一年

(六)鼓勵和支持兩岸青年入駐台灣創業園創業就業

除前述對於高等教育畢業生的吸引政策外，另對於十八歲以上、四十歲以下的兩岸青年人都訂有具體優惠措施獎勵赴實驗區就業或創業，例如提供園區辦公場所三年免租金、創業資金支持、創業融資扶助、人才補助與創業服務獎勵等促進兩岸青年人赴實驗區進駐的規定[192]。

以上，經濟社會效益顯著地台生企業可申請創業獎勵，獎勵金額最高為 15 萬元，且自其在工商部門首次註冊登記之日起 3 年內，免交管理類、登記類和證照類有關行政事業性收費。參閱《平潭綜合實驗區關於鼓勵扶持臺灣高校畢業生來嵐創業的實施辦法（試行）》（閩嵐綜實管綜〔2013〕56 號）。

[192] 相關規定如下：一、創業形式和產業方向—（一）支持兩岸青年以獨資、合資或合夥等形式創辦企業、聯合創業。（二）入園創業項目應符合《平潭綜合實驗區產業發展指導目錄》，重點支援發展電子資訊、生物醫藥、海洋科技、新材料、新能源、先進裝備製造與節能環保等的技術研發或成果轉化應用，鼓勵創辦區域行銷中心、電子商務、文化創意、服務外包、旅遊、設計、會展、教育培訓、創業輔導和科技、金融、投資、財務、法律服務等產業。（三）支持兩岸行業協會、產業聯盟、研究機構、高等院校等服務青年創業組織機構入園設立分支機構。二、創業場所扶持—（一）根據入園創業專案的產業分類、經營性質和投資規模，經評估給予公共辦公區至 200 平方米經營場所三年內免租金的扶持（免租期限至 2018 年底），實行一年一核。（二）根據實際業務需求，經評估給予入園的服務兩岸青年創業的組織機構使用公共辦公區至 100 平方米辦公場所三年內免租金的扶持（免租期限至 2018 年底），實行一年一核。三、創業資金扶持—（一）

創業項目正常運營滿一周年、連續納稅 6 個月以上的，根據專案經營規模、實際運營狀態等，經評審給予 5-20 萬元創業資金扶持。（二）根據創業專案的技術性、企業規模、經濟社會效益和市場發展前景等，經評審認定達到國內先進水準以上的，一次性給予 20 萬元至 50 萬元的創業投資扶持。（三）對入園的服務兩岸青年創業的組織機構，根據機構規模和實際開展業務績效給予 10 萬元以內的工作經費支持；經委託協助園區開展招商推介等活動，按活動規模、投入費用和實際成效給予 20 萬元以內的經費補助。四、創業融資支持—（一）入園專案可根據創業專案類型的實際情況向區興潭股權投資有限公司申請“雛鷹”、“雄鷹”基金投資；需要向金融機構融資的專案，由區信平創投擔保有限公司提供擔保服務。（二）入園專案根據企業發展需要可申請不超過 20 萬元的財政貼息小額貸款，按基準利率給予三年 100%貼息的扶持。資金投入總額以在創業園內實際投入計算。五、創業人才扶持—（一）兩岸青年創業人才有關住房保障、生活津貼、安家補助、子女就學、社保醫保、個稅補貼等相關待遇按照《平潭綜合實驗區關於加強中高層次人才引進工作的若干規定（試行）》（閩嵐綜實管綜〔2014〕59 號）、《平潭綜合實驗區關於加強中高層次人才住房保障辦法（試行）》（閩嵐綜實管綜〔2014〕60 號）及相關規定執行。（二）經評審認定，入園的重點產業企業引進的青年人才，按層次分類，分別給予每月 1000-10000 元生活津貼，以連續實際就業時間核定，最高發放 5 年；按引進人才層次分類，分別給予 5 – 50 萬元安家補助，分 3 年發放。經申報審核確認為引進臺灣高層次青年人才入園就業，由省級人才專項經費一次性給予 100 萬元安家補助，區直相關業務部門協助申報。（三）入園就業的兩岸青年，在平潭轄區內購置自用住房，自繳存住房公積金當月起，即可申請住房公積金貸款，總額可放寬至最高貸款額度的 2 倍。入園就業的臺灣青年，依照人才的層次分類，分別給予每月 500 元至 2000 元的租房補貼，期限不超過三年，在企業入園實際運營及補貼對象就業滿一年後經評審認定。（四）企業接收臺灣大學生在園內實習實訓，由省級人才工作經費分別給予博士、碩士（本科）6 個月以內每人每月 3000 元、2000 元的補助，區直相關業務部門協助申報。（五）臺灣大學生

二、台胞生活就業政策

（一）採認臺灣地區就業資格證書

為方便臺灣地區人民就業，實驗區承認臺灣的專業證照，若有國際資格證者亦可直接至實驗區就業、創業，簡化了專業認證的手續[193]。

（二)允許臺灣建築業企業進駐平潭綜合實驗區

建築方面實驗區承認臺灣地區主管機關頒發的證書，在經臺灣地區同業公會推薦與項實驗區主管部門備案後，臺灣地區建商可以在許可範圍內從事相關的

畢業後五年內來嵐就業的，按照《平潭綜合實驗區關於鼓勵扶持臺灣高校畢業生來嵐創業的實施辦法》(閩嵐綜實管綜[2013]56 號）實行。六、創業服務獎勵—由兩岸行業協會、產業聯盟、高等院校等團體機構推薦引進、輔導服務的入園專案，一年內累計引進 30 家以上青年創業企業（其中臺灣青年創業企業不少於 50%)、吸收臺灣青年就業 50 人以上、且連續經營 1 年以上的，經評審給予 100 萬元獎勵；一年內累計引進 100 家以上青年創業企業（其中臺灣青年創業企業不少於 50%)、吸收臺灣青年就業 150 人以上、且連續經營 1 年以上的，經評審給予 300 萬元獎勵；對推薦引進、輔導服務臺灣青年成功入園創業做出實效的示範團隊，經申報評定由省財政給予 100 萬元以內的獎勵，區直相關業務部門協助申報。參閱《平潭綜合實驗區管委會關於鼓勵和支持兩岸青年入駐臺灣創業園創業就業的實施意見》(嵐綜管〔2015〕146 號)。

193 參閱《關於加快平潭人才特區建設的若干意見》(中共福建省委人才工作領導小組 閩委人才〔2012〕8 號）。

建築活動[194]。

（三）關於賦予臺胞市民待遇優惠政策

實驗區的臺灣地區人民享市民待遇、享社保與醫保，其子女可享免費義務教育，若取得居留簽注 5 年以上且在實驗區工作 3 年以上者，可申購限價商品房[195]。

（四）加強醫療、文化、教育領域合作

為支持大陸地區高等院校和臺灣地區高等院校在教育方面的合作，實驗區鼓勵兩岸在實驗區合辦中高等職業技術學校、平潭大學並鼓勵臺灣地區人民以獨資方式在實驗區開辦幼稚教育，實驗區會適當地提供學校用地、校園設施、基礎建設等方面的協助；文化創意方面支持臺灣地區文創產業赴實驗區發展，實驗區對於文創產業提供補助或獎勵；亦鼓勵臺灣地區人民在實驗區設置台資獨資醫院[196]。

---

[194] 參閱《臺灣建築業企業進駐平潭綜合實驗區從事建築活動管理辦法（試行）》（福建省住房和城鄉建設廳 閩建〔2012〕 10 號）。

[195] 參閱《平潭綜合實驗區管委會關於支持臺灣同胞創業發展的暫行規定》（閩嵐綜實管綜〔2013〕55 號）。

[196] 同前註。

（五）鼓勵臺灣同胞兼職、參政、議政

臺灣地區人民在實驗區居住 1 年以上者可參與平潭縣人大、政協，或可到政府相關許可部門兼差或任職，臺灣地區人民亦可享選舉權與被選舉權，在實驗區參與政治[197]。

三、兩岸融合的平台

綜觀實驗區的政策優勢與制度現況可以發現，實驗區許多的政策與制度幾乎是為臺灣人民“量身訂做”，而且特殊的是，有別於一般的經濟區或自貿區僅專注於經濟與貿易的促進，實驗區的政策制度亦包含兩岸社會、教育、文化、醫療、政治的交融，它不僅希望經濟上開發平潭地區，它的功能定位更是一個促進兩岸關係交流、融合的平臺，在這樣的功能定位下，也突顯了實驗區綜合實驗的特質。

[197] 參閱《關於加快平潭人才特區建設的若干意見》（中共福建省委人才工作領導小組 閩委人才〔2012〕8 號）。

兩岸共同家園何時才能實現呢？（平潭流水鎮君山村石頭厝/攝影：曾璽凡）

第三章

兩岸共建實驗區立法機制的構想

2011年12月中國大陸國家發展與改革委員會發佈《平潭綜合實驗區總體發展規劃》(以下簡稱實驗區總體發展規劃)[198]，同意透過各種特殊配套政策於平潭綜合實驗區(以下簡稱實驗區)先行先試的情況下，規劃實驗區成為兩岸人民的“共同家園”，如本書第二章所言，實驗區不僅促進兩岸經濟貿易的往來，實驗區更是一個促進兩岸關係交融的平臺，其最大特點便是兩岸一起探索在實驗區實行“五個共同”的新模式，即兩岸同胞在實驗區齊心規劃、齊心開發、齊心經營、齊心管理、一齊受益　，即所謂“五個共同”[199]。足見平潭實驗區將計畫成為兩岸人民生活融合的樣板，秉著開放多元的思考，將兩岸人民對於“共同家園”的理想藍圖，藉由“五個共同”的落實而實現。

然而所謂“五個共同”的兩岸合作模式，不論是對於大陸地區現行法律制度或是臺灣地區現行法律制度皆不乏衝突扞格之處，諸如什麼樣的臺灣人民足以

[198] 參閱《平潭綜合實驗區總體發展規劃》，載中央政府門戶網站，http://www.gov.cn/jrzg/2011-12/31/content_2034785.htm，瀏覽時間：2014-10-9。

[199] 參閱臺盟福建省委員會：《創新合作建設模式，將平潭建設成兩岸同胞的共同家園》，載宋焱、王秉安、羅海成 主編：《平潭綜合實驗區兩岸合作共建模式研究》，社會科學文獻出版社2011年10月第1版，第16-17頁。

代表臺灣人民與大陸地區政府共同規畫、共同管理？兩岸人民代表所共同規畫或協議的成果如何透過立法來保障並促使兩岸人民共同遵守？在“五個共同”理想下，臺灣地區政府如何參與實驗區的立法？進而解決實驗過程兩岸制度無法與實驗區政策配合的問題並滿足人民的制度需求亦可降低臺灣地區人民適應實驗區制度的障礙[200]。基此，本章即思考兩岸如何在實驗區共建立法機制並設想可能的兩岸共商立法模式。

第一節　兩岸如何進行“五個共同”

一、參與“五個共同”的成員

所謂“共同”，自然有著一起、一致、公有的意思[201]，應是指兩個或兩個以上的群體或個人存在同一空間或進行同一事件[202]。而兩岸人民參與“五個共同”的成員，廣泛而言應指大陸地區自然人、法人與台

200 參閱熊文釗、鄭毅前揭書，第 11 頁。

201 參閱《重編國語辭典修訂本》，載臺灣地區教育部網站，http://dict.revised.moe.edu.tw/cgi-bin/newDict/dict.sh?cond=%A6@%A6P&pieceLen=50&fld=1&cat=&ukey=1188496185&serial=1&recNo=2&op=f&imgFont=1 ，瀏覽時間：2014-10-29。

202 共同，載線上中文電子字典，http://chinese.cdict.info/chwwwcdict.php?word=共同，瀏覽時間：2014-10-29 日。

灣地區自然人、法人共同參與；若再就其身份與依據設立的法規性質，又可將自然人分為公務人員與非公務人員、法人分為私法人與公法人[203]；舉例而言，從最基本的兩岸人民共同組織家庭、兩岸人民共同設立經營企業到兩岸政府共同打擊犯罪[204]都可視為兩岸共同參與的著例，簡單地說，兩岸官方或民間之間皆得透過意思表示或簽署契約或協議來對彼此發生法律上的效果，亦即參與“五個共同”的成員可以是兩岸民間、半民間、半官方或官方的組織或個人[205]。然而，受限於兩岸分治的現況，對於目前兩岸人民在大陸地區得共同參與的領域範圍，不無疑義。

二、“五個共同”的領域

有學者即曾區分實驗區私權領域、公權領域的兩岸人民“共同管理”來進行探討，認為在私權領域的部分基於私法自治、契約自由等原則，在大陸地區《

203 參閱 韓松:《民法總論》,法律出版社,2014 年 1 月第 2 版,第 153-154 頁。

204 參閱《海峽兩岸共同打擊犯罪及司法互助協定》,載大陸地區政府網,http://www.gov.cn/test/2009-04/28/content_1297857.htm，瀏覽時間：2014-10-29。

205 參閱平潭綜合實驗區“五個共同”的內涵與意義，載台海網，http://www.taihainet.com/news/twnews/twmzmj/2012-08-28/933269.html，瀏覽時間：2014-10-29。

民法通則》、《合同法》、《公司法》、《中外合資經營企業法》、《中外合作經營企業法》、《外資企業法》、《合夥企業法》及台灣地區《台灣地區與大陸地區人民關係條例》(以下簡稱兩岸關係條例)與《在大陸地區從事投資或技術合作許可辦法》等法律法規已漸趨成熟完備的制度環境下，兩岸民間企業基於合資、合作關係在大陸地區進行商業上實質地共同管理已大致無相關制度上的障礙[206]。因此，實驗區在私權領域"五個共同"的實踐，較無疑慮。而公權領域以往在兩岸互不承認主權的情形下[207]，兩岸官方的共同參與、共同協商皆藉由兩岸協議來達成，例如《海峽兩岸經濟合作架構協議》(Economic Cooperation Framework Agreement，ECFA，以下簡稱 ECFA)，如今實驗區秉著"先行先試，大膽創新"的基本原則，欲探索深化兩岸合作新模式並進一步創新經濟、社會、行政等管理制度[208]，將實驗區建設成兩岸人民的"共同家園"。或許若僅是將實驗區建設成硬體現代化、人民所得高、繁榮興盛的特別島，少有人會質疑大陸

---

[206] 參閱汪家譽：《平潭綜合實驗區建設之共同管理論綱》，載《發展研究》，2012 年第 11 期，第 124-128 頁。

[207] 參閱袁易前揭文，第 129 頁。

[208] 參閱《平潭綜合實驗區總體發展規劃》第二章第三節。

地區政府足以達成的能力與決心，然而若要實際地達成兩岸官方在大陸一地區進行“共同規劃、共同開發、共同經營、共同管理、共同受益”即“一區共治”的目標確實是前所未有的實驗與挑戰，特別是台灣地區人民在大陸地區參與“管理衆人之事[209]”這樣敏感的議題，勢將不可或免地觸及公權領域如兩岸共同行使立法權、司法權、行政權的探討，也是兩岸人民當前需要進一步為相關學理、法理集思廣益、未雨綢繆的。

[209] 參閱孫中山：《孫中山選集》（下），人民出版社，1981 年版，第 661 頁。

擁有高瞻遠矚的立法者絕對是人民之福。(在君山上向下眺望，綠野村莊，風車海景一覽無餘/攝影：念望舒)

第二節　兩岸協定下臺灣地區立法現況與挑戰

依現行台灣地區憲法增修條文[210]與兩岸關係條例之規定，台灣地區行政院得設立或指定機構，處理台灣地區與大陸地區人民往來有關之事務，而“行政院大陸委員會”得委托前述機構或符合一定條件之民間機構處理兩岸人民往來有關事務，必要時，並得委托其代為簽署協議[211]。目前台灣地區的唯一受委托機構為“財團法人海峽交流基金會”（以下簡稱海基會），大陸地區亦以性質相似的機構“海峽兩岸關係協會”（以下簡稱海協會）與海基會互動 ，兩岸各種事務協議的簽署皆由海基會與海協會代表簽署，此模式乃為解決兩岸分治以來，互不承認主權，卻又需要因應兩岸交流過程中所面臨的實質性協商所採取的便宜模式。

[210] 參閱臺灣地區憲法增修條文第 11 條：“自由地區與大陸地區間人民權利義務關係及其他事務之處理，得以法律為特別之規定。”

[211] 參閱兩岸關係條例第四條。

一、ECFA 架構下兩岸協議的立法實踐情形

2001年與2002年大陸地區與台灣地區先後加入世界貿易組織(World Trade Organization，WTO，以下簡稱世貿組織)，2010 年兩岸依照 WTO 架構下會員之間簽訂自由貿易協議(Free Trade Agreement，FTA)之模式簽署了 ECFA ，並依 ECFA 第 11 條之規定 成立"兩岸經濟合作委員會"（以下簡稱經合會）定期討論與磋商兩岸經濟事務，經合會的成員依磋商的事務、功能需求不同，由兩岸各自派出相應的官方、部門代表擔任，磋商完成所達成的協議，仍由前述海基會與海協會(以下簡稱兩會)進行簽署，簽署完成後再由兩岸官方針對協議的內容各自進行相應的立法[212]。台灣方面，依兩岸關係條例第 5 條之規定，兩岸協議之內容涉及法律之修正或應以法律定之者，協議辦理機關應於協議簽署後三十日內報請行政院核轉立法院審議；其內容未涉及法律之修正或無須另以法律定之者，應於簽署後三十日內報請行政院核定，並送立法院備

[212] 參閱 ECFA"兩岸經濟合作委員會"之介紹，載 ECFA 網站，http://www.ecfa.org.tw/Committee.aspx?pid=9&cid=42&pageid=0，瀏覽時間：2014-11-9。

查[213]。基此，兩會所簽署之協議在台灣地區若涉及修法或立法，依法應轉立法院審議。然而此處對於兩岸協議的法律性質台灣地區有學者認為兩岸協議是廣義上的"條約"或應具"準條約"性質[214]，故兩岸協議應視為"條約案"[215]，並依台灣地區憲法第 63 條之規定[216]立法院對於條約案有議決權，應經立法院議決；但依台灣地區大法官釋字第 329 號對於憲法上條約之意涵與何者應送立法院審議的問題所作出的解釋理由書指出："而台灣地區與大陸地區間訂定之協議，因非本解釋所稱之國際書面協議，應否送請立法院審議，不在本件解釋之範圍，並此說明[217]。" 已明確指出

---

213 參閱兩岸關係條例第 5 條："依第四條第三項或第四條之二第二項，受委託簽署協定之機構、民間團體或其他具公益性質之法人，應將協議草案報經委託機關陳報行政院同意，始得簽署。協定之內容涉及法律之修正或應以法律定之者，協定辦理機關應於協定簽署後三十日內報請行政院核轉立法院審議；其內容未涉及法律之修正或無須另以法律定之者，協定辦理機關應於協定簽署後三十日內報請行政院核定，並送立法院備查，其程式，必要時以機密方式處理。"

214 參閱曾建元、林啟驊：《ECFA 時代的兩岸協議與治理法制》，載《中華行政學報》，2011 年第八期，第 297-313 頁。

215 參閱姜皇池：《論 ECFA 應適用條約審查程式》，載《新世紀智庫論壇》，2011 年第 51 期，第 14-16 頁。

216 參閱臺灣地區憲法第 63 條："立法院有議決法律案、預算案、戒嚴案、大赦案、宣戰案、媾和案、條約案及國家其他重要事項之權。"

217 參閱《臺灣地區大法官釋字第 329 號解釋》，載司法院大法官網站，http://www.judicial.gov.tw/constitutionalcourt/p03_01.asp?expno=329，瀏

兩岸協議非屬“國與國之間”的“國際書面協議”[218]，故兩岸協議應視為依兩岸關係條例規定下所進行兩個地區間之協議，而非部分研究所指出的大法官對於兩岸協議的性質“不予解釋”或“未予解釋”[219]。

兩岸協議的法律性質並非本書所探討的重點，然本書以為兩岸基於“九二共識”[220]，在兩岸共同理解與認知世界上僅有“一個中國”的原則下，兩岸協議應為“兩岸同屬一個中國”前提下特殊的“地區與地區之間”的行政協議，若是將兩岸協議視為國與國之間締結的條約處理難不謂是對“九二共識”的漠視與挑戰。

二、海峽兩岸服務貿易協議

由於兩岸皆屬世貿組織的會員，會員之間必須遵守世貿組織各項原則，諸如最惠國待遇(Most-favoured-nation)、國民待遇(National treatment)、

覽時間：2014-11-29。

218 參閱陳世嶽：《統與獨：憲法途徑的分析》，載《臺灣的發展：全球化、區域化與法制化》，2006年6月，第473頁。

219 參閱廖祥順：《國際條約與兩岸協定之國會審議程式研究》，臺灣大學2010年碩士學位論文，第VI、22、121、127、129頁。

220 參閱《九二共識的史實與效益》，載海基會網站，http://www.sef.org.tw/public/Data/2101517205171.pdf，瀏覽時間：2014-12-29。

透明化 (Transparency)等原則[221]，而會員間亦可根據世貿組織架構下的服務貿易總協定(General Agreement on Trade in Services，以下簡稱 GATS)的規範[222]去簽訂彼此之間的服務貿易協定，2013 年 6 月兩岸所簽署的《海峽兩岸服務貿易協定》(以下簡稱服貿協議)即是在世貿組織的原則、ECFA 的架構、GATS 的規範下所簽署的兩岸協定，故簽署的過程皆須合於前述原則、規範，而臺灣地區在未加入世貿組織前即已修法將不符合世貿組織規範的法律皆進行修法，因此依兩岸關係條例第 5 條之規定，協議內容未涉及法律之修正或無須另以法律定之者，僅須行政院核定並送立法院備查即可，至於行政協議雖非行政機關所發佈之命令[223]，但位階等同於行政命令，故行政協議的備查應適用《立法院職權行使法》第十章關於行政命令的審查[224]，依同法第 61 條之規定，立法院審查行政命令逾三

---

[221] 參閱《Principles of the trading system》，載 WTO 官網，http://www.wto.org/english/thewto_e/whatis_e/tif_e/fact2_e.htm，瀏覽時間：2014-12-2。

[222] 參閱《General Agreement on Trade in Services》，載 WTO 官網，http://www.wto.org/english/docs_e/legal_e/26-gats_01_e.htm，瀏覽時間：2014-12-2。

[223] 參閱臺灣地區中央法規標準法第 3 條：“各機關發佈之命令，得依其性質，稱規程、規則、細則、辦法、綱要、標準或準則。”

[224] 參閱曾志超：《從法律面觀點論服貿協議審查》，載國家政策研究基

個月未完成者視為已審查[225]，也就是論者所稱的“自動生效”。故整個從簽署到通過服貿協議的流程依臺灣地區現行法律並非反對者所稱“違法的黑箱作業”[226]。但也因為前述臺灣地區有研究基於兩岸協定法律性質不明認為兩岸協議的審議法制不夠完備[227]，遂在兩會簽署服貿協議後，臺灣地區民主進步黨主導[228]以“公民運動”[229]為號召發動學生與民間團體進行“太

金會網站，http://www.npf.org.tw/post/3/13010，瀏覽時間：2014-12-2。

[225] 參閱臺灣地區“立法院”職權行使法第 61 條：“各委員會審查行政命令，應於院會交付審查後三個月內完成之；逾期未完成者，視為已經審查。但有特殊情形者，得經院會同意後展延；展延以一次為限。前項期間，應扣除休會期日。”

[226] 參閱張鈞綸：《張鈞綸律師：我對於服貿協議本身的看法》，轉引自“元豪的憲法夢想論壇：法律是顛覆的基地”，http://mypaper.pchome.com.tw/liaobruce/post/1327252446，瀏覽時間：2014-12-2。

[227] 參閱廖祥順前揭論文，第 128-129 頁。

[228] 參閱《本報透視集--學生反服貿，民進黨搞選舉》，載 YAHOO 奇摩新聞，https://tw.news.yahoo.com/%E6%9C%AC%E5%A0%B1%E9%80%8F%E8%A6%96%E9%9B%86-%E5%AD%B8%E7%94%9F%E5%8F%8D%E6%9C%8D%E8%B2%BF-%E6%B0%91%E9%80%B2%E9%BB%A8%E6%90%9E%E9%81%B8%E8%88%89-015000992.html，瀏覽時間：2014-12-12。

[229] 參閱何明修：《到底什麼是「公民運動」？》，載兩岸公評網，http://www.kpwan.com/news/viewNewsPost.do?id=885，瀏覽時間：2014-12-12。

陽花學運”[230]非法佔領立法院[231]的反服貿協議運動，進而造成服貿協議在臺灣地區無法實行的狀況[232]。

三、台灣地區兩岸協議監督機制

為解決服貿協議停擺的僵局，臺灣地區行政院在反對者抗爭結束後推出《臺灣地區與大陸地區訂定協定處理及監督條例草案》[233]（以下簡稱兩岸協議監督條例草案)，將兩岸協商過程區分為“協商議題形成階段”、“協商議題業務溝通階段”、“協定簽署前階段”、“協定簽署後階段”等四個階段，並對四個階段中協議權責主管機關的義務進行規範，根據該草案

---

230 參閱《「太陽花」學運一些歷史與想像》，載 YAHOO 奇摩新聞，https://tw.news.yahoo.com/%E5%A4%AA%E9%99%BD%E8%8A%B1-%E5%AD%B8%E9%81%8B-%E4%BA%9B%E6%AD%B7%E5%8F%B2%E8%88%87%E6%83%B3%E5%83%8F-161557637.html，瀏覽時間：2014-12-12。

231 參閱楊仁飛：《臺灣的政治抗爭是“公民運動”嗎？》，載《九鼎》，2014 年第 79 期，第 48-51 頁。

232 參閱《海峽兩岸服務貿易協定（本協定尚待完成相關程式後生效）》，載海基會網站，http://www.sef.org.tw/ct.asp?xItem=917158&ctNode=3810&mp=19，瀏覽時間：2014-12-20。

233《臺灣地區與大陸地區訂定協定處理及監督條例草案》，載臺灣地區陸委會網站，http://www.mac.gov.tw/public/Attachment/44161555266.pdf，瀏覽時間：2014-12-29。

第 14 條規定，兩岸協定於簽署後，協定內容涉及法律之修正或應以法律定之者，協定統籌辦理機關應於協定簽署後三十日內報請行政院核轉立法院審議；未涉及法律之修正或無須另以法律定之者，僅須行政院核定並送立法院備查即可[234]，與現行兩岸關係條例第 5 條之規定並無二致。而協定內容涉及法律之修正或應以法律定之者，依草案第 15 條規定，行政院將協議核轉立法院審議時，應一併提出須配合修正或制定之法律案供立法院議決[235]。因此，不論此草案通過與否，兩岸協定內容涉及立法或修法者在臺灣地區皆須經立法院的議決；然若以服貿協議為例，如前所述，因臺灣地區在未加入世貿組織前即已修法將不符合世貿組織規範的法律皆進行修法，因此即使兩岸協議監督條例通過，依該條例第 14 條之規定，協定內容未涉及法

[234] 參閱《臺灣地區與大陸地區訂定協定處理及監督條例草案》第 14 條："協定之內容涉及法律之修正或應以法律定之者，協定統籌辦理機關應於協定簽署後三十日內報請行政院核轉立法院審議；其內容未涉及法律之修正或無須另以法律定之者，協定統籌辦理機關應於協定簽署後三十日內報請行政院核定，並送立法院備查，其程式，必要時以機密方式處理。"

[235] 參閱《臺灣地區與大陸地區訂定協定處理及監督條例草案》第 15 條："協定之內容涉及法律之修正或應以法律定之者，行政院核轉立法院審議時，應一併提出須配合修正或制定之法律案。前項協議，經立法院二讀會議決之。立法院審議時，應一併審議須配合修正或制定之法律案，法律案應經立法院三讀會議決之。"

律之修正或無須另以法律定之者，亦僅須行政院核定並送立法院備查即可。

兩岸服貿協議本被期待為台灣時來運轉的契機之一。(平潭名小吃之一“咸時”，雅名“時來運轉”/攝影：林映樹)

第三節　平潭綜合實驗區兩岸共商立法模式設想

目前實驗區的相關立法主要是由大陸地區國務院的行政法規、國務院各機構的部門規章、福建省的地方法規與實驗區管委會的規範性文件等規範組成，福建省人大常委會於 2013 年 7 月通過了《福建省人民代表大會常務委員會關於加快推進平潭綜合實驗區開放開發的決定》，決定中指出福建省人大及其常委會將根據法律和國家的授權行使地方立法權，並制定促進實驗區開放開發的地方性法規，而實驗區管委會亦得根據需要，在不違背福建省地方性法規的前提下，自行制定規範性文件，在實驗區內先行先試，僅需報福建省人民政府備案即可[236]。然基於實驗區對兩岸“五個共同”的探索，實驗過程中，不論是大陸地區或臺灣地區，隨著每一個優惠的政策或相關配套措施的出臺，兩岸皆需相應的法制建設來落實與保障，特別是

[236] 參閱《福建省人民代表大會常務委員會關於加快推進平潭綜合實驗區開放開發的決定》，載福建人大網，http://www.fjrd.gov.cn/fjrdww/Desktop.aspx?path=/Homepage/FjrdInfoView&gid=bfbf60a6-7afb-4a6a-84cc-0f2e8f132e1e&tid=Cms_Info，瀏覽時間：2014-12-29。

公權領域方面，實驗區若僅限於地方立法，在未來恐無法突破大陸地區法律、法規的限制，以致無法達到“大膽創新”的目標；而臺灣地區對於大陸地區的大膽嘗試若無相應的政策與制度配合，其成效也將大打折扣，無法成為名副其實的兩岸“共同家園”，因此兩岸如何各自以現有制度為基礎，階段性地透過協商漸而發展至兩岸得以在實驗區共同立法的事實與效果，進而有效地滿足實驗區兩岸人民的制度需求，將會是未來兩岸進行“一區共治”所面臨的重要議題。

一、大陸地區研究提出之實驗區立法主體設想

大陸方面有鑒於實驗區“先行先試”的“實驗”性質，深知隨著時間變遷與兩岸交流的程度加深，實驗區勢必將需要一個專門的機構為實驗區特殊的地位環境進行特殊的立法，對此，福建涉台法律研究中心對於實驗區的立法主體已研究提出幾種可能的模式：

(一)全國人大及其常委會直接做為平潭立法主體模式——直接由全國人大及其常委會立法賦予實驗區制度性保障。

(二)全國人大常委會批准立法模式——由福建省人大先行制定《平潭綜合實驗區條例》(或其他名稱)

再經全國人大常委會批准後實施。

(三)全國人大及其常委會授權福建省為平潭開放開發進行立法——由全國人大及其常委會授權福建省人大及其常委會視需要制定特別地方法規。

(四)福建省人大及其常委會做為平潭立法主體模式——以福建省人大及其常委會依其職權進行地方立法。

(五)平潭綜合實驗區自行立法模式——比照特別行政區立法的模式組織立法機構自行立法。

以上諸立法模式的設想各有利弊，然以目前實驗區的實際情形，該研究認為現階段以採“全國人大及其常委會授權福建省為平潭開放開發進行立法模式並以福建省人大及其常委會做為平潭立法主體”較可行[237]。

二、以台灣視角設想兩岸共商立法模式

然為落實實驗區的兩岸“共同參與”，本書認為可依“立法內容堆積木、立法平臺爬樓梯”的原則，將兩岸共商立法的模式循序漸進地分階段如下：

(一)實驗初期——經合會作為兩岸共商立法的協

[237] 參閱徐平、鄭清賢：《關於平潭綜合實驗區立法主體的思考》，載《海峽法學》，2013年6月第2期，第3-11頁。

商平臺：

在 ECFA 的架構與兩岸各自現有制度下，以經合會為平臺，僅針對經貿領域進行協商討論，透過簽署協定的方式後，兩岸各自進行相應的立法與修法。

(二)實驗中期——福建省人大及其常委會與“臺灣省諮議會”共組兩岸共商立法的協商平臺：

臺灣地區行政院指定“臺灣省諮議會”(以下簡稱省諮議會)進行實驗區的兩岸協商，由“臺灣省諮議會”與福建省人大及常委會派員共組“實驗區兩岸共治委員會”(名稱暫定)針對實驗區地方自治事項、臺灣地區人民於實驗區參政等經貿以外的公權領域議題進行協商討論，協議簽署後，兩岸各自進行相應的立法與修法。

(三)實驗後期——全國人大及其常委會與臺灣地區立法院共組兩岸共商立法的協商平臺：

由大陸地區全國人大及其常委會與臺灣地區立法院共組“平潭綜合實驗區基本法起草委員會”(名稱暫定)，以兩岸憲法最大公約數制定平潭綜合實驗區基本法(以下簡稱實驗區基本法)，將兩個地區憲法之精髓去蕪存菁、求同存異，亦可將世界上的新觀念融合在基本法中，作為兩岸融合後新中國憲法的樣板在實驗區先行先試。

三、兩岸共商立法模式應如何具體實踐？

為具體實踐兩岸共商立法，本書認為在實驗區實驗過程中兩岸協商應依時空環境循序漸進地按實驗初期、中期、後期涉及的議題領域轉換兩岸共商立法的模式，實驗初期、中期、後期只是一個大概的概念，不必有一個清楚的時間分界點，而應視實際兩岸人民需求的增加針對不同領域進行協商，協商立法的平臺可以在實驗過程依需要同時存在，進程如圖示：

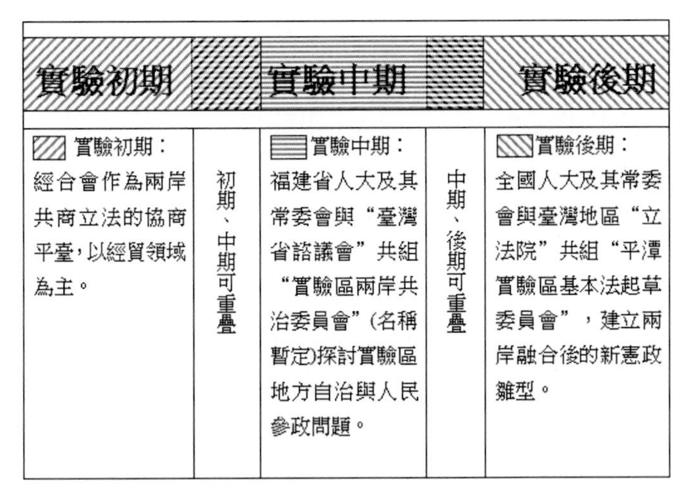

圖 4：實驗區兩岸共商立法協商平臺進程圖

(資料來源：自行製作)

實驗初期在 ECFA 的架構下，兩岸以經合會為協商平臺，兩岸各自指定代表進行協商，針對經貿領域特別加大實驗區的開放開發，完成實驗區與臺灣地區經貿法規上的對接，使實驗區成為臺灣地區人民，特別是基層人民進入大陸地區創業、投資、置產的最大入口。然後根據實驗區出入境的紀錄統計，當臺灣地區人民居住、停留在實驗區的數量與時間漸增至一定程度時，可開始進行福建省與臺灣省的協商，針對臺灣地區人民參政、地方制度、互聯網開放等問題進行磋商，漸漸進入實驗中期，接著兩岸針對相關議題進行立法。最後，當臺灣地區人民在實驗區事業有成、落地生根，以"實驗區為家、臺灣為鄉"且實驗區大陸人民也透過自由行赴台往來頻繁時[238]，大陸地區可依幅員、人口考慮將鄰近地區納入實驗區設為特別行政區，並由兩岸的中央立法機關在不違背各自憲法的前提下融合兩岸憲法一致的部分共同制定實驗區基本法來規範實驗區兩岸人民基本權利義務、出入境、戶籍、護照、政府機構、權力分立等問題，兩岸亦各自配合實驗區基本法於兩地區做出相應的立法與修法。

[238] 實驗區所屬福州市已於 2012 年 8 月 28 日開放赴台自由行，可參閱《陸客來台觀光大事記》，載臺灣地區交通部觀光局，http://admin.taiwan.net.tw/public/public.aspx?no=363，瀏覽時間：2014-12-29。

整個實驗區兩岸共同協商立法的原則可以是“立法內容堆積木、立法平臺爬樓梯”，“立法內容堆積木”圖示如下：

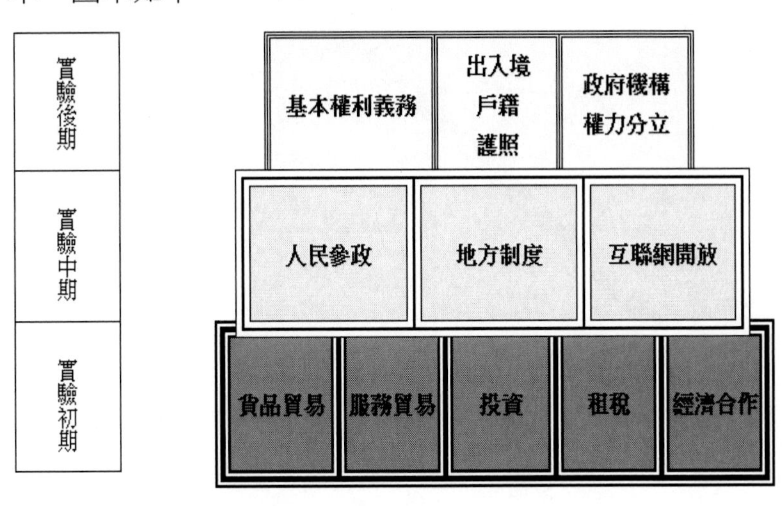

圖 5：立法內容堆積木示意圖

(資料來源：自行製作)

“立法平臺爬樓梯”圖示如下：

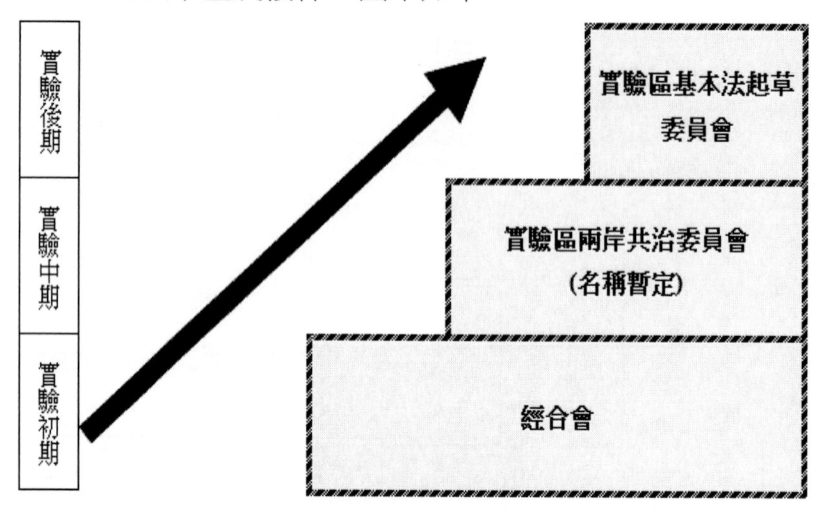

圖 6：立法平臺爬樓梯示意圖

(資料來源：自行製作)

基此，由淺入深、由低至高，一步一步進行實驗區兩岸共商立法的具體實踐。

立法平台也需一階一階地巍巍向上。（平潭名勝之一仙人井/攝影：念望舒）

第四節　各共商立法模式的利弊分析

一、經合會作為兩岸共商立法協商平台的利弊

（一）優點

在 ECFA 的架構與兩岸各自現有制度下，以經合會為平臺協商，再委由兩會簽署協議，可避免兩岸敏感的主權問題亦沒有協商不對等的顧慮，各自以 WTO 成員的身份，儘快針對兩岸貨品貿易、服務貿易、投資、租稅、互設辦事機構等經濟合作專案進行協商。而針對實驗區，經合會可協議在實驗區的範圍內提供更優於其他地區條件，例如雙方可約定在實驗區範圍內大陸地區對台開放的專案特別增加，或是只要是由平潭出口至臺灣或臺灣出口至平潭的貨物皆可以享受兩岸關稅的特別優惠，以促進實驗區的開放開發。

（二）缺點

1.僅能限於經貿領域，對於兩岸在公權領域的“共同治理”未能解決，有關臺灣地區人民參與實驗區地方自治的事宜未能得到討論。臺灣地區人民在實驗區參政的問題無法獲得臺灣地區主管機關的批准與

配合，將剝奪臺灣地區人民在實驗區參與管理公共事務的機會。

2.如前文所述，臺灣地區兩岸協定的立法程式繁雜，特別是兩岸協定監督條例草案通過後，除從協商議題形成至協議簽署的過程，變得耗時費力外，若協定內容涉及修法與立法，礙於臺灣地區立法院“議事工作繁重”，與朝野政治對立的僵局，相關的修法與立法更將曠日廢時，將使兩岸合作的進程更加緩慢。

二、福建省人大及其常委會與“台灣省咨議會”共組兩岸共商立法協商平台的利弊

（一）優點

關於“全國人大及其常委會授權福建省為平潭開放開發進行立法模式並以福建省人大及其常委會做為平潭立法主體”的利弊已有前揭文獻分析[239]，而由臺灣地區行政院依兩岸關係條例第四條第一項之規定[240]指定“臺灣省諮議會”(以下簡稱省諮議會)與福建省人大及其常委會進行實驗區的兩岸協商，可在目前兩

[239] 參閱徐平、鄭清賢：《關於平潭綜合實驗區立法主體的思考》，載《海峽法學》，2013 年 6 月第 2 期，第 9 頁。

[240] 參閱兩岸關係條例第 4 條第 1 項：“行政院得設立或指定機構，處理臺灣地區與大陸地區人民往來有關之事務。”

岸分治的情況下進行兩岸省對省的對等協商。

臺灣地區於 2005 年修憲精省後，依臺灣地區憲法增修條文第 9 條[241]與臺灣地區《地方制度法》第 8 條[242]之規定，臺灣省政府已成為行政院的派出機構，而省諮議會的職掌中，有縣(市)自治監督及建設規劃之諮詢與地方自治事務之調查、分析及研究發展等職責[243]，故由省諮議會與福建省人大及常委會派員共組“實驗區兩岸共治委員會”(名稱暫定)正有利於實驗區借鑒臺灣地區地方自治的經驗，進行實驗區人民參

[241] 參閱臺灣地區憲法增修條文第 9 條：“省、縣地方制度，應包括左列各款，以法律定之，不受憲法第一百零八條第一項第一款、第一百零九條、第一百十二條至第一百十五條及第一百二十二條之限制：一、省設省政府，置委員九人，其中一人為主席，均由行政院院長提請總統任命之。二、省設省諮議會，置省諮議會議員若干人，由行政院院長提請總統任命之。三、縣設縣議會，縣議會議員由縣民選舉之。四、屬於縣之立法權，由縣議會行之。五、縣設縣政府，置縣長一人，由縣民選舉之。六、中央與省、縣之關係。七、省承行政院之命，監督縣自治事項。臺灣省政府之功能、業務與組織之調整，得以法律為特別之規定。”

[242] 參閱臺灣地區地方制度法第 8 條：“省政府受行政院指揮監督，辦理下列事項：一、監督縣（市）自治事項。二、執行省政府行政事務。三、其他法令授權或行政院交辦事項。”

[243] 參閱臺灣省諮議會組織規程第 2 條：“臺灣省諮議會（以下簡稱本會）之職掌如下：一、關於省政府業務之諮詢及建議事項。二、關於縣（市）自治監督及建設規劃之諮詢事項。三、關於地方自治事務之調查、分析及研究發展事項。四、關於議政史料之保存、整理、典藏及展示事項。五、其他依法律或中央法規賦予之職權。”

與實驗區地方自治的先行先試，可落實實驗區兩岸人民在公權領域的“共同管理”，而臺灣地區人民於大陸地區擔任公職亦可在此階段獲得臺灣地區政策的配合。

此外，福建省人大及其常委會若取得全國人大及其常委會的授權，即可在實驗區內做出突破法律、法規的特別立法，例如可思考實驗區內互聯網不設任何屏蔽，只要進入實驗區，世界各地任何網站皆可瀏覽；只要進入實驗區，臺灣地區任何電視頻道皆可觀看、臺灣地區與實驗區電話互打皆不算國際長途電話等通訊傳播的開放，賦予實驗區優於其他地區更大的自由與利多。

（二）缺點

仍然是臺灣地區兩岸協定的立法程式繁雜，即使是由省諮議會的官方組織進行兩岸協商，亦須依《兩岸關係條例》與未來可能通過的《兩岸協議監督條例》進行協商與立法，此階段又涉及公權領域的立法與修法，可以預料在立法院面臨的阻力與挑戰會更大，進展也會更緩慢。

三、全國人大及其常委會與台灣地區立法院共組兩岸共商立法協商平台的利弊

基於“九二共識”、“一個中國，各自表述”的原則，兩岸皆瞭解並同意，所謂“一個中國”的領域應包含大陸地區與臺灣地區，兩岸應擱置主權爭議承認兩岸現狀就是：大陸地區政府對於“一個中國”內的大陸地區擁有實質治權，臺灣地區政府對於“一個中國”內的臺灣地區擁有實質治權。如今實驗區本著“五個共同”的原則，可視為大陸政府與臺灣政府在實驗區分享治權，進行“一區共治”的先行先試，故實驗區的立法協商平臺可由兩岸各自最高的立法機構來組成，比照香港特別行政區基本法立法的模式共組“平潭實驗區基本法起草委員會”(以下簡稱起草委員會)，由臺灣地區立法院依《立法院組織法》第 10 條[244]成立特種委員會與全國人大及其常委會各自派委員參加組成。

於此起草委員會中，兩岸可以在實驗區嘗試將兩

[244] 參閱臺灣地區立法院組織法第 10 條：“立法院依憲法第六十七條之規定，設下列委員會：一、內政委員會。二、外交及國防委員會。三、經濟委員會。四、財政委員會。五、教育及文化委員會。六、交通委員會。七、司法及法制委員會。八、社會福利及衛生環境委員會。立法院於必要時，得增設特種委員會。”

個地區憲法一致的部分納入實驗區基本法中，例如人人平等原則、人民權利義務、依法治國原則等優先納入實驗區基本法中，亦可探討關係人民生活但涉及主權的議題，例如兩岸人民在實驗區入出境問題、臺灣地區人民在實驗區設立戶籍問題、臺灣地區人民可憑臺灣地區身份證自由進出實驗區、凡設籍於實驗區之大陸人民皆可自由進出臺灣地區等問題，實驗區政府機構、權力分立的部分可經討論設計後置入實驗區基本法，且實驗區可考慮幅員、人口、交通將範圍擴大，例如納入福清市、長樂區等鄰近地區或島嶼。實驗區基本法的概念如圖示：

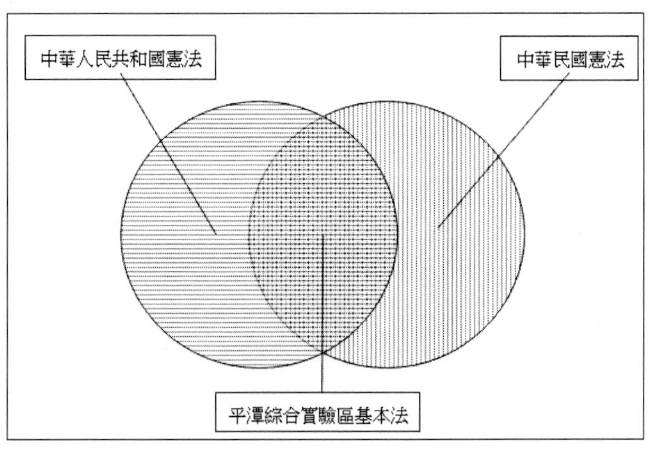

圖 7：實驗區基本法概念圖

(資料來源：自行製作)

（一）優點

1.由兩岸最高立法機構共商立法符合兩岸對等協商原則，由臺灣地區立法委員直接參與實驗區立法有利於後續臺灣地區的配套立法與修法，許多涉及實驗區臺灣人民的問題可以直接獲得立法或修法解決。

2.實驗區基本法可作為兩岸融合後基本制度的樣板，在實驗區實驗後，可作為未來兩岸融合後的新憲政雛型。

（二）障礙

1.實踐上未有先例：雖然大陸地區憲法第 62 條賦予全國人大決定特別行政區的設立及其制度[245]，但實

[245] 參閱大陸地區憲法第 62 條：“全國人民代表大會行使下列職權：（一）修改憲法；（二）監督憲法的實施；（三）制定和修改刑事、民事、國家機構的和其他的基本法律；（四）選舉中華人民共和國主席、副主席；（五）根據中華人民共和國主席的提名，決定國務院總理的人選；根據國務院總理的提名，決定國務院副總理、國務委員、各部部長、各委員會主任、審計長、秘書長的人選；（六）選舉中央軍事委員會主席；根據中央軍事委員會主席的提名，決定中央軍事委員會其他組成人員的人選；（七）選舉最高人民法院院長；（八）選舉最高人民檢察院檢察長；（九）審查和批准國民經濟和社會發展計畫和計畫執行情況的報告；（十）審查和批准國家的預算和預算執行情況的報告；（十一）改變或者撤銷全國人民代表大會常務委員會不適當的決定；（十二）批准省、自治區和直轄市的建置；（十三）決定特別行政區的設立及其制度；（十四）決定戰爭和和平的問題；（十五）應當由最高國家權力機關行使的其他職權。」

驗區涉及兩岸政府共治的問題，自兩岸政府分治以來並未曾有類似經驗，過程中不免需要相當充分的智慧與耐心不停地摸索與探討。

2.臺灣地區需要適當的社會氣氛與民意支持：有鑒於兩岸制度有別，在臺灣地區對於議案的形成，需要一定的民意基礎，若無媒體的推波助瀾，對於實驗區臺灣人民的相關議題，難以受到臺灣地區社會的重視。

3.起草委員會名單產生方式：對於起草委員會名單產生方式尚須進一步探討，若參考香港特別行政區基本法的起草模式，香港基本法起草委員會成員名單依大陸地區第六屆人大三次會議的決定[246]是由全國人大常委會決定並公佈，然而實驗區基本法的起草委員若要加入臺灣地區立法委員，恐仍待兩岸協商討論名單產生方式。

[246] 參閱大陸地區《關於成立香港特別行政區基本法起草委員會的決定》："中華人民共和國第六屆全國人民代表大會第三次會議決定成立中華人民共和國香港特別行政區基本法起草委員會，負責香港特別行政區基本法的起草工作。香港特別行政區基本法起草委員會向全國人民代表大會負責，在全國人民代表大會閉會期間，向全國人民代表大會常務委員會負責。香港特別行政區基本法起草委員會由包括香港同胞在內的各方面的人士和專家組成。具體名單由全國人民代表大會常務委員會決定並公佈。"

任何制度皆有利弊，端看如何揀擇運用。（寸棗是地方必備的迎客零食/攝影：林映樹）

第五節　運用共商立法機制
落實"五個共同"

透過瞭解臺灣地區當前兩岸協定的機制和挑戰與思考兩岸在實驗區共商立法模式的利弊分析後，為落實實驗區"五個共同"的目標，本書認為兩岸應以恪遵"九二共識"為整個協商發展過程的首要原則；再次，兩岸協商應依時空環境循序漸進地按實驗初期、中期、後期涉及的議題領域轉換兩岸共商立法的模式，每個時期所採用的共商立法模式都秉持著兩岸對等協商原則，密切配合或預見實驗區兩岸人民的實質需要，靈活運用各種共商立法模式。整個實驗區兩岸共同協商立法的原則可以是"立法內容堆積木、立法平臺爬樓梯"，但實驗初期、中期、後期只是一個大概的概念，而不必是一個清楚的時間分界點，應視實際兩岸人民需求的增加針對不同領域各自進行協商，各協商立法的平臺雖可能先後產生，但可以在實驗過程依需要同時存在。針對臺灣地區立法院議事或立法進度滯後的問題，臺灣地區人民可依法透過請願、陳情或媒體投書等方式敦促相關單位正視其立法需求並讓更多臺灣地區人民瞭解實驗區在台相關立法的重要性，藉以合法地、有效地推動相關的立法。基此，一步一步地、實事求是地促進實驗區“五個共同”的落實，進而一點一滴地、一磚一瓦地實現兩岸人民共建“共同家園”的美好夢想。

一磚一瓦、歷久彌堅。(平潭白青鄉白勝村/攝影：念望舒)

第四章

平潭實驗區基本法之設想

在構想兩岸於實驗區共建立法機制之後，有了兩岸共商立法的平臺設計，兩岸應共商哪些法律制度以確保實驗區體制機制的健全？有大陸地區學者即指出所謂實驗區新的體制機制，其核心價值主要就是通過建構地方“先行先試”法律機制來體現出來[247]，福建省人大法制委員會在《關於平潭綜合實驗區建設及其法制保障有關問題的研究》報告中，提出了“1+X”模式，所謂的“1”即“一個龍頭”例如《平潭綜合實驗區條例》，而“X”即 X 個“配套法規”，包括《平潭綜合實驗區招商引資若干規定》、《平潭綜合實驗區對台快捷通道建設若干規定》、《平潭綜合實驗區兩岸教育合作若干規定》等[248]。此乃因實驗區的功能定位是涵蓋政治、經濟、社會、文化等各個領域開放開發且促進兩岸關係交融的綜合實驗，所以對於實驗區特殊的定位、豐富的內涵、複雜的內容是具有多項立法需求的，它需要能夠將近期與遠期相結合、綜合與專項相配套的法規群組。因此，有學者亦提出類似建議認為實驗區的立法可考慮制定一部《平潭綜合實驗區

[247] 參閱彭莉：《平潭綜合實驗區“先行先試”法律機制的思考》，載《海峽法學》2012 年 9 月第 3 期，第 13-17 頁。

[248] 參閱福建省人大法制委：《關於平潭綜合實驗區建設及其法制保障有關問題的研究》，載《平潭綜合實驗區立法問題研討會論文彙編》2011 年，第 73 頁。

條例》，對宏觀性、原則性問題進行統一的規定，成為實驗區的“小憲法”，再在不同領域制定相應的法律規範，其法律效力由《平潭綜合實驗區條例》統一承認，即構建 “一核多極”的格局[249]。更有研究直接主張，實驗區經實驗至一定程度可直接“由全國人大制定《平潭綜合實驗區基本法》(以下簡稱實驗區基本法)，內容包含立法目的、基本原則、效力範圍、兩岸共建的實驗區政府架構、各方基本權利義務、立法與司法一國兩制特色機制、監督機制、法律責任、相關法律法規配套及附件等。作為一部全域性與綜合性兼備、立法層次較高的國家基本法，先行取得成熟經驗，作為將來類似港、澳基本法但又極為不同的臺灣基本法的先行模本[250]。”

對於制定實驗區基本法的主張，不啻是一個符合實驗區“大膽創新、先行先試”原則且具有前瞻性的做法。然一個符合實驗區兩岸人民需求又為兩岸政府所接受的實驗區基本法究竟應該具備什麼樣的內涵卻是一個耐兩岸尋思、思索、摸索的問題，一個可以孕育兩岸人民“共同家園”、一個可以讓兩岸人民心悅

---

[249] 參閱熊文釗、鄭毅前揭書，第 8 頁。

[250] 參閱李金旺：《平潭綜合實驗區“兩岸共管”法律制度創新研究》，載《中共福建省委黨校學報》2013 年第 2 期，第 54 頁。

誠服的基本公約會是什麼樣子？甚至於一個代表兩岸融合的憲政範本會具有什麼樣的內涵？就是本章嘗試推敲琢磨的問題，透過比較過去與現在的相關立法例，本章即進一步進行實驗區基本法的設想，勾勒出所謂"一個龍頭"的輪廓，使得實驗區的法律制度構建能有一個上位的母法供實驗區其他配套法規有一個遵循的方向。

第一節　實驗區基本法的原則

自兩岸分治以來，兩岸實施著兩套不同的政治體制，彷彿中國人在兩個地區實驗著兩套不同的體制機制，而今，隨著過去兩岸兵戎相見到現在兩岸交流合作，這兩套存在於兩個地區的體制似乎開始自然地進行接觸——互相理解、互相借鑒乃至互相一點一滴地融合，兩個體制的利弊、優劣、長短隨著時間歲月的實踐會漸漸浮現，人民在實踐過程中會反映人性對兩個體制的反應。正如學者們所言：**"一部好的憲法，具有規則性強且通道廣闊的優點[251]。"** 能經歷歲月與人性考驗的憲法乃至於地區的基本法，其內涵應會

[251] 參閱盛辛民、陳動、宋方青：《海峽兩岸法律制度比較 憲法》，廈門大學出版社 1993 年版，第 1 頁。

是古往今來顛撲不破的真理，也會是該國家或該地區經驗的總結，才能適應國家或地區的發展與環境的變遷。江平教授即指出："21 世紀的中國比較法學者們，應該以既有的比較法學成果和積累為基礎，以新的法學視野和更為成熟的法學方法，追求更高的學術思想境界，從而為完善具有自身特徵的中國法律制度，為把中國真正建設成為一個法治國家，為促進中西法律文化乃至人類文化的深入交融，做出一個法律工作者的應有貢獻。[252]"而非局限於傳統規範法學的"對策法學"與"法解釋學"[253]，在參考西方理論和制度之余，亦要注重本土經驗與實際情形，進而由"經驗"發展到"理論"；亦即不再將西方的理論和主義奉為放諸四海皆准、顛撲不破的圭臬，而應由自身的經驗和實踐過程所吸取的教訓進行研究，再由經驗事實中提煉出理論[254]；也就是由過去東方向西方模仿學習的階段漸漸走向創新提升、自我成長的階段，而所謂創

---

[252] 參閱江平：《新世紀、新視角、新境界——寄語新世紀的中國比較法學》，載《比較法研究 ，Journal of Comparative Law》，2001 年 第 01 期。

[253] 參閱陳瑞華：《社會科學方法對法學的影響——在北大法學院博士生《法學前沿》課上的演講》，載《北大法律評論 ，Peking University Law Review》，2007 年第 01 期，第 202-209 頁。

[254] 參閱陳瑞華、郭葉、石開貴等：《法學論文寫作與資料檢索》，北京大學出版社，2011 年版，第 21 至第 40 頁。

新未必就是無中生有，而是考慮區域、國家自身歷史、文化、社會等等的種種特殊性，自行進行合情合理的設計。

臺灣地區的中華民國雖早年在美國基於“兩個中國”的戰略利益下得以在國際上以政治實體的方式生存，但綜觀歷史，隨著美國基於自身國家利益考慮的不停轉變，從軍事上協防臺灣到承認中華人民共和國並鼓勵兩岸交流合作可知，任何國家皆以自身國家利益為出發，美國於南北戰爭後追求統一的結果，證明美國成為了國家統一的受惠者，而林肯解放黑奴背後的真正動機，正是為了堅定地維護美國聯邦的統一[255]。美國學者弗萊切即指出，南北戰爭後美國憲法第十三、十四、十五修正案建立了美國的法律新秩序，這個新法律體制的各項原則諸如“人人平等、大眾民主和民族國家”與1787年第一部憲法的“自願聯合、個人自由和共和主義菁英政治的人民主義”截然不同，幾乎可視之為美國的第二部憲法，而這部新憲法其實建立了“美利堅第二共和國”[256]，可謂內戰後南

[255] 參閱周莉麗：《林肯——堅定的國家主義者》，載《赤峰學院學報》2010 年 1 月 31 卷第 1 期，第 18-19 頁。

[256] 參閱〔美〕弗萊切：《隱藏的憲法：林肯如何重新鑄定美國民主》，陳緒綱譯，北京大學出版社 2009 年版，第 2 頁。

北融合的“新美國”。同樣地，實驗區基本法將提供一個未來兩岸結束分治後新法律體制的導引，一個“新中國”憲政體制的樣板，故基本法於制定時，思考如何透過新憲政體制維護國家統一、遠離分裂亦是立法者應高瞻遠矚、深謀遠慮的重點。

制度也是需要“接地氣”（發糕是平潭人過年必不可少的食物/攝影：林映樹）

第二節　借鑒香港、澳門基本法的經驗

香港特別行政區和澳門特別行政區正是我國現有的兩個特別行政區，其基本法的制定正是設想實驗區基本法的重要參考。港、澳兩部基本法於制定時基本遵循了《中英關於香港問題的聯合聲明》[257]與《中葡關於澳門問題的聯合聲明》[258]所提出的 12 條基本方針政策，而這 12 條基本方針政策的實踐可歸納為以下原則：

一、歸納中英、中葡聯合聲明 12 條基本方針政策

（一）保持繁榮穩定原則

因港、澳兩地特別是香港在基本法制定時生活水平較內地高，故共和國政府確立保持兩地區的繁榮穩定是兩地回歸後的重要目標，因此兩基本法多處體現

---

[257] 參閱《中英關於香港問題的聯合聲明》（含附件），載新華網，http://news.xinhuanet.com/ziliao/2004-04/01/content_1396234.htm，瀏覽時間：2014-12-13。

[258] 參閱《中葡關於澳門問題的聯合聲明》（含附件），載新華網，http://news.xinhuanet.com/gangao/2010-03/25/c_123135.htm，瀏覽時間：2014-12-13。

了這一原則。例如：香港和澳門不實行社會主義的制度和政策，保持其原有的資本主義制度和生活方式，50年不變；保護私有財產權；保持自由港和獨立的關稅地區的地位；原有的法律基本不變等。

（二）“一國兩制”原則

香港基本法實施後，有學者即再次明確指出“一國兩制”是香港基本法的法理核心，堅持“一國”是重大原則問題，在“一國”的前提下，實行“港人治港，高度自治”，但香港的自治權非本來所固有，而是全國人大的授予，無授予即無自治權，政制發展的主導權仍在中央。“兩制”則是在港澳不實行社會主義制度，繼續維持資本主義制度與生活方式 50 年不變，且特別行政區還享有立法權、行政管理權、獨立的司法權和終審權。

（三）循序漸進發展民主的原則

由於港澳在回歸前分別是英國與葡萄牙的殖民地，實行的政治體制是總督制，人民並未真正參與過政治決策與享有真正的民主自由，然而英國在香港回歸前卻企圖在香港進行民主改革，並企圖在香港回歸後對香港繼續保有影響力，故中國政府對此仍應排除外國勢力影響本著“一國兩制”的原則，實行“港人治港、澳人治澳”的方式，依兩地的實際情況循序漸進地發展兩地的民主制度。

（四）原則性和靈活性相結合的原則

原則性與靈活性相結合即指在港澳兩地區，有堅定不移、共同恪遵的大原則，例如港澳為中國的領土，其外交與軍事事務由中央負責；亦有靈活性變通、因地設事的便宜措施，例如兩地有一定的外事管理權，官方語文除中文外，英文在香港也是正式語文、葡萄牙文在澳門也是正式語文，香港在司法人員方面尚可以聘請其他普通法地區人員擔任法官，展現了原則性與靈活性的高度結合[259]。

二、提煉出適用實驗區的立法原則

故觀香港基本法與澳門基本法制定的基本原則再配合實驗區當地的時空背景與實際情況，本書以為實驗區可借鑒並調整成實驗區基本法制定原則如下：

（一）“促進”繁榮穩定原則

與香港、澳門不同的是，香港、澳門於回歸時已是生活水平較高的地區，而實驗區所在的平潭島曾經

---

[259] 參閱焦洪昌：《港澳基本法》，北京大學出版社，2007 年 9 月第 1 版，第 19-21 頁。

是兩岸關係緊張時，大陸地區解放軍的三軍聯合演習地點，由於戰略位置重要，所以是台海發生衝突時軍事攻擊的目標之一，也因此許多基礎建設例如平潭與福建內陸的跨海大橋顧慮戰爭時會遭到摧毀而曾無法獲得良好發展[260]。如今兩岸關係緩和，平潭島終於有機會專注在經濟領域的開放開發，因此促進實驗區的繁榮將是實驗區的重要目標，而“穩定”的部分應是指實驗區特殊的優惠政策保持一定的期間不變，例如特殊的通關政策、人才引進政策、企業引進政策，使因信賴實驗區優惠政策而移入實驗區的兩岸人民、企業，不因實驗區基本法的制訂而失去原來享有的政策優惠，可繼續享有移入時實驗區為促進開放開發、先行先試所提供的特殊待遇，此亦有利於實驗區行政上信賴保護原則的貫徹。

（二）過渡性“一國三制”原則

如前述，港、澳基本法的法理核心是“一國兩制”，“一國”是指港、澳皆屬中國的一部分，“兩制”是指港、澳與內地分別實行資本主義和社會主義兩個制度；而實驗區本是福建省一個縣，是“一國”毫無疑問，然而實驗區的重點重在“實驗”，所以實

260 參閱閻傑前揭書，第46頁。

驗區在社會制度的部分實驗過程中並不必僵硬地僅單純實行社會主義或資本主義，特別是在實驗區“先行先試”的方針下，應可試行各種主義截長補短、去蕪存菁後的主義，在此本書簡稱“綜合主義”(至於“綜合主義”應有何內涵，本書將於後另作探討)，作為研究解決中國近代以來主義路線問題的實驗田，若在實驗區實驗結果可行，可接著將此“綜合主義”推廣至全國包含港澳臺實行，恢復全國“一國一制”，實驗區至此功成身退。故實驗階段大陸內陸的社會主義、港澳臺的資本主義與實驗區的“綜合主義”，共計三個主義在中國並行，可作為實驗區實驗過程過渡性“一國三制”原則。過渡性“一國三制”如圖示：

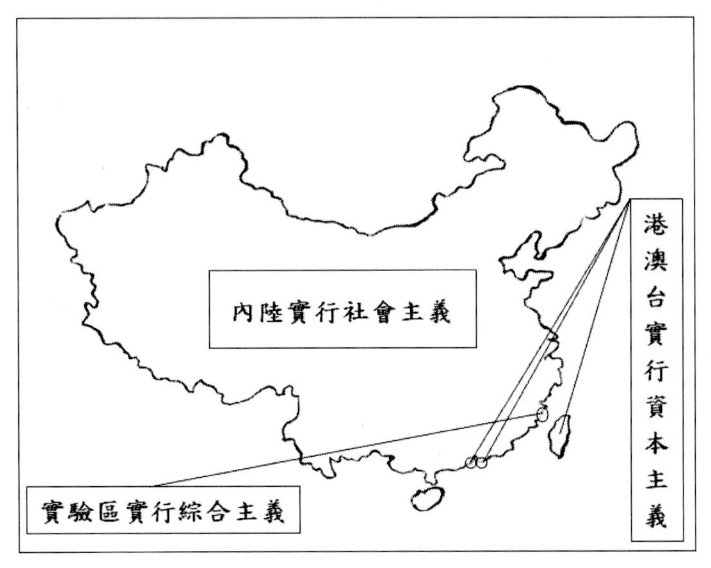

圖 8：過渡性“一國三制”示意圖

(資料來源：自行製作)

基此，對於大陸地區人民而言，進入實驗區既有其熟悉的社會主義制度又有新鮮的資本主義和其他主義制度；反之，對於臺灣地區人民而言，進入實驗區亦有其熟悉的資本主義制度，也有新鮮的社會主義和其他主義制度，創新又不失親和力，也降低了實驗區人民制度適應的障礙。而政治上秉持著實驗區“五個共同”原則，亦同時進行政治上“兩岸共治、兩岸共管”的嘗試與探索。

（三）循序漸進發展民主的原則

由於實驗區原本是大陸地區的一個縣，實行的是中國特色社會主義民主，而臺灣地區實行的是美國式資本主義民主，故當臺灣地區人民來到實驗區，不免以過去在臺灣地區參與民主的經驗來思考與批判實驗區的民主制度，反觀實驗區當地的大陸人民，則亦有自己一套對民主制度的解讀。於此背景下，兩岸人民對民主的理解不同，想像中的民主模式也不同，彼此會有所歧見是自然而然的事，故對於實驗區民主的發展應特別審慎，不但要循序漸進，還要因時因地甚至因人做合情合理的安排，並應預見實驗區民主制度將來推行至全國時可能發生的利弊，所以寧可步伐穩當也不要躁進，應耐心地從兩岸各自實施民主的事實經驗中提煉出屬於中國本土可行的民主制度。

（四）原則性和靈活性相結合的原則

原則性與靈活性相結合亦可適用於實驗區，因實驗區的外交與軍事本就屬大陸中央負責，故原則性在實驗區的體現就是在實驗區居住的人民，不分來自大陸地區或臺灣地區皆享國民待遇，皆視為中國國民，此部分已體現在實驗區現行的臺胞政策，例如：臺灣地區人民在實驗區享市民待遇、享社保與醫保，其子女可享免費義務教育[261]；實驗區承認臺灣的專業證照，只要是臺灣機構認證的證照實驗區皆予以承認，簡化了專業認證的手續；臺灣地區人民可享選舉權與被選舉權等[262]。而靈活性的體現則是彈性地接納兩岸不一致的部分，例如用字、用語、貨幣，此亦已在實驗區現行政策中體現，例如台資企業不但可使用臺灣地區的習慣用語，在廣告字體的使用上也可使用繁體字[263]；臺灣地區生產的食品、化妝品銷往實驗區者，其包裝亦皆可使用繁體中文[264]；實驗區還設立特許機構可兌換新臺幣現鈔且可在實驗區銀行開立新臺幣帳戶[265]等。

261 參閱《平潭綜合實驗區管委會關於支持臺灣同胞創業發展的暫行規定》（閩嵐綜實管綜〔2013〕55號）。

262 參閱《關於加快平潭人才特區建設的若干意見》（中共福建省委人才工作領導小組 閩委人才〔2012〕8號）。

263 參閱《國家工商行政管理總局關於支援平潭綜合實驗區開放開發促進兩岸交流合作的意見》，工商辦字〔2012〕 73號。

264 參閱《質檢總局關於發佈〈平潭綜合實驗區出入境檢驗檢疫監督管理辦法〉的公告》（2013年第98號）。

265 參閱《平潭實驗區總體發展規劃》第八章第一節第4條金融政策。

優惠政策就如同流水一樣靈活就下(平潭環島路流水至柳厝底路段沿岸風光/攝影：馮發)

第三節　抽取兩岸憲法的最大公約數作為實驗區基本法的“第一塊積木”

自兩岸分治以來，兩岸各自實行著各自的憲法，這兩套憲法的內容有相同的部分也有相異的部分，對於生活在實驗區的兩岸人民而言，若將兩岸憲法一致的部分皆置入實驗區基本法想必對實驗區的兩岸人民都不致造成影響，因此，本書將比較大陸地區與臺灣地區的憲法，將意義相同的條文抽出，作為制定基本法時的基本條款。需要特別說明的是，由於期許實驗區的基本法可成為一部將來兩岸融合後全中國通行的新憲法版本，故本書所比較的兩岸憲法，大陸地區為 2000 年所公佈施行的中華人民共和國憲法，臺灣地區采 1947 年兩岸分治前國民政府以整個中國為考慮所制定的中華民國憲法。為便於參照，本書製表如下[266]：

條號欄:▭代表大陸地區憲法，▬代表臺灣地區憲法

原則	條號	條文內容
主權在民	第 2 條第 1 項前段	中華人民共和國的一切權力屬於人民。

[266] 參閱盛辛民、陳動、宋方青前揭書，第 70-126 頁。

	第 2 條	中華民國之主權屬於國民全體。
民族平等	第 4 條第 1 項前段	中華人民共和國各民族一律平等。
	第 5 條	中華民國各民族一律平等。
法位階	第 5 條第 3 項	一切法律、行政法規和地方性法規都不得同憲法相抵觸。
	第 171 條第 1 項	法律與憲法抵觸者無效。
	第 172 條	命令與憲法或法律抵觸者無效。
財產權	第 13 條第 1 項	公民的合法私有財產不受侵犯。
	第 15 條	人民之生存權、工作權、及財產權，應予保障。
平等權	第 33 條第 2 項	中華人民共和國公民在法律面前一律平等。
	第 7 條	中華民國人民，無分男女、宗教、種族、階級、黨派在法律上一律平等。
表達自由	第 35 條	中華人民共和國公民有言論、出版、集會、結社、遊行、示威的自由。
	第 11 條	人民有言論、講學、著作及出版之自由。
	第 14 條	人民有集會及結社之自由。
信仰自由	第 36 條第 1 項	中華人民共和國公民有宗教信仰自由。

	第 13 條	人民有信仰宗教之自由。
人身自由	第 37 條第 1 項前段	中華人民共和國公民的人身自由不受侵犯。
	第 8 條第 1 項前段	人民身體之自由應予保障。
居住自由	第 39 條	中華人民共和國公民的住宅不受侵犯。禁止非法搜查或者非法侵入公民的住宅。
	第 10 條	人民有居住及遷徙之自由。
通訊自由	第 40 條	中華人民共和國公民的通信自由和通信秘密受法律的保護。
	第 12 條	人民有秘密通訊之自由。
工作權	第 42 條第 1 項	中華人民共和國公民有勞動的權利和義務。
	第 15 條	人民之生存權、工作權及財產權，應予保障。
	第 152 條	人民具有工作能力者，國家應予以適當之工作機會。
生存權	第 45 條	中華人民共和國公民在年老、疾病或者喪失勞動能力的情況下，有從國家和社會獲得物質幫助的權利。
	第 15 條	人民之生存權、工作權及財產權，應予保障。
權 教 受	第 46 條	中華人民共和國公民有受教育的權利

		和義務。
	第 21 條	人民有受國民教育之權利與義務。
自由的限制	第 51 條	中華人民共和國公民在行使自由和權利的時候，不得損害國家的、社會的、集體的利益和其他公民的合法的自由和權利。
	第 23 條	以上各條列舉之自由權利，除為防止妨礙他人自由、避免緊急危難、維持社會秩序，或增進公共利益所必要者外，不得以法律限制之。
服兵役義務	第 55 條第 2 項	依照法律服兵役和參加民兵組織是中華人民共和國公民的光榮義務。
	第 20 條	人民有依法律服兵役之義務。
納稅義務	第 56 條	中華人民共和國公民有依照法律納稅的義務。
	第 19 條	人民有依法律納稅之義務。

表 1：兩岸憲法意義相同條文表

(資料來源：自行製作)

歸結目前兩岸憲法一致的部分，有主權在民、民族平等、法位階、財產權保護、平等權、表達自由、信仰自由、人身自由、居住自由、通訊自由、工作權保護、生存權保護、受教權保護、自由的限制、服兵役義務、納稅義務等，是兩岸憲法中沒有歧異的部分。

觀這些意義相同或相近的條文，可以發現多數集中在人民基本權利義務這個範疇，可見即使在主義路線不同的兩岸，有一些基本的原則也是有所共通，可謂“放諸四海皆準”，或是保守地說，至少是“放諸兩岸皆準”的，而這些原則即可作為一塊積木般當作實驗區基本法“第一塊積木”也是最底層的一塊積木(參見圖 9)，是兩岸皆會認可且是必須共同堅持的原則，對於兩岸人民而言，這些權利義務彷佛是天經地義，必須遵守也必然享有，是作為一個人民在實驗區最基本服從的原則，堅若磐石彷佛地基。

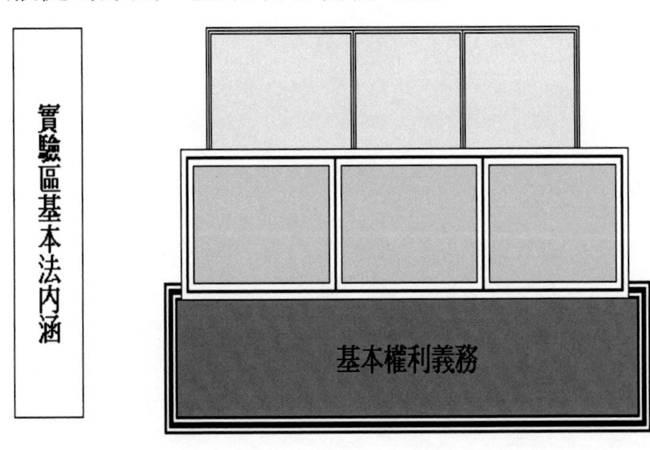

圖 9：實驗區基本法的“第一塊積木”

(資料來源：自行製作)

越基礎越重要，必須堅若磐石。（平潭標誌——半洋石帆世界上最大的花崗岩球狀風化海蝕柱/攝影：念望舒）

第四節　實驗區基本法的"第二塊積木"

在比較兩岸憲法並抽出一致的部分作為實驗區基本法"第一塊積木"後，試想實驗區基本法的"第二塊積木"應會是怎樣的內涵？

一、回顧實驗區基本法的立法目的

在設想實驗區基本法"第二塊積木"以前，本書以為應再回顧一下本書之前所提出的實驗區基本法的立法目的，也就是實驗區基本法立法最長遠的目標——一個兩岸融合後"新中國"憲政體制的樣板，提供一個未來兩岸結束分治後新法律體制的導引並解決中國近代以來主義路線之爭。本書以為自 1949 年兩岸分治以來，可以看作中國人在兩個地區進行兩種體制的實驗，在全世界皆認知世界上僅有"一個中國"的客觀情形下[267]，不管兩岸誰才是"一個中國"真正的合

[267] 例如美國方面聲明：美國認識到，在臺灣海峽兩邊的所有中國人都認為只有一個中國，臺灣是中國的一部分。美國政府對這一立場不提出異議。參閱《中華人民共和國和美利堅合眾國聯合公報（"上海公報"）（1972 年 2 月 28 日）》，載新華網，http://news.xinhuanet.com/ziliao/2002-01/28/content_257045.htm，瀏覽時間：2015-1-13。

法代表[268]，其實兩岸分治的情況可以稱得上是廣義的“一國兩制”，也就是作為一個國際旁觀者看來，兩岸分治本來就是一個中國境內在兩個地區實行兩種制度。而實驗區基本法的制定可謂對兩岸分治這段時間兩種體制在兩個地區實行的經驗進行總結，若說分治這幾年是一個屬於兩岸全體中國人的實驗，那分治後試著再融合也可以說是兩岸全體中國人另一個實驗的開始，而新實驗的發軔有賴於前一個實驗過程所累積的經驗。

二、設想“第二塊積木”內涵的思路

如前所述，實驗區基本法“第一塊積木”的內涵是兩岸憲法中一致的基本權利義務，然兩岸憲法至此已難有可“異中求同”之處，而實驗區基本法的“第二塊積木”應具備什麼內涵才好？本書以為，或可從想像實驗區回歸到原始時代一切什麼都沒有開始，想像有一群人在實驗區生活著，一開始實驗區就如同原始社會沒有政府，但實驗區人民的基本權利義務已經由“第一塊積木”大致確定，為了維護實驗區

268 “一個中國，各自表述”或“一個中國，各說各話”。參閱《九二共識的真相》，載臺灣地區海基會網站，http://www.sef.org.tw/public/Data/2101517202971.pdf，瀏覽時間：2015-1-13。

人民的權利義務，所以需要一個公權力來維護，就好比原始社會發展到一定的程度，社會成員的權利義務需要社會規範與社會組織來維持，這樣的“社會規範與社會組織”衍生為“法與國家”[269]；而對實驗區而言，這樣的公權組織就是實驗區的政府組織，因此，實驗區基本法“第二塊積木”的內涵應是實驗區的政府組織(參見圖 10)，且特別的是，在實驗區兩岸共同管理的原則下，實驗區基本法中政府組織的設計應是以兩岸人民共同組成為出發進行設計。

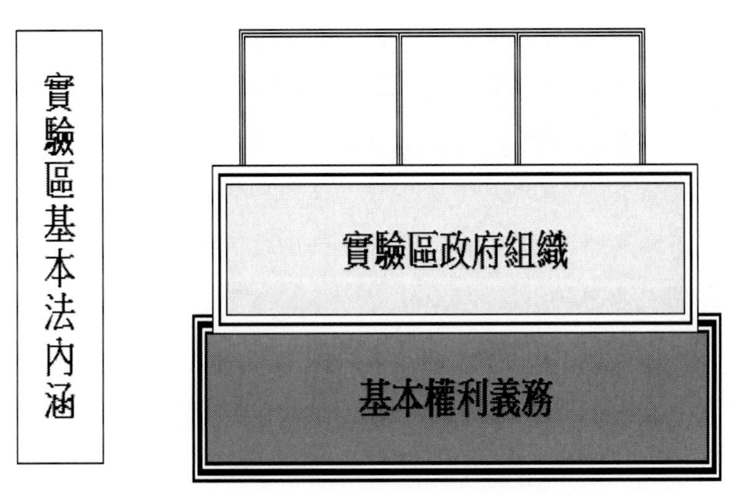

圖 10：實驗區基本法的“第二塊積木”

(資料來源：自行製作)

[269] 參閱沈宗靈:《法理學》,高等教育出版社 2004 年 1 月第 2 版,第 89-95 頁。

三、關於實驗區政府組織的思考

2014 年 11 月大陸國家主席習近平親自赴實驗區進行視察，新聞報導中指出實驗區“因台而設、因台而興”[270]，臺灣地區人民在實驗區的共同參與將是實驗區的重要元素，實驗區在本著“五個共同”的原則下，兩岸實行“共同管理”亦是實驗區的實驗重點之一，故可知實驗區政府組織將以兩岸人民共同參與為出發。本書以為實驗區政府實現兩岸共同管理的可能路徑有二：一是由實驗區現有政府組織招募與延攬臺灣地區人民參與，也就是說由實驗區政府組織賦予臺灣地區人民公務人員資格；二是由實驗區現有政府組織與臺灣地區政府組織協商共建實驗性的實驗區政府組織，也就是由兩岸各自的公務人員共同行使實驗區政府的公權力。此二路徑皆需由兩岸各自針對現行制度修法而達成，然兩岸如何在實驗區邁向“共同管理”，特別是臺灣地區人民如何在實驗區參與公共事務的管理，本書將在下一章進行探討，本章所要思考

[270] 參閱羅欽文：《綜述：習近平視察福建 寄語科學發展跨越發展》，載中國新聞網，
http://www.chinanews.com/gn/2014/11-03/6747250.shtml，瀏覽時間：2015-1-14。

的是若實驗區的政府組織要成為將來兩岸融合後“新中國”政府組織的樣板，這個樣板應如何設計？也就是如何設計一個公權力諸如行政權、立法權、司法權等的組織架構是可以讓兩岸人民都接受並適用的？觀今宜鑒古，無古不成今，在思考實驗區的政府組織架構之前，本書認為應回顧歷史，尋找過去兩岸在分治前國共兩黨對於國家政府組織的構想，並找出分治前國共早已達成共識的政府組織設計作為實驗區政府組織的雛型。

1946 年國共兩黨、其他政黨與無黨派社會賢達人士召開了政治協商會議(以下簡稱政協會議)[271]，針對政府組織、施政綱領、軍事、國民大會、憲法草案等五大議題進行協商，其中憲法草案乃是對於 1936 年制定的《五五憲草》進行修改，是為《政協會議對五五憲草修正案草案》(以下簡稱《政協憲草》)，政協會議對政協憲草提出了 12 項修改原則，並由張君勱起草政協憲法，由於該部憲草獲得國民黨較大的讓步，故如梁漱溟所記述：“張君勱這種設計，在野各方面莫不欣然色喜，一致贊成；尤其是周恩來簡直是佩服之

[271] 參閱蔣勻田：《中國近代史轉捩點》，友聯出版社有限公司 1976 年 11 月初版，第 6 頁。

至，如獲至寶。[272]” 然而這樣的設計，在會議結束後，遭到國民黨內部的反對導致最後協商破裂未能付諸實踐。政協憲草主要的特色就是國民大會無形化，由全國選民直接行使四權(選舉、罷免、創制、複決)，國民大會為非常設選舉機構，僅在國家具備總統普選的條件前代人民選舉總統；憲法的修改由立法院與監察院所組成的聯席會議負責；地方自治最高單位為“省”，省可以制定“省憲”，如同聯邦式政體[273]；政協憲草的憲政體制是內閣制，其憲政架構如圖示：

[272] 轉引自劉山鷹：《從認可到放棄：政協憲政方案失敗原因探析——基於 1946 年的歷史》，載中國戰略與管理研究會網站，http://www.cssm.org.cn/view.php?id=7420 ，瀏覽時間：2015-1-22。

[273] 參閱李炳南：《政治協商會議與國共談判》，1993 年 2 月第 1 版，第 247-256 頁。

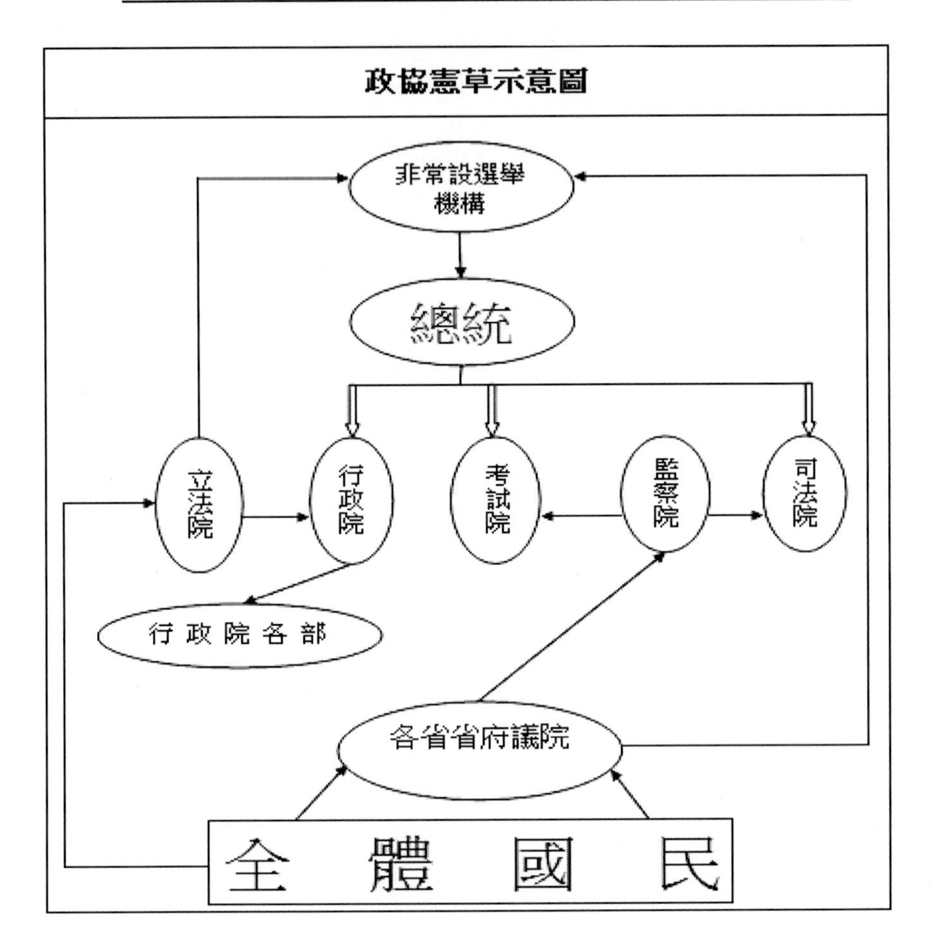

圖 11：政協憲草示意圖

(資料來源：自行製作)

而 1947 年兩岸分治前國民政府所制定的中華民國憲法，即是以政協憲草為藍本，變更國民大會為有形組織、取消立法院的不信任權及行政院的解散權、“省憲”改為“省自治法”等與其他略作修正而成[274]，有學者稱作是傾向“內閣制”的“二元型內閣制”[275]。故本書以為，如今時過境遷，共產黨已掌握了大陸地區的政權且實驗區是在自己治權的範圍之內，當時機成熟論及實驗區政府組織時，兩岸不妨在大陸地區政府的主持下參考當初未能實現的且是當初國共雙方政協代表皆能接受的政協憲草憲政架構來設計實驗區的政府組織，考慮到實驗區的幅員、人口與實驗階段，實驗中期可由實驗區立法機構與居委會代表、村委會代表成立非常設選舉機構選舉實驗區領導，待臺灣地區人民增加至一定比例，可由實驗區全體居民直接選舉實驗區領導，實驗區政府組織示意圖參見圖 12。

[274] 參閱荊知仁：《中國立憲史》，聯經出版事業股份有限公司 1984 年 11 月第 1 版，第 444-445 頁。

[275] 參閱呂炳寬、項程華、楊智傑：《中華民國憲法精義》，五南圖書出版股份有限公司 2009 年 10 月 3 版，第 39 頁。

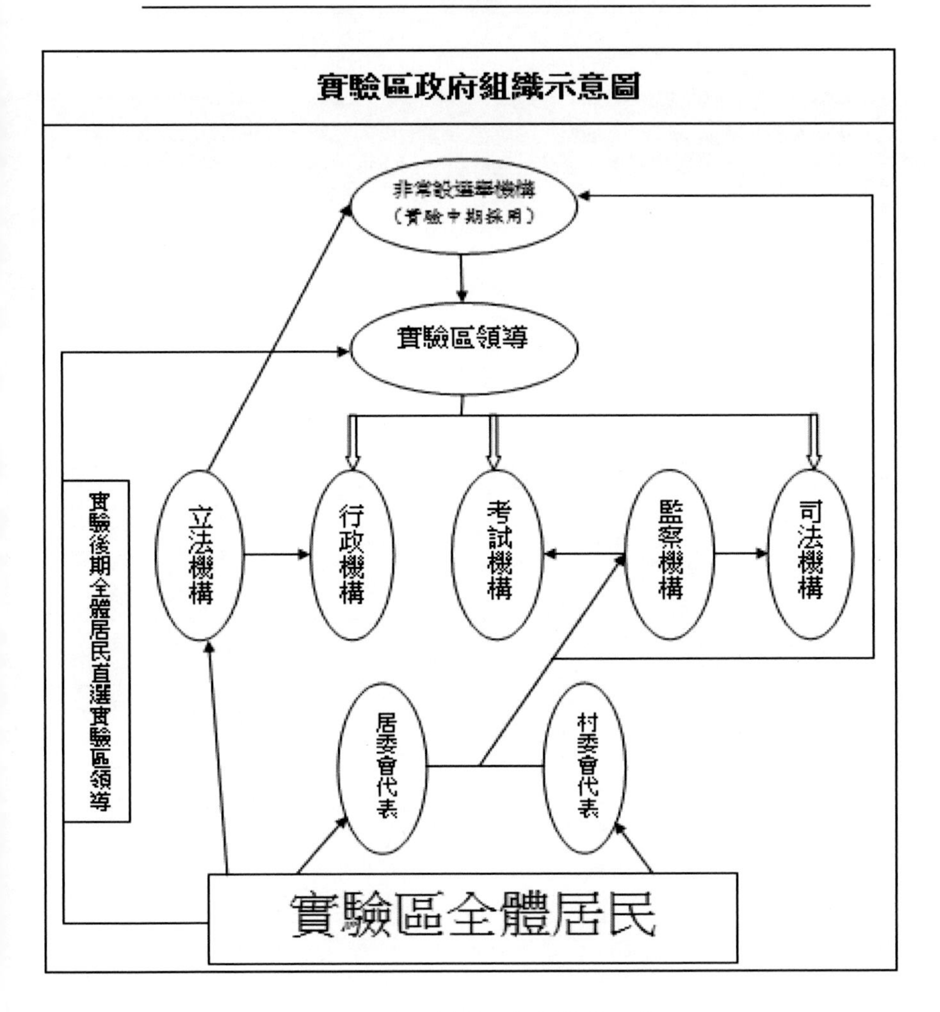

圖 12：實驗區政府組織示意圖

(資料來源：自行製作)

“眾人之事”需要群策群力(平潭“海洋杯”國際自行車賽/選手們蓄勢待發/攝影：林映樹)

第五節　實驗區基本法的“第三塊積木”——中國的方向

在抽取了兩岸憲法的最大公約數與回顧國共兩黨可能達成共識的政府組織架構後，實驗區基本法至此已堆疊了兩塊積木，而最後一塊積木應該放上什麼呢？

一、從人類需求發展的層次來思考

本書以為設想實驗區基本法“第三塊積木”應回到人類需求層次的發展來思考，在此藉由心理學家亞伯拉罕・哈樂德・馬斯洛（Abraham Harold Maslow）所提出的人類需求層次理論（Maslow's hierarchy of needs）作為思考推演的基礎[276]。當實驗區人民的基本權利義務確定並且受到法律保障，基本已滿足了生理需求與安全需求，社會組織如政府組織的成立除了維持人民基本權利義務之外，同時也一定程度滿足了人民歸屬感需求。當然，如果站在批評的角度來看，或

[276] Maslow，A. H.，*A theory of human motivation*，*Psychological Review*，50，(1943)，pp.370－396. Retrieved from http://psychclassics.yorku.ca/Maslow/motivation.htm，瀏覽時間：2015-1-15。

許有學者會認為並非每個人都有這樣層次化的需求發展，但以“大數法則”的理論來看，社會行為統計學者早已認識到“對於一個群體，即令不掌握其個體的動機，但當群體具備很大的數目後，規則性就會出現”[277]，也就是說，雖然個體會有所差異，但是多個個體形成群體後即會有趨同的現象。而將“大數法則”用在需求層次理論來推演的話，當很多人想要追求某種事物時，很多即使原本追求意願不是很強烈的個體，也會漸漸受到群體的影響而跟著追求某種事物。故可從此推導出，如果社會中的個體適用馬斯洛的需求層次理論的話，社會中的群體也會符合這樣的需求層次理論。因此，我們可以將一個群體看做一個“個人”，以個人的需求層次發展預測群體的需求層次發展(參見圖 13)。

[277] 參閱周安平：《大數法則：社會問題的法理透視》，中國政法大學出版社 2010 年 11 月第 1 版，第 2 頁。

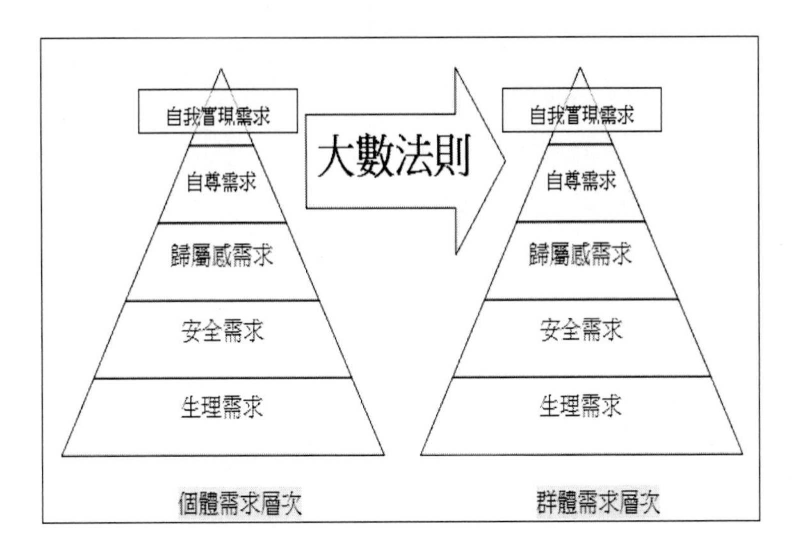

圖 13：馬斯洛的需求層次理論推展到社會群體需求層次圖

(資料來源：自行製作)

反過來說，社會學上“大數法則”之所以成立，幾乎可以說就是基於個體對於群體歸屬感的需求，才會造成社會上“大數法則”現象的形成。因此，個人的歸屬感需求形成了個體加入一個社會群體的意願，意願、文化、政府組織結合，再由政府組織將疆界拓展到群體文化的邊界，最後由政府組織以公權力保護群體文化的過程[278]，即是社會群體的歸屬感需求最後

[278] 參閱[英]厄內斯特・蓋爾納：《民族與民族主義》，韓紅譯，中央編譯出版社 2002 年 1 月第 1 版，第 73 頁。

使群體形成民族或國家的過程。而滿足群體歸屬感後群體所需要滿足的需求，若依照需求層次理論來推演，就會是群體的“自尊”與“自我實現”需求，也就是民族或國家的“自尊”與“自我實現”需求，換句話說，在滿足了各種基本需要與制定了相關的社會制度、政府組織後，人們要追求的是他所屬的國家要成為一個受人尊敬的國家，而這樣的國家在這個世界上看起來會是什麼樣子？這個國家要怎麼透過自我實現成為人民心中想呈現的樣子？也就是一個國家的方向，將是社會群體最後需要確認與滿足的。而這樣的方向表現在基本法中，就是由主義與思想來指引，由此推知，實驗區基本法“第三塊積木”的內涵將會是“主義思想”(參見圖 14)，這個主義思想必須是能使中國成為受人尊敬的國家且為兩岸多數中國人所接受的主義思想，實驗區基本法主義思想的設計與試行也將會是一個兩岸人民共同解決中國近代以來主義路線紛爭問題的實驗。

圖 14：實驗區基本法的“第三塊積木”

(資料來源：自行製作)

二、關於實驗區設為特別行政區的思考

在此必須說明的是，依《實驗區總體發展規劃》第二章第一節關於實驗區“指導思想”的規定，實驗區的指導思想為“高舉中國特色社會主義偉大旗幟，以鄧小平理論和“三個代表”重要思想為指導，深入貫徹落實科學發展觀，牢牢把握兩岸關係和平發展的主題，進一步解放思想，大膽實驗，…著力推動體制機制創新，…（以下略）。[279]”實驗區之所以被稱為

[279] 參閱《平潭綜合實驗區總體發展規劃》第二章第一節指導思想：“高舉中國特色社會主義偉大旗幟，以鄧小平理論和“三個代表”重要思想為指導，深入貫徹落實科學發展觀，牢牢把握兩岸關係和平發展的主題，進一步解放思想，大膽實驗，著力探索兩岸交流合作新模式，

“特區中的特區”[280]甚至“比特區還特”[281]，就是它的功能定位是一個綜合性、全方位開放且促進兩關係發展的實驗區，在各個領域都適用“先行先試、大膽創新”原則，然此處“進一步解放思想，大膽創新，推動體制機制創新”是否代表實驗區可在思想、體制上不必受到現行大陸地區憲法與立法法的局限不無疑問。大陸地區憲法序言中明白指出：**“中國各族人民將繼續在中國共產黨領導下，在馬克思列寧主義、毛澤東思想、鄧小平理論和“三個代表”重要思想指引下，堅持人民民主專政，堅持社會主義道路，…(以下略)”**可見馬克思列寧主義、毛澤東思想、鄧小平理論和“三個代表”是大陸地區政府治國的思想指引；又大陸地區立法法第 3 條規定：**“立法應當遵循憲法的基本原則，以經濟建設為中心，堅持社會主義道路、堅持人民民主專政、堅持中國共產黨的領導、堅持馬**

著力推動體制機制創新，著力推進全方位開放，著力實現經濟、社會、生態協調發展，努力把平潭建設成為兩岸同胞合作建設、先行先試、科學發展的共同家園。”

[280] 參閱《平潭：兩岸合作的“特區”特區中的特區再造一個廈門福中福》，載金融界網站，
http://istock.jrj.com.cn/article,000592,5057914.html，瀏覽時間：2015-1-17。

[281] 參閱《福建平潭綜合實驗區“比特區還特”》，載國際海事資訊網，http://www.simic.net.cn/hot_show.php?id=79，瀏覽時間：2015-1-17。

克思列寧主義毛澤東思想鄧小平理論，堅持改革開放。”說明了大陸地區立法的憲法原則；同法第4條：“立法應當依照法定的許可權和程式，從國家整體利益出發，維護社會主義法制的統一和尊嚴。”說明了大陸地區立法的法治原則；第5條“立法應當體現人民的意志，發揚社會主義民主，保障人民通過多種途徑參與立法活動。”說明了大陸地區立法的民主原則；第6條：“立法應當從實際出發，科學合理地規定公民、法人和其他組織的權利與義務、國家機關的權力與責任。”說明了大陸地區立法的科學原則[282]。在立法法闡明了大陸地區的立法原則後，立法法於第78條又規定：“憲法具有最高的法律效力，一切法律、行政法規、地方性法規、自治條例和單行條例、規章都不得同憲法相抵觸。”因此實驗區基本法若要以大陸地區“法律、行政法規、地方性法規、自治條例和單行條例、規章”的姿態突破大陸地區憲法原則的限制似乎是緣木求魚，依現有大陸地區制度唯一突破的可能就是援引大陸地區憲法第31條：“國家在必要時得設立特別行政區。在特別行政區內實行的制度按照具體情況由全國人民代表大會以法律規定。”觀香港

[282] 參閱周旺生：《立法學》，法律出版社2009年8月第2版，第73頁。

特別行政區基本法的序言中指出，香港特別行政區，按照“一個國家，兩種制度”的方針，不實行社會主義的制度和政策[283]，也就是唯有特別行政區的立法，可以打破原有憲法、立法法的立法原則、可以作為各種類型制度的例外。因此在大陸地區現行制度下，如要實驗區基本法能確實“進一步解放思想，大膽創新，推動體制機制創新”不受大陸地區現有制度所規定思想指引的局限，唯有實驗區具備特別行政區的地位，才有可能在實驗區進行主義思想的實驗。至於實驗區實驗發展至何種程度何種階段應將實驗區設為特別行政區，與特別行政區是否應進一步擴大納入周邊區域或臺灣地區部分區域等問題，可由相關單位專門人士進一步評估設計。

三、設想實驗區基本法的主義思想

在解決實驗區基本法制定時可能面臨的現有制度困境後，至此可開始無拘無束地“大膽創新”要在實驗區先試先行的實驗區基本法主義思想了，本書以為在設想實驗區基本法主義思想之前，應再次回顧本書之前所主張的制定實驗區基本法的諸原則，諸如：注重本土經驗、國家必須統一、“促進”繁榮穩定原則、

[283] 參閱香港特別行政區基本法序言。

過渡性“一國三制”原則、循序漸進發展民主的原則、原則性和靈活性相結合的原則、滿足國家民族的尊嚴需求、滿足國家民族自我實現的需求。其中“過渡性‘一國三制’原則”即闡明要在實驗區實行各種主義截長補短、去蕪存菁後的“綜合主義”，而探究這個“綜合主義”應具備的內涵，在此需提及近代中國的一條鐵路與一個人。

1997年中國第一條由中外合資經營建設的地方鐵路——金溫鐵路全線開通，金溫鐵路是孫中山先生於《建國方略》中所提出的國家建設藍圖之一，自提出數十年以來均因各種因素未能成功，1984年溫州市被列為對外開放的城市之一，鄧小平指示要再將興建金溫鐵路的議案再列入議程，在經一連串評估、準備後卻因缺錢缺人等種種因素遲至 1987 年才由溫州市代表敦請南懷瑾先生擔任宣導修建金溫鐵路的大任[284]，在負責修築該條鐵路的浙江省金溫鐵道開發股份有限公司名譽董事長南懷瑾先生多年苦心推動下，金溫鐵路終於在1997年開通，鐵路的開通與營運也帶動了浙江省與鐵路沿線貧困地區的經濟發展[285]。乍看之下，

[284] 參閱侯承業:《南懷瑾與金溫鐵路》，老古文化事業股份有限公司 1998 年 3 月第 1 版，第 9、25-27 頁。

[285] 參閱侯承業前揭書，第 7 頁。

鐵路的興建似乎只是單純促進交通建設、帶動地方經濟，然而修築鐵路更深層的意義其實是鐵路修築的整體規劃、管理制度、經營方法、股份制度、海外銀行融資、領導方法等過程[286]，給改革開放後的中國起到了一個示範性的作用。南懷瑾先生即指出修築鐵路是根據他於 1987 年所提出的一貫主張——“**共產主義的理想，社會主義的福利，資本主義的管理(又稱科學管理的方法[287])，中國文化的精神**”來經營建設，他認為中國在目前這個歷史階段，只有綜合共產主義、社會主義、資本主義、中國文化的精華，才能走出一條屬於中國自己的路，而修築鐵路與其理念的實踐為的就是幫助自己的國家民族發展起來，走向這條通往太平盛世的道路[288]。南懷瑾先生在興建鐵路的過程，以其身教、言教，透過對各界的溝通、對公司的構想、對員工的講話進行其理念的具體實踐，本書乃將對於南先生在興修鐵路過程中所闡明“共產主義的理想，社會主義的福利、資本主義的管理，中國文化的精神”的理解，在此分述如下：

[286] 參閱侯承業前揭書，第 2 頁。
[287] 參閱侯承業前揭書，第 484 頁。
[288] 參閱侯承業前揭書，第 240-241 頁。

（一）共產主義的理想

早在兩千多年前，墨子的學說就具有如十九世紀以來新興的社會主義和共產主義等思想的成分[289]，主張“天下為公”，講究絕對的利他與無私的奉獻，摩頂放踵以利天下[290]，與共產主義主張之“社會公有”異曲同工。本書在此將共產主義與社會主義先行厘清，共產主義與社會主義原皆是 19 世紀 30 年代反對資本主義的代表，社會主義並不主張消滅資本主義，而是針對資本主義所造成的社會問題進行修正；共產主義則是為了反抗資產階級的剝削，主張消滅資本主義，憧憬原始社會公有制。然馬克思主義問世後，偶爾有兩者通用的情況，70 年代後馬克思主義者漸漸以社會主義替代共產主義，到了 20 世紀初，列寧則直接稱社會主義是共產主義社會的初級階段，如今馬克思主義者已稱社會主義就是共產主義，科學社會主義就是馬克思主義[291]。至於共產主義的理想，比較過去與現在幾個實行共產主義國家的憲法，例如 1977 年蘇聯

---

[289] 參閱南懷瑾：《話說中庸》，南懷瑾文化事業有限公司 2015 年 3 月第 1 版，第 81 頁。

[290] 參閱南懷瑾：《孟子與滕文公、告子》，南懷瑾文化事業有限公司 2014 年 11 月第 1 版，第 211-212 頁。

[291] 參閱劉仁學、李磊：《當今時代的重要課題：論共產主義理想和信念》，東北師範大學出版社 2003 年 9 月第 1 版，第 49-51 頁。

憲法第 14 條指出，擺脫勞動的剝削是財富與福利的泉源，同法第 19 條提到“國家促進社會的社會單一性的加強，即消除階級差別、……[292]”；古巴憲法第 8 條提到，“維護擺脫了人剝削人現象的社會的意識形態以及公共生活和行為規則[293]”；朝鮮憲法第 8 條：“國家維護從剝削和壓迫下獲得解放、做了國家和社會主人的工人、農民、軍人、勞動知識份子等勞動人民的利益……[294]”；大陸地區憲法第 6 條後段指出：“社會主義公有制消滅人剝削人的制度……[295]”。綜合各實行共產主義國家的憲法可知，“反對剝削、消滅階級”是共產主義的理想。共產主義社會是最理想、最美好的社會型態，也是人類社會發展的最高型態[296]，故取“共產主義的理想”作為實驗區基本法的主義思想之一。

（二）社會主義的福利

如前所述，在馬克思主義者通用社會主義與共產

[292] 參閱蘇維埃社會主義共和國聯盟憲法（1977 年 10 月 7 日蘇聯第九屆最高蘇維埃非常第七次會議通過）第 14、19 條。

[293] 參閱《古巴共和國憲法》第 8 條。

[294] 參閱《朝鮮民主主義人民共和國社會主義憲法》第 8 條。

[295] 參閱中華人民共和國憲法第 6 條。

[296] 參閱侯承業前揭書，第 51 頁。

主義前，社會主義與共產主義有所不同，社會主義是對資本主義的修正，此處“社會主義的福利”的社會主義即是通用前的社會主義而非共產主義。南先生在寫給許鳴真先生與公司員工的書信中提到，他所倡議中外合資修築鐵路的模式與西方資本主義公司以營利為目的的經營模式不同，他所宣導的方式是希望吸收個體遊資，將遊資集中後轉化為國家社會經濟建設的實力，也就是聚少成多團結民間財力辦大事，在興建過程中爭取投資鐵路配套的營運、車站周邊的房地產建設及沿線礦產開發權利、相關貿易等，促進鐵路沿線的繁榮發展，待鐵路修成再將投資的股份撤出，用來興辦農業水利等社會所需的實業與福利事業[297]，最後還路於民，等於向世界證明交通事業可由民間興辦，這與資本主義國家由資本家操控國家事業大不相同，此即是“社會主義的福利”的宗旨[298]。

（三）資本主義的經營

觀金溫鐵路整個從開辦到完工的過程，就是一個善用資本主義公司經營的最佳著例，首先南先生以港資公司(港資在大陸地區屬外資)的負責人身份牽頭與

[297] 參閱侯承業前揭書，第 122-123 頁、第 202 頁。

[298] 參閱侯承業前揭書，第 320 頁。

中資浙江省地方鐵路公司依據大陸地區《中外合資經營企業法》合資成立浙江金溫鐵道開發有限公司[299]，再由金溫鐵道開發有限公司擘劃經營金溫鐵路的興建，最後在鐵路興建至一定程度時，將合資公司改為股份有限公司，藉由現代化“股份制”的概念進行管理經營，南先生特別指出，他所主張的“股份制”與資本主義社會的股份制模式不同，而是“‘有中國特色的社會主義’模式，即由政府與百姓共同持有股份，由專職專家規劃管理與經營。[300]”至此他堅持他所代表的港資公司必須讓出大部分的股權並卸下董事長的職務，以使該股份有限公司不致成為資本主義國家中資本家所掌控的鐵路公司，讓鐵路不至於淪為私人資產[301]，這便是南先生所主張“資本主義的經營”的概念。

（四）中國文化的精神

最後由金溫鐵路的興建過程也可看到南先生對“中國文化的精神”的具體實踐，首先他向員工說明，在倡修鐵路之初，由於各方缺乏互信、互相猜忌，因此修築鐵路的議案談談停停，他為了堅定大家的信

---

[299] 可參閱該《中外合資經營合同》，載侯承業前揭書，第 101-112 頁

[300] 侯承業前揭書，第 349-350 頁。

[301] 參閱侯承業前揭書，第 484 頁。

心，打破現代商業常規，在議案尚未完全談妥時，即先行匯撥一千萬元美金到溫州表示決心，正是體現了中國傳統文化信義為先的精神；又過程中為了維護浙江省政府的威信且希望合資雙方不要存在不必要的分歧意見，迅速簽署合約乃至後續開幕、開工，皆以維護政府尊嚴為出發，不求任何特別的待遇，維護公權力的威信，而非讓資本家背後操控或淩駕於政府，如此也是基於中國文化的精神[302]。而在鐵路完工後他亦功成不居的表示“只是做了一件任何一個熱愛中華民族的人都會做的事而已……”，他認為很多人說：“二十一世紀是中國人的世紀”，這句話不是狹隘的“中國人統治全世界人”的意思，而是中國文化會帶動世界的思想，也就是中國人“誠誠懇懇的做人，老老實實的做事”的態度影響世界的人，如今金溫鐵路沿線的人民已體現了這個精神[303]。此外鐵道的修築雖已完成，他認為修築一條通往人心的大道更加重要，《禮記》雲：“大道之行也，天下為公”，《大學》亦云：“大學之道，在明明德，在親民，在止於至善”，就是以無私的精神奉獻社會，以心中的善念影響旁人，

[302] 參閱侯承業前揭書，第 202 頁。

[303] 參閱侯承業前揭書，第 439 頁。

使更多人去惡存善，到達止於至善的境界[304]。表現在社會上，中國文化講究“養生送死而無憾”，因此禮運大同篇強調：“使老有所終，壯有所用，幼有所長，鰥寡孤獨廢疾者，皆有所養”[305]，中國文化就像個十字架，“以自己為中心，上孝父母而及於天，下愛子女以垂萬世；兩旁以兄弟、姊妹、夫婦而及於朋友；這個十字架不是宗教的，而是倫理的，他是中國文化的縮影，是中國文化的象徵。”故以孝為德行的根本，以修身、齊家為內聖外王的樞紐，以孝義治天下亦是中國文化的特殊之處[306]。

綜上所述，實驗區基本法的主義思想即是綜合各主義思想精華的“綜合主義”，而“綜合主義”的內容就是“共產主義的理想，社會主義的福利，資本主義的管理，中國文化的精神”，(參見圖 15)至於實驗區基於“綜合主義”思想所衍生的相關制度制定，本書認為可再進一步完善補充。

[304] 參閱侯承業前揭書，第 465-466 頁。

[305] 參閱戴聖纂編：《禮記》，藍天出版社 2008 年 8 月版，第 130 頁。

[306] 參閱侯承業前揭書，第 510-511 頁。

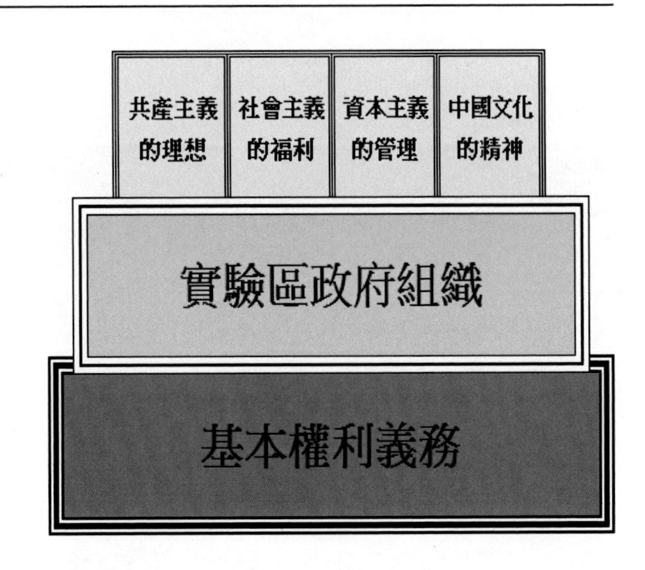

圖 15：實驗區基本法的“綜合主義”思想

(資料來源：自行製作)

南懷瑾先生透過興建金溫鐵路向全體中國人示範“綜合主義”的實踐，令人緬懷。哲人日已遠，典型在夙昔。（夕陽西下的福平高鐵/攝影：林映樹）

第六節　修築一條通往兩岸融合的道路

在近代中國主義路線分歧的情勢下，中國無奈形成兩岸分治的局面，所幸大陸地區本著促進兩岸經濟社會融合發展的盼望願將實驗區打造成推動兩岸關係和平發展的新載體，而為進一步推動實驗區體制機制創新，本書針對實驗區基本法的內涵進行設想。特殊的是，在兩岸皆已實行各自的社會制度一段時間的情況下，為將兩套社會制度融合在一起進行實驗，本書採取先找出設想實驗區基本法的諸原則，例如：注重本土經驗、借鑒美國經驗所得之"國家必須統一"原則、借鑒與調整港澳基本法制定所得之"促進"繁榮穩定原則、過渡性"一國三制"原則、循序漸進發展民主的原則、原則性和靈活性相結合的原則。再將兩岸憲法進行比較以異中求同，找出一致的部分作為實驗區基本法第一塊積木即人民基本權利義務，並藉由還原當年國共談判政協憲法的制定過程找出兩岸可能共同接受的政府組織設計作為實驗區基本法第二塊積木，最後參考心理學與社會行為統計學所得之"滿足國家民族的尊嚴需求"、"滿足國家民族自我實現的需求"等制定基本法層次發展，將實驗區基本法第三塊積木設計為解決近代中國主義路線之爭的主義思想實驗田，並提出為突破現有大陸地區立法方面的限制可將實驗區設為特別行政區在實驗區實行綜合各主義精華的“綜合主義”，而“綜合主義”可以南懷瑾先生提出的主張“共產主義的理想，社會主義的福利，資本主義的管理，中國文化的精神”為內容。本書以為不同於一般國家制度制定的過程都是先有憲法、基本法的上位概念，再依據上位概念制定相關衍生的子法，由於兩岸分治與實驗區實驗的特殊性，本書先將兩岸已有的兩套制度一致的部分進行堆疊，一路以異中求同為出發點，由人民基本權利義務為基礎開始向上堆疊至主義思想，由於過程皆是兩岸最大公約數的堆疊，所以僅以兩岸一致的部分為大概的主要架構，其他仍有許多細節需要完善補充，所以當堆疊至主義思想時，好比實驗區基本法戴上一個“綜合主義”的帽子，應再依“綜合主義”的主張，再從頭到腳檢視身上其他的零配件是否與帽子呼應與搭配，由上而下完善與補充依“綜合主義”所衍生相關配套的制度，如此由下往上堆疊，再由上往下完善，以“求同”為主，再以“完善”為輔，達到各主義去蕪存菁、兩法融於一法的效果，期能落實實驗區體制機制的創新與健全，進而為未來兩岸融合後的中國提供新憲政的參考。

施工中的兩岸融合之路(平潭福平高鐵/攝影：林映樹)

第五章

實驗區基本法架構下若干法律問題探討

如前章所述，在設想實驗區的基本法之後，如何由上而下完善與補充實驗區基本法架構下相關配套的制度是需要兩岸集思廣益、共商立法的。且為實地瞭解居住在實驗區的兩岸人民目前面臨了哪些法律問題，對於實驗區法律制度構建有何感受與看法，本書特設計相關題組[307]分別針對實驗區的臺灣人民與實驗區的大陸人民對於實驗區法規制度相關問題進行訪談，以提供完善實驗區法制建設的參考。訪談個案數——實驗區臺灣人民個案六例、實驗區大陸人民六例，訪談地點為往返臺北—平潭之間的高速客滾麗娜號、實驗區對台小額商品交易市場、實驗區康得夜市、實驗區管委會與實驗區住宅區等地點。

在實地瞭解實驗區當地居民面臨的法律問題後，如本書第三章所述，無論是在公權領域或私權領域，若要在實驗區落實兩岸"五個共同"，皆尚待兩岸在各個領域的共商立法，因此本章將在實驗區基本法的架構下對於部份居民所提出實驗區建設相關法律問題進行探討，以提供兩岸關於實驗區該些法律問題一個修法的參考。

307 參閱本書附錄 5 訪談題綱。

第一節　平潭綜合實驗區實地調查研究

一、對實驗區地區台灣人民的訪談

(一)居住在實驗區的臺灣人民對優惠政策的看法

在實驗區居住與經商的臺灣人民有的因優惠政策而來，像是大學生創業優惠政策，3 年免租金對於創業青年就很有幫助，但是實驗區受限於天然氣候因素，夏天的生意較好，冬天遊客較少，所以需要向內陸發展，然而有受訪者反應優惠政策省下來的錢都被運輸業賺走使得優惠沒有真正落到口袋[308]。另外有一部分受訪者在實驗區並未享有優惠政策，但認為實驗區前景相當好，所以願意承擔受惠前的成本繼續在實驗區經營，也認為相關的優惠會有落實的一天[309]。亦有受訪者認為臺灣人在實驗區享受到的是一種非物質的禮遇和氛圍，這雖不是實質的受益，但是讓你有一個期盼和憧憬，畢竟受訪者認為大陸地區的發展性還是比臺灣地區好的[310]。有臺灣同胞認為優惠政策相關的法規會漸漸地落實，人才會逐漸地引進，細部法規

[308] 訪談個案 H。

[309] 訪談個案 I。

[310] 訪談個案 J。

會慢慢建置完成[311]。而從事進出口貿易的台商認為貨物進口不需關稅、消費稅、增值稅就是他當時進駐實驗區的原因，包含租金的減免，如此讓創業者減輕不少負擔[312]。也有受訪者尚不清楚實驗區優惠政策，但是光是實驗區優越的交通與未來的定位，就認定實驗區潛力無窮而特別赴實驗區考察[313]。

（二）對於實驗區開放臺灣人民參與“共同管理”與臺灣地區禁止臺灣人民在大陸禁止擔任公職的看法

多數受訪者認為實驗區開放臺灣人民參與共同管理的構想是不錯的，因為實驗區若有臺灣代表，可以適當地為實驗區的臺灣人民表達意見，所以臺灣方面應該修法，不要限制臺灣人民在實驗區參與公共事務的管理[314]，有受訪者認為如果雙方有心要“共同管理”問題不在臺灣法律限制，而是在兩岸政府的決心[315]。也有受訪者認為，不在乎是哪裡人，只要肯為實驗區眾人的利益著想，誰來負責公共事務的管理都很

[311] 訪談個案 K。
[312] 訪談個案 L。
[313] 訪談個案 M。
[314] 訪談個案 H。
[315] 訪談個案 I。

好，但是如果站在臺灣的角度，當然不會希望辛苦培養的人才不能留在臺灣服務，有人才外流之虞，所以是否禁止也與思考的角度有關[316]。還有受訪者認為實驗區要實現“共同管理”很困難，臺灣人在實驗區參與只會是附屬的，對於臺灣法律的限制，受訪者認為如果是禁止臺灣公務員赴實驗區擔任公職還屬合理，但是平民百姓沒有必要去禁止他[317]。另有受訪者認為臺灣人較瞭解臺灣人民，所以臺灣人民來實驗區擔任公職有助於整體的融合，臺灣現行禁止的規定並不妥當，某些重要的公職不開放還算合理，如果是老百姓來擔任應該是可以允許的，不應全面禁止[318]。最後一位受訪者認為實驗區開放臺灣人民擔任公務員是好的政策，畢竟多一個工作機會，但是臺灣方面禁止的規定如果站在國家的立場是對的，因為這牽扯到政治，兩岸還在對立狀態，如果臺灣公務員到實驗區當公務員，那是絕對禁止的，如果是臺灣人民，可以用“移民”的方式[319]。

---

[316] 訪談個案 J。

[317] 訪談個案 K。

[318] 訪談個案 L。

[319] 訪談個案 M。

（三）對於目前實驗區出入境的看法

多數受訪者對於目前實驗區的出入境方式已感到滿意，依現行規定臺灣同胞只要辦理多次出入境，通關時只要刷臺胞證即可[320]。也有認為出入境管理局是最友善、成效最好的單位[321]，總體來說臺灣人民對於目前實驗區出入境的方式都感到便利而友善[322]。

二、對實驗區大陸人民的訪談

（一）實驗區大陸人民對實驗區優惠政策的看法

實驗區的大陸人民多數未享受到實驗區的優惠政策，但是多認為平潭自設為實驗區後當地人連帶受惠[323]，但也因為實驗區的拉抬效應，造成當地的房價、物價比鄰近的內陸要高[324]，實驗區亦有其他省分人民因實驗區優惠政策而赴實驗區設點，然而是以自行先投資的方式等大實驗區優惠政策的落實[325]，所以有受訪者認為雖然優惠政策尚未落實或是當地人並沒有直

[320] 訪談個案 H。

[321] 訪談個案 I。

[322] 訪談個案 J、K、L、M。

[323] 訪談個案 N。

[324] 訪談個案 O。

[325] 訪談個案 Q。

接享有這些優惠，但是當地人已間接享受到實驗區基礎建設與交通建設發展所帶來的便利與舒適[326]，而在實驗區對台小額商品交易市場的受訪者而言，由於進出口、關稅、店租都有優惠，所以在創業之初是很有幫助的[327]。

(二)實驗區大陸人民對臺灣人民參與“共同管理”的看法

對於實驗區開放臺灣人民參與公共事務的管理，實驗區的大陸人民多持肯定的態度，很歡迎臺灣人民在實驗區與大陸人民和平相處[328]，認為可以與臺灣人多交流、交換意見、相互監督，只要是好公務員，不會區分他是哪裡人[329]，此外可引進外來思想有所創新[330]，也可以借鑒一些臺灣先進的管理概念[331]，除了樂見臺灣人參與共同管理，還希望實驗區臺灣人越多越好[332]，畢竟臺灣發展較早，可以交流經驗[333]。

---

326 訪談個案 R。

327 訪談個案 S。

328 訪談個案 N。

329 訪談個案 O。

330 訪談個案 P。

331 訪談個案 Q。

332 訪談個案 R。

333 訪談個案 S。

（三）實驗區大陸人民對臺灣地區法治建設的印象

實驗區多數大陸人民對臺灣印象不錯，除了會想多認識臺灣人之外，也希望有機會能去臺灣看看，印象中覺得臺灣地區法治很好、人民較為守法[334]，也有受訪者認為臺灣這些年在馬英九的領導下法治方面還可以[335]，部分有到過臺灣的受訪者對臺灣印象非常好[336]，特別是交通規則的遵守比較好，衛生環保的意識也比較具備[337]。

（四）實驗區大陸人民對實驗區公部門施政的看法

實驗區大陸人民有洽公經驗者對於公部門施政的效率或態度多數表示肯定，有認為效率、態度皆優者[338]，有認為實驗區政府對於國家政策的配合非常賣力，甚至還特別加班[339]，有受訪者認為實驗區在成立

[334] 訪談個案 N。
[335] 訪談個案 O。
[336] 訪談個案 R。
[337] 訪談個案 S。
[338] 訪談個案 O。
[339] 訪談個案 Q。

前與成立後公部門的行政能力獲得了提升[340]，也有部分受訪者表示公部門對於領導有重視的事項效率較好，沒有重視的事項效率有待加強，認為需要對此立法改善[341]。

340 訪談個案 R。

341 訪談個案 S。

保護環境才能讓美景常在(傍晚的平潭大福灣/攝影：林映樹)

第二節　兩岸人民對建設實驗區的建議

一、對於實驗區優惠政策的建議

對於實驗區優惠政策，部分受訪者反應了對於政策持續性的擔憂，有受訪者建議大陸地區政府可承諾優惠政策 50 年不變來增進人民對優惠政策的信賴[342]，也有受訪者提出為保證優惠政策的落實可以提交擔保金的方式存放在協力廠商公正國[343]，已在實驗區經商的台商，希望招商的法規和優惠可以儘早落實[344]，另有受訪者擔憂申請優惠政策的門檻會漸漸提高，屆時優惠政策要落實時可能已無法適用，此外尚建議實驗區政府提供免費的商業管理諮詢，在經營過程中提供經商的輔導[345]。除了現行優惠政策外，有臺灣同胞建議可提供臺灣青年創業基金，此創業基金非低利貸款，毋須還款，但是需要對實驗區有所貢獻，因此需要建立一套回饋機制來審核創業基金的發放[346]。而實驗區自成立以來，因前景看好造成實驗區房

---

[342] 訪談個案 A。

[343] 訪談個案 B。

[344] 訪談個案 I、Q。

[345] 訪談個案 J。

[346] 訪談個案 K。

價、物價水漲船高，實驗區的當地人有感於生活成本提高、負擔加大，期望實驗區對於當地人的住房亦提供補助[347]，另外，在對台小額商品交易市場經商的平潭人則希望實驗區開放的項目範圍可以加大[348]。

二、對於實現“兩岸共同家園”的建議

兩岸人民多數對於實驗區“兩岸共同家園”的構想表示支持與肯定，然而所有受訪者皆認為實驗區“兩岸共同家園”的構想尚未實現，部分臺灣的受訪者擔心在實驗區因兩岸文化、習慣不同，在實驗區與大陸人民會有相處問題在實驗區與大陸人民會有相處問題[349]，所以多數受訪者認為“兩岸共同家園”的理想需要時間[350]，如果可以運用科技，植樹、造林、建築等方式改善天氣，讓環境更宜居會更有助於“兩岸共同家園”的實現[351]，也有受訪者認為只要“五個共同”能落實，“兩岸共同家園”的理想就可以實現，而“五個共同”的落實需要兩岸人民很大的胸襟，特

[347] 訪談個案 O。

[348] 訪談個案 S。

[349] 訪談個案 D。

[350] 訪談個案 H、L、Q。

[351] 訪談個案 J。

別是實驗區的人民[352]。實驗區大陸人民對於“兩岸共同家園”樂觀其成，認為可促進兩岸之間的友誼，但是實驗區的臺灣人民人數還不夠，人數夠多才較能夠實現“兩岸共同家園”[353]，如果臺灣人能在實驗區形成一個文化圈，臺灣元素夠多比較符合“共同”的意義[354]，畢竟兩岸都是中國人，互相扶持、互相照顧是應該的，這個理想需要多方面慢慢實現，把實驗區自身準備好、建設好，不要操之過急[355]。

三、對於實驗區交通建設的建議

對於實驗區的交通不論是內部或是聯外交通，兩岸人民都抱有很深的期待，因為如果交通方便，人就會聚集[356]，有臺灣地區受訪者即建議希望“台車入閩”的政策儘早實行，而且不要僅止於“台車入閩”，還希望可以“陸車入台”[357]。由於實驗區內公共交通運輸尚不發達，所以臺灣人民在實驗區的移動較為不便，搭乘計程車的成本也較高，因此希望公共

[352] 訪談個案 K。

[353] 訪談個案 O。

[354] 訪談個案 R。

[355] 訪談個案 S。

[356] 訪談個案 A。

[357] 訪談個案 F。

交通運輸持續發展[358]，也可考慮補貼公車、計程車業者一些經費[359]。另外在聯外交通方面，希望海、陸、空皆可開通[360]，目前兩岸直航的高速客滾班次較為不足，希望可以增開班次[361]，對於實驗區遠期規劃開鑿兩岸海底隧道，多數受訪者對此寄予厚望，但因此建設牽涉政治，因此亦希望兩岸之間儘早解決這方面的政治議題[362]。

四、對於實驗區生態環境的建議

實驗區由於較少開發，擁有優良天然環資源，對此在實驗區生態保護方面，受訪者建議要設立專業的垃圾處理公共設施[363]，儘量將生態保護好，可聘請關於這方面的專家研究如何保護[364]，特別是海洋資源，希望可以妥善保護，不要為了經濟發展就引進高污染的科技產業，在工業進駐的環評把關需高標準審核[365]，另有受訪者特別呼籲實驗區居民不要露天焚燒垃

[358] 訪談個案 H。

[359] 訪談個案 Q。

[360] 訪談個案 I。

[361] 訪談個案 J、L。

[362] 訪談個案 M、R。

[363] 訪談個案 H。

[364] 訪談個案 I。

[365] 訪談個案 K。

圾，對於實驗區空氣與景觀皆會造成不良的影響，所以建議建造實驗區專業的垃圾焚化爐，提供專業的垃圾處理[366]，也有受訪者認為生態環境的保護交由國家政策保護，只要財政能夠負擔，即使破壞了也可以復原[367]。當地民眾也建議在旅遊保護區可立法規定禁止亂丟垃圾並設立標語提醒遊客，因為實驗區本是海島，若原生態遭破壞，颱風來時造成泥石流，受害的是當地居民[368]，所以支持生態方面的立法[369]，且需要確實執行[370]。

五、對於實驗區公部門的建議

據有洽公經驗的受訪者表示，對於公務人員的行政效率與服務態度建議參考銀行民眾滿意度調查的方式進行評比[371]，有受訪者認為部分業務需要多個部門蓋章的情形耗時費力，建議精簡辦事流程與審核的關卡以提升行政效率與降低民眾赴公部門辦事的時間、

366 訪談個案 L。
367 訪談個案 M。
368 訪談個案 O。
369 訪談個案 Q。
370 訪談個案 R。
371 訪談個案 H。

交通成本[372]，也希望公部門人員熟悉各業務流程，可以一次將流程所需的各種材料交代清楚，免於多次往返的負擔[373]。另外，在進出口方面有台商反應入關的速度總較大陸同業稍慢，希望可以先到先入，或至少同時到達的貨物可以同時入關[374]。而實驗區的當地居民則對公務人員的操守較為期待，希望公務人員的行為可以盡可能的符合規範，公正公平守法[375]，行政組織架構設計上可以儘量精簡，部門合併使組織扁平化[376]，對於公務人員的行政希望有明確立法且周知民眾，讓民眾可以瞭解公務人員行政的標準流程並視需要依法表達[377]。當然也有對於公部門行政持肯定態度的受訪者，認為實驗區自成立以來，公部門的行政效率有了顯著的提升，對於實驗區政府為了促成實驗區各項業務的付出印象深刻、表示肯定[378]。

[372] 訪談個案 P。

[373] 訪談個案 J。

[374] 訪談個案 J。

[375] 訪談個案 O。

[376] 訪談個案 R。

[377] 訪談個案 S。

[378] 訪談個案 P、Q。

六、對於實驗區出入境的建議

多數受訪者特別是臺灣同胞對於實驗區出入境的管理已感到方便而滿意，如果有辦理多次出入的臺灣人民更是感覺在自己家園出入，但仍有臺灣受訪者建議臺灣地區的身份證可與大陸地區接軌，即臺灣身份證可在大陸地區使用[379]，亦有受訪者建議發給臺灣同胞虛擬身份證附在臺胞證上，臺灣同胞可使用該虛擬身份證註冊大陸地區購物網站或是領取高鐵票，提供臺灣同胞等同於大陸國民的待遇[380]。有一位受訪者表示，出入境的通關雖感到順暢，但是針對實驗區高速客滾碼頭的出入硬體設備，希望可比照機場行李托運、無障礙空間，安檢流程儘量不需要旅客自行搬運行李[381]，其他受訪者基本對出入境方式皆已感到滿意[382]。

七、其他各種建議

其他方面，有受訪者建議實驗區的宣傳力度可以

[379] 訪談個案 H。

[380] 訪談個案 I。

[381] 訪談個案 J。

[382] 訪談個案 K、L、M。

加大，特別是在臺灣地區的媒體報導太少[383]，對於實驗區的立意與願景也無大規模有效地在臺灣地區傳達。另外在實驗區舊城區的部分，有受訪者建議政府允許房屋的翻修或加蓋以加強建築的牢固性[384]，由於實驗區尚在發展階段，有受訪者反應休閒活動設施不足，例如運動健身中心、游泳池、球場等公共設施還需要規畫興建[385]，而實驗區優美的天然景觀、很長的沙灘是珍貴的觀光資源，若可區分動態、靜態，對沙灘做一個適度的規劃，豐富沙灘的娛樂性，例如潛水、水上遊樂設施、沙灘遊戲區、沙灘排球場、水上活動區、觀景區等，增加觀光上的經濟價值[386]。實驗區在食衣住行育樂各方面的選擇也尚顯單調，需要再增加與豐富[387]。然而有實驗區的居民認為經濟方面毋須太過著急，軟環境、文化氛圍、行為素質、行為習慣這些方面的養成才是至關重要[388]。平潭人敦厚、純樸、老實的民風與臺灣地區接近[389]，只要實驗區領導肯下

[383] 訪談個案 D。
[384] 訪談個案 E。
[385] 訪談個案 I。
[386] 訪談個案 J。
[387] 訪談個案 K。
[388] 訪談個案 R。
[389] 訪談個案 M。

決心[390]，實驗區的成功是指日可待的。

[390] 訪談個案 S。

有決心就能讓平潭一飛沖天(國際風箏衝浪錦標賽平潭站/攝影：林映樹)

第三節　臺灣地區人民在平潭綜合實驗區擔任公職問題

鑒於多數實驗區居民認為台灣同胞在實驗區參與公共事務的管理有助於實驗區與兩岸關係的發展，故本節特對台灣地區人民在實驗區擔任公職的相關法律問題進行探討。

隨著兩岸經濟交流日益頻繁，台灣地區人民赴大陸地區就業已是大勢所趨，所謂台灣人民在大陸就業是指台灣人民依法應聘受雇於大陸地區用人單位從事一定社會勞動並取得勞動報酬或經營收入的行為[391]，然台灣人民在大陸地區得就業的範圍於法是否包含公權領域則不無疑問，在目前大陸地區涉台立法仍待完善的情況下[392]，今實驗區已本著“先行先試”的原則，將嘗試讓台灣地區人民在實驗區參與“共同管理”，如本書第四章所提及，實驗區政府實現兩岸共同管理的可能路徑有二：一是由實驗區現有政府組織招募與延攬台灣地區人民參與，也就是說由實驗區政府組

---

391 參閱張萬明:《涉台法律問題總論》,法律出版社 2003 年 3 月第 1 版，第 71 頁。

392 參閱熊聰俐：《關於完善臺灣居民在大陸就業制度的法學思考》，載《溫州大學學報・自然科學版》2012 年 6 月第 3 期，第 49 頁。

織賦予台灣地區人民公務人員資格；二是由實驗區現有政府組織與台灣地區政府組織協商共建實驗性的實驗區政府組織，也就是由兩岸各自的公務人員共同行使實驗區政府的公權力。此二路徑皆需由兩岸各自針對現行制度修法而達成，以第一個路徑為例，2012 年《關於加快平潭人才特區建設的若幹意見》[393]指出：“實驗區要建立兩岸共同開發平潭專家咨詢委員會，研究兩地相關行業協會工作人員交流任職方案，積極探索台灣地區人士參與平潭管理的有效形式和途徑”，故大陸地區有關台灣地區人民參與實驗區現有政府組織的相關規定尚須研究探索；而台灣地區依台灣地區與大陸地區人民關係條例(以下簡稱兩岸關係條例)第 33 條第 2 項規定：“**臺灣地區人民、法人、團體或其他機構，不得擔任經行政院大陸委員會會商各該主管機關公告禁止之大陸地區黨務、軍事、行政或具政治**

[393] 規定中指出：“允許在平潭居住 1 年以上的臺灣同胞參與平潭縣人大、政協，到政府諮詢部門、科技、人才、教育職能部門、人民團體、社會團體、直屬事業單位兼取或任職；建立兩岸共同開發平潭專家諮詢委員會，研究兩地相關行業協會工作人員交流任職方案，積極探索臺灣地區人士參與平潭管理的有效形式和途徑，允許在平潭居住的臺灣地區人士擁有選舉權與被選舉權；對作出突出貢獻、有參政議政能力的外籍高層次人才，可作為特約代表列席、旁聽政府部門相關工作會議。”《關於加快平潭人才特區建設的若干意見》（中共福建省委人才工作領導小組 閩委人才〔2012〕8 號）。

性機關（構）、團體之職務或為其成員。”故可知台灣方面亦禁止台灣人民參與大陸地區政治性機構，在兩岸對於台灣地區人民在大陸擔任公職的相關規定不完備的情況下，為實現實驗區兩岸“共同管理”的目標，本章將分別依大陸地區與台灣地區對於台灣地區人民在大陸地區擔任公職的相關規定進行探討並提出可行的模式。

一、大陸地區對於台灣地區人民在大陸地區擔任公職的現行規定

2005 年大陸地區勞動和社會保障部頒佈了《臺灣香港澳門居民在內地就業管理規定》[394]，其中第 2 條第 1 項規定：“本規定適用於在內地就業的台、港、澳人員和聘雇或者接受被派遣台、港、澳人員的內地企業事業單位、個體工商戶以及其他依法登記的組織（以下簡稱用人單位）。”然此處所指之“其他依法登記的組織”的範圍是否包含所有依公法設立的組織不無疑問，依《中華人民共和國公務員法》(以下簡稱《公務員法》)第 2 條規定：“本法所稱公務員，是指

[394] 參閱《臺灣香港澳門居民在內地就業管理規定》，載中華人民共和國中央人民政府網，http://www.gov.cn/flfg/2006-01/06/content_149379.htm，瀏覽時間：2015-1-28。

依法履行公職、納入國家行政編制、由國家財政負擔工資福利的工作人員。”因此可知，公務員的範圍包括在國家權力機關、行政機關、審判機關、檢察機關、執政黨機關、人民政協、民主黨派機關中任職的除工勤以外的工作人員，都屬於公務員[395]，而公務法人如郵政局、電信電力事業等[396]，由於大陸地區公務法人制度尚未完備，故公務法人工作人員尚不適用《公務員法》[397]。又同法第 11 條規定公務員應具備中華人民共和國國籍[398]，由此可知在大陸地區擔任公職的前提要件是須具備中華人民共和國國籍，故以目前兩岸分治的現況看來，臺灣地區人民並不具備中華人民共和國國籍，因此並不具備擔任大陸地區公務員的資格。然而，大陸地區憲法序言中指出：“臺灣是中華人民共和國的神聖領土的一部分”，臺灣地區人民通過大

395 參閱應松年：《行政法》，北京大學出版社，2010 年 1 月第 1 版，第 68 頁。

396 參閱馬懷德：《公務法人問題研究》，載《中國法學》2000 年第 04 期，第 42 頁。

397 參閱張楠：《論公務員法的適用範圍——基於對我國《公務員法（草案）》的分析》，中國政法大學 2005 年碩士學位論文，第 68 頁。

398 參閱《中華人民共和國公務員法》第 11 條：“公務員應當具備下列條件：（一）具有中華人民共和國國籍；（二）年滿十八周歲；（三）擁護中華人民共和國憲法；（四）具有良好的品行；（五）具有正常履行職責的身體條件；（六）具有符合職位要求的文化程度和工作能力；（七）法律規定的其他條件。”

陸地區海關亦由“中國公民通道”進入，對中華人民共和國而言，生活在領土上的臺灣人民亦應屬中國公民，故依大陸地區憲法第 2 條規定：“中華人民共和國的一切權力屬於人民……人民依照法律規定，通過各種途徑和形式，管理國家事務，管理經濟和文化事業，管理社會事務。”故可知臺灣人民在大陸地區參與管理事務、擔任公職其實已具備一定的法理基礎。

2009 年實驗區管理委員會(以下簡稱實驗區管委會)成立，實驗區實行“政區合一”的管理政策，即平潭縣政府與實驗區管委會並行，但實驗區管委會並不具備法定的行政主體資格，不是一個行政機關，而是一個省政府派出機構，故成立之初，實驗區管委會地位不明，缺乏法律保障其決策與管理[399]，實驗區管委會工作人員是否屬於公務員並不明確。2012 年實驗區管委會頒佈《平潭綜合實驗區管委會招聘臺灣專才政策》，政策中指出將招聘實驗區管委會副主任 3 名、主任助理 1 名、副局長 3 名、縣醫院副院長 1 名、縣職業學校副校長 1 名和其他與實驗區建設有關的公司職務若干，這些職務中，有的極可能具公務員性質，如管委會副主任、實驗區副局長等，有的屬於公務法

[399] 參閱熊文釗、鄭毅前揭書，第 7 頁。

人工作人員，如縣醫院副院長、縣學校副校長等，有學者即建議臺灣地區人民在實驗區參與共同管理可從擔任實驗區公務法人工作人員開始，因公務法人工作人員在大陸地區尚不屬公務員範疇[400]。

然因實驗區管委會地位不明且在與平潭縣政府的分工上只負責對實驗區經濟建設工作進行指導，兩者有“雙頭馬車、各自為政”的現象[401]，因此，2014 年實驗區開始進行行政管理體制的改革，也就是所謂的“區縣合一”，減少行政層級，統籌使用區、縣、鄉編制、人員，以“六局、二部、一辦”的機構設置為基礎進行“區縣合一”，建立大綜合、高效率、扁平化的行政機構[402]，至此實驗區管委會屬於公務機關性質已更加確定，臺灣地區人民在實驗區管委會工作即需要一個明確的法源依據或法律授權。

[400] 參閱汪家譽前揭書，第 127 頁。

[401] 參閱林琳：《平潭綜合實驗區優化行政管理體制研究》，載《科技和產業》2011 年 12 月第 12 期，第 134-137 頁。

[402] 參閱朱海黎、塗洪長、李慧穎：《平潭質變！海峽西岸崛起對台“新特區”，載新華網福建頻道，http://www.fj.xinhuanet.com/news/2014-05/23/c_1110828793_2.htm，瀏覽時間：2015-1-29。

二、台灣地區對於台灣地區人民在大陸地區擔任公職的現行規定

依1947年台灣地區憲法第4條規定：“中華民國領土，依其固有之疆域，非經國民大會之決議，不得變更之。”然自兩岸分治以來，退據台灣地區的“中華民國”對於“中華民國”的領土並未曾依法變更。其固有疆域的界定，台灣地區大法官釋字第328號解釋認為疆域問題是政治問題，因此亦未予界定所謂“固有之疆域”[403]的範圍。2005年台灣地區憲法增修條文前言稱“為因應統一前之需要”修改憲法，並在該憲法增修條文中將台灣地區稱作“自由地區”，其中第11條規定，兩岸人民權利義務關係以法律特別規定[404]，即台灣地區所頒布的兩岸關係條例，該條例第2條稱“中華民國”統治權所及之地區為台灣地區，而台灣地區以外之“中華民國”領土為“大陸地區”[405]，故綜上可知，既然台灣地區憲法上“中華民國”

403 參閱臺灣地區大法官釋字第328號解釋文：“中華民國領土，憲法第四條不采列舉方式，而為「依其固有之疆域」之概括規定，並設領土變更之程式，以為限制，有其政治上及歷史上之理由。其所稱固有疆域範圍之界定，為重大之政治問題，不應由行使司法權之釋憲機關予以解釋。”

404 參閱臺灣地區2005年憲法增修條文第11條。

405 參閱臺灣地區兩岸關係條例第2條。

未曾變更固有疆域，兩岸關係條例亦稱大陸地區是台灣地區以外之“中華民國”領土。因此，綜合可得大陸地區即是“中華民國統治權未及的中華民國領土”。

（一）應考試而服公職地點的選擇自由也應受憲法基本權保障

若依“大陸地區是中華民國統治權未及的中華民國領土”的法理，按台灣地區憲法第 15 條之規定，人民之工作權應予保障，又第 18 條之規定，人民有應考試服公職之權，而台灣人民在“中華民國統治權未及”的領土——大陸地區的工作權與服公職權益是否應予以保障不無疑問。觀台灣地區憲法第 15 條規定人民之工作權應予保障，工作權為自由權之一種，是防止國家侵害的防禦權，“基於‘基本權充分實現原則’，應對自由權採擴張解釋”，故“工作權保障的範圍應含職業能力養成教育請求權、職業能力資格取得權、職業選擇自由、職位選擇自由、職業經營自由及廢業自由，其中職業經營自由尚包括營業時間自由、營業地點自由、營業方式自由、廣告自由、營業內容自由、營業對象自由、進用員工自由、投資自由”[406]，因此，人民從事職業的地點選擇自由，應為憲法工作權所保障。而台灣地區憲法第 18 條所規定之人民應考試服公職之權，根據台灣地區大法官釋字第 546 號解釋理由書 ，“應考試”與“服公職”應為兩種不同的權利[407]。又台灣地區有學者認為：“應考試取得公務人員任官或專技證照之資格，最終目的就是要就業、工作，為了生活資源之取得，應認為是一種受經濟性的工作權保障之一環。[408]”所以應考試、服公職應受工作權之保障。綜上可以導出——應考試而服公職是人民的一種基本權，也是工作權保障的一環，工作權保障從事職業地點的自由，公職自是職業的一種，因此應考試而服公職地點的選擇自由，自是憲法基本權保障的範圍。故本書以為，擔任公務人員是人民的一種職業選擇，法理上只要從合法管道取得服公職的資格，台灣地區人民有資格選擇從任何合法管道在“中華民國”的領土上任何地點應考試而擔任公職。然而此處所稱“中華民國”的領土上任何地點是

[406] 參閱李惠宗：《憲法要義》，元照出版有限公司，2012 年 9 月第 2 版，第 254-260 頁。

[407] 參閱吳庚、陳淳文：《憲法理論與政府體制》，三民書局，2013 年 9 月第 1 版，第 282 頁。

[408] 參閱法治斌、董保城：《憲法新論》，董保城出版，2012 年 9 月第 5 版，第 277 頁。

否包括“中華民國統治權未及的中華民國領土”不無疑問？

（二）臺灣地區相關規定限制臺灣人民在大陸擔任公職的合憲性探討

1947 年國共內戰爆發，“中華民國”政府下令動員戡亂，1948 年《動員戡亂時期臨時條款》公布實施，1949 年中國進入兩岸分治的狀態直至 1991 年台灣地區終止《動員戡亂時期臨時條款》並於同年宣告動員戡亂時期終止，國共內戰告歇，1992 年兩岸建立“九二共識”，雙方承認兩岸同屬一個中國，只是各自對名稱的認知有所差異，而兩岸人民自然皆屬於同一個中國的人民，只是兩個地區的統治政府不同。今若一個地區的政府開放另一個地區人民擔任公職，自應視為在同一個中國工作，屬於人民的工作權保障的範疇，而兩岸分治後，台灣地區憲法增修條文第 11 條將兩岸人民的權利義務等相關事務交由法律兩岸關係條例特別規範，因此兩岸關係條例中對於禁止台灣人民在大陸地區擔任公職的相關規定究屬合憲與否，不無討論空間。

1.臺灣相關規定禁止台灣人在實驗區管委會工作

台灣地區兩岸關係條例第 33 條第 2 項規定：“台

灣地區人民、法人、團體或其他機構，不得擔任經行政院大陸委員會會商各該主管機關公告禁止之大陸地區黨務、軍事、行政或具政治性機關（構）、團體之職務或為其成員。”而目前台灣地區陸委會所公告禁止的政治性機關(構)涵蓋甚廣，可謂已包含所有大陸地區公家機關[409]，以實驗區管委會為例，實驗區管委

---

409 對於臺灣地區人民、法人、團體或其他機構禁止擔任大陸地區職務或為其成員公告事項之說明：

一、禁止擔任大陸地區黨務、軍事、行政或具政治性機關（構）、團體之職務或為其成員之原則：（一）涉及國家認同或基本忠誠度（二）對台統戰工作（三）有妨害國家安全或利益之虞。

二、有關大陸地區「黨務、軍事、行政或具政治性機關（構）、團體」，說明如次：（一）黨務系統：例如，中國共產黨中央、各級黨務機構及該等機構直屬機構、事業機構（人民日報等）、派出機構（中央金融工作委員會等）、工作部門和辦事機構（中央統戰部等）或議事性領導機構及所屬團體。（二）軍事系統：例如，中央軍事委員會總部機關、人民解放軍四總部、各軍兵部和武警總部、人民解放軍各大軍區、各軍事院校及該等單位直屬機構、事業單位、團體。

（三）政務系統：1、國務院及其所屬各部委：外交部、國防部、國家發展和改革委員會、教育部、科學技術部、國防科學技術工業委員會、國家民族事務委員會、公安部、國家安全部、監察部、民政部、司法部、財政部、人事部、勞動和社會保障部、國土資源部、建設部、鐵道部、交通部、資訊產業部、水利部、農業部、商務部、文化部、衛生部、國家人口和計劃生育委員會、中國人民銀行、審計署及該等機關所屬機構、事業單位、團體。

（1）直屬特設機構：例如，國有資產監督管理委員會及所屬機構、事業單位、團體。

（2）直屬機構：例如，海關總署、國家稅務總局、國家工商行政管

理總局、國家品質監督檢驗檢疫總局、國家環境保護總局、中國民用航空總局、國家廣播電影電視總局、新聞出版總署（國家版權局）、國家體育總局、國家統計局、國家林業局、國家食品藥品監督管理局、國家安全生產監督管理局、國家智慧財產權局、國家旅遊局、國家宗教事務局、國務院參事室、國務院機關事務管理局及該等機關所屬機構、事業單位、團體。

（3）直屬事業單位：例如，新華通訊社、中國科學院、中國社會科學院、中國工程院、國務院發展研究中心、國家行政學院、中國地震局、中國氣象局、國家電力監管委員會、中國銀行業監督管理委員會、中國證券監督管理委員會、中國保險監督管理委員會、全國社會保障基金理事會、國家自然科學基金委員會及該等機關所屬機構、事業單位、團體。

（4）辦事機構：例如，國務院僑務辦公室、國務院港澳事務辦公室、國務院法制辦公室、國務院研究室及該等機關所屬機構、事業單位、團體。

（5）部委管理國家局：例如，國家信訪局、國家糧食局、國家煙草專賣局、國家外國專家局、國家海洋局、國家測繪局、國家郵政局、國家文物局、國家中醫藥管理局、國家外匯管理局及該等機關所屬機構、事業單位、團體。

（6）其他：例如，國務院臺灣事務辦公室、國務院新聞辦公室、國家檔案局、國家保密局、國家語言文字工作委員會。

2、各級人民政府（省、直轄市、自治區；縣區市旗、鄉鎮行政組織）、各級人民法院、各級人民檢察院及該等行政機關所屬機構、事業單位、團體。

（四）前三項規定以外具政治性之機關（構）、團體：

1、各級人民代表大會制度組織、各級政治協商會議制度組織、村級行政組織、黨派群眾組織團體、大眾傳播體系組織、具有准官方性質之社會團體。例如，中華全國總工會、中國共產主義青年團、中華全國婦女聯合會、中華全國工商業聯合會、中華全國學生聯合會、中國文學藝術界聯合會、中國科學技術協會、中華全國歸國華僑聯合會、中國作家協會、中國殘疾人聯合會、宋慶齡基金會、中華全國新聞工會為福建省派出機構，應屬公告中第 2 項第 3 款第 2 目之“各級人民政府（省、直轄市、自治區；縣區市旗、鄉鎮行政組織）、各級人民法院、各級人民檢察院及該等行政機關所屬機構、事業單位、團體。”故台灣人民不論是以約聘或是正式雇用的方式在實驗區管委會工作，皆屬違反台灣地區兩岸關係條例第 33 條第 2 項之規定，依同條例第 90 條與第 90-1 條之規定，若台灣人民具公務人員身份者，視其在台灣地區的職務、工作內容、離退情形須處以徒刑、拘役與罰金不等 或喪失領受退休金等相關權利[410]；而不具公務

作者協會、黃埔軍校同學會、中國人民外交學會、歐美同學會、中國海外交流協會、中華全國歸國華僑聯合會、中國和平統一促進會、中華海外聯誼會或其他政治性機關（構）、團體。

2、大陸地區法人、團體或其他機構之性質涉及對台工作、對台研究，有妨害國家安全或利益之虞。臺灣地區《行政院大陸員會陸法字第 0930003531 之 1 號》，載臺灣地區陸委會網站，

http://www.mac.gov.tw/ct.asp?xItem=62536&ctNode=6242&mp=1，瀏覽時間：2015-2-20。

[410] 參閱臺灣地區兩岸關係條例第 90-1 條：“具有第九條第四項第一款、第二款或第五款身份，退離職未滿三年之公務員，違反第三十三條第二項規定者，喪失領受退休（職、伍）金及相關給與之權利。前項人員違反第三十三條第三項規定，其領取月退休（職、伍）金者，停止領受月退休（職、伍）金及相關給與之權利，至其原因消滅時恢復。第九條第四項第一款、第二款或第五款身份以外退離職未滿三年之公務員，違反第三十三條第二項規定者，其領取月退休（職、伍）金者，停止領受月退休（職、伍）金及相關給與之權利，至其原因消

人員身份之台灣人民若在大陸地區公家機關工作，依同條例第 90 條之規定則處以罰款，若其工作妨害“國家安全或利益”，還須處以徒刑、拘役及罰金。因此，台灣地區人民只要在具公部門性質的大陸地區機關(構)服務，皆違反前揭規定而須受罰。

2.相關規定之合憲性探討

(1) 法律保留原則

對於相關規範限制台灣地區人民在大陸擔任公職的合憲性，若從台灣地區憲法第 23 條所揭示的法律保留原則、授權明確性原則及比例原則等三方面來看，“如果憲法已將限制基本權的事項，保留給立法者，容許由立法機關透過法律加以限制，而且行政機關的行為，也取得此形式上的法律限制依據，這裏的基本權限制，就是合憲的法律限制，[411]”台灣地區憲法第 15 條與第 18 條保障台灣人民的工作權與服公職權，而兩岸關係條例規制台灣人民禁止在大陸地區擔任公職，涉及人民基本權利的限制已如前述，按台灣地

滅時恢復。臺灣地區公務員，違反第三十三條第四項規定者，喪失領受退休（職、伍）金及相關給與之權利。”

[411] 參閱許育典：《憲法》，元照出版有限公司，2013 年 2 月第 6 版，第 151 頁。

區憲法增修條文第 11 條規定兩岸人民的權利義務關係及其他事務之處理得以法律規定之，故台灣人民在大陸地區的權利得由法律加以規定，亦得以法律授權主管機關發布命令為補充規定，准此，兩岸關係條例其所涉及台灣人民在大陸擔任公職的限制，應為合憲。

(2) 授權明確性原則

而根據兩岸關係條例第 33 條第 2 項之規定由台灣地區行政院陸委會會商各主管機關公告禁止機關(構)與團體，乃為兩岸關係條例特定授權陸委會將台灣人民禁止擔任的大陸地區機關(構)與團體，其授權目的須特定、內容須具體、範圍須明確，此即授權明確性原則[412]。

(3) 比例原則

最後比例原則之內涵包括適當性原則、必要性原則與狹義比例原則，其中必要性原則是指如果有多種選擇達成目的，應採取對人民權益損害最小者[413]，觀兩岸關係條例第 33 條第 2 項之規定，其立法理由中指

412 參閱吳庚、陳淳文前揭書，第 153-154 頁。

413 參閱吳威志：《憲法基本人權之法制保障》，2103 年 4 月第 1 版，第 48 頁。

出"基於台灣地區人民、法人、團體或其他機構，如擔任大陸地區黨務、軍事、行政或具政治性機關（構）、團體之職務或為其成員，影響台灣地區之安全及安定甚巨，爰明定禁止，以杜其弊⋯，[414]"然該條例第 33 條第 2 項所稱"台灣地區人民"依該條例第 90、90-1 條罰則的規定區分為具公務員身份與未具公務員身份，亦即該禁止規定的管制對象包括台灣地區具公務員身份與不具公務員身份之台灣人民，若考慮該條例第 33 條第 2 項之立法目的，其制訂是為防止台灣地區之安全與安定受影響，審酌為達成該目的是否有其他對人民基本權益侵害較小的管制手段應有討論空間。舉例而言，可將此規定受管制對象設定於"影響台灣地區安全與安定可能性較高"之台灣人民，始須有接受管制赴大陸擔任公職的義務，以縮小受管制對象之範圍。至於影響台灣地區安全與安定可能性較低或根本不可能影響之台灣人民，對於台灣地區安全及及安定之危害可能性甚低，自應排除該等規範之限制範疇始為合理。因此，對於影響台灣地區安全與安定可能性較低或根本不可能影響之台灣地區已退離職未滿 3 年公務人員與未具公務人員身份之台灣人民，若

---

414 參閱臺灣地區 2003 年 10 月 29 日華總一義字第 09200199770 號令修正公佈。

一律禁止在大陸地區擔任公職，則非侵害最小之管制手段。此外在法益權衡方面，公共利益(台灣地區之安全及安定)與私益(工作權、服公職權之保障) 權衡之中，先必須針對台灣地區之安全及安定加以定義，但台灣地區之安全及安定之定義不易，所有確保“中華民國”統治權之措施，皆有可能被認為是維護台灣地區之安全及安定之手段，在此抽象而模糊之概念下，欲限制影響台灣地區安全與安定可能性較低或根本不可能影響之台灣地區已退離職未滿 3 年公務人員與未具公務人員身份之台灣人民，該公共利益自有被無限擴張之可能。

綜合上述一連串分析，基於“大陸地區是中華民國統治權未及的中華民國領土”、“應考試而服公職也是工作權保障的一環”、“九二共識一個中國原則”、法律保留原則、授權明確性原則及比例原則等，兩岸關係條例第 33 條第 2 項與該條例第 90、90-1 條難謂合憲，蓋因比例原則檢視中，該條例第 33 條第 2 項及其罰則並不符合必要性原則；再者，其所欲追求之公共利益(台灣地區之安全及安定)有被無限擴張之虞。“台灣地區之安全及安定”並不能無限上綱，而造成漫無止盡地管制行為，侵害憲法所保障之基本人權。對於限制台灣人民在大陸的相關規範，台灣地區應修正兩岸關係條例使其符合台灣地區憲法第 23 條所揭示的法律保留原則、授權明確性原則及比例原則等合憲性檢驗。

三、實驗區聘任台灣地區人民之可行模式與修法探析

為實現實驗區兩岸“共同管理”的目標，台灣地區人民參與實驗區公共事務的管理將是實驗區兩岸“共同管理”的重要元素，如能兩岸各自針對相關制度進行修法，使台灣人民在大陸地區擔任公職於兩岸皆獲得制度化的保障，一步到位自是十分理想，然而考慮到兩岸交流的深淺程度與各種因素，若在前述兩岸現行的規定下，對於台灣人民在實驗區擔任公職的可行模式與修法，本書以為可按本書第三章所提出的實驗初期、中期、後期來設想如下：

(一)實驗初期——兩岸合資成立管理顧問公司聘用臺灣人民分擔公共事務的管理

據統計在實驗區定居的臺灣人民從一開始的幾十人增加至目前的 1000 多人，有 300 名臺灣人民在實驗區購房、近 200 名臺灣學生在實驗區就學，台資企業

從 5 家增加到了 278 家，占實驗區外資企業的 80%[415]，不論兩岸法規制度是否修改，實驗區的臺灣人民與企業都在漸漸增加，而人民的聚集自然會產生管理的問題，也就是"眾人之事"的管理，對於管理眾人之事的需求，並不會因為立法機關立法或修法的滯後就沒有需求，只要是臺灣人民有在實驗區生活的事實存在，就有臺灣人民參與實驗區公共事務管理的需求，因此在兩岸立法機關皆未能針對臺灣人民在大陸地區擔任公職進行相關修法前，對於臺灣人民參與"公共管理"的原則，可以是"有參與公共管理之實，無擔任公職之名"的模式來進行，現實驗區管委會以約聘的方式聘任"1 名平潭綜合實驗區管委會副主任、4 名管委會部門副局長等重要職位。據悉，目前在平潭管委會和旗下的國有企業機構中，已有 6 名臺灣人就職，相當於平潭的'臺灣官'，也被稱為台籍幹部。[416]" 在實驗初期實驗區行政地位不明的情況，或許該

[415] 參閱李婷：《自貿區新丁福建平潭發展之困：產業基礎不足》，載新浪財經網，
http://finance.sina.com.cn/china/dfjj/20150113/015821280842.shtml，瀏覽時間：2015-2-22。

[416] 參閱李婷前揭報導，
http://finance.sina.com.cn/china/dfjj/20150113/015821280842.shtml，瀏覽時間：2015-2-22。

些台籍幹部依大陸地區現行制度不具公務員的身份，但若如前述臺灣地區陸委會所公告禁止臺灣人民擔任之大陸地區黨務、軍事、行政或具政治性機關（構）、團體之職務或為其成員，實驗區管委會為福建省派出機構，應屬公告中第 2 項第 3 款第 2 目之“各級人民政府（省、直轄市、自治區；縣區市旗、鄉鎮行政組織)、各級人民法院、各級人民檢察院及該等行政機關所屬機構、事業單位、團體。”因此在實驗區管委會擔任幹部的臺灣人民依臺灣地區法律恐有觸法之虞，故本書以為在兩岸修法之前，實驗區可參考企業服務外包的方式，將實驗區涉台相關公共事務如對台招商引資、諮詢推介、兩岸法律制度對接研究、實驗區政策制定研究、對台旅遊市場開發、實驗區城鄉建設規劃、實驗區台商經營輔導、實驗區臺胞意見調查等事務外包給管理顧問公司負責，而該管理顧問公司可依大陸地區《中外合資經營企業法》的規定成立，由實驗區政府出資成立的大陸企業與臺灣人民出資成立的臺灣企業共同合資成立管理顧問公司，並由該公司聘用臺灣人民擔任顧問進行參與實驗區公共事務的管理。

（二）實驗中期——大陸地區修改公務員法、臺灣地區修改兩岸關係條例

配合本書第三章所揭櫫的兩岸共商立法模式，實驗中期由“臺灣省諮議會”與福建省人大及常委會派員共組“實驗區兩岸共治委員會”(名稱暫定)針對實驗區地方自治事項、臺灣地區人民於實驗區參政等經貿以外的公權領域議題進行協商討論，協議簽署後，兩岸各自進行相應的立法與修法。大陸方面可依“臺灣是共和國領土”與“人民有權參與管理公共事務”的法理，並依《反分裂國家法》第 6 條第 5 項“鼓勵和推動有利於維護臺灣海峽地區和平穩定、發展兩岸關係的其他活動。”的原則修改公務員法第 11 條第 1 項公務員應當具備的條件，除原條文“具有中華人民共和國國籍”尚加上“或持有臺灣居民來往大陸通行證”的字句，也就是公務員應當具備的條件“應具有中華人民共和國國籍或持有臺灣居民來往大陸通行證”，提供臺灣人民擔任大陸地區公務員的法源依據。而臺灣方面則可依本書前述對於兩岸關係條例限制臺灣人民在大陸地區擔任公職的相關規定進行合憲性修改，開放影響臺灣地區安全與安定可能性較低或根本不可能影響之臺灣地區不具備兩岸關係條例第 9

條第 4 項[417]身份之已退離職未滿 3 年公務人員與未具公務人員身份之臺灣人民在大陸地區擔任公職，讓臺灣地區一部分人民可在實驗區擔任公職而不致在臺灣地區違法受罰。

（三）實驗後期——兩岸共同設計實驗區政府組織、臺灣地區進一步修改兩岸關係條例

實驗後期大陸地區可依幅員、人口考慮將鄰近地區納入實驗區設為特別行政區，並由兩岸的中央立法機關在不違背各自憲法的前提下融合兩岸憲法一致的部分共同制定實驗區基本法來規範實驗區兩岸人民基本權利義務、實驗區政府組織、權力分立等問題，此時期如前述實驗中期已修改大陸地區公務員法開放臺灣人民在大陸擔任公職，因此此時期著重在實驗區基本法政府組織架構的設計，有關實驗區政府組織的設計已在本書第四章敘明；而臺灣方面則是著重進一步開放臺灣地區人民在大陸地區擔任公職的人員範圍，

---

417 參閱兩岸關係條例第 9 條第 4 項：“臺灣地區人民具有下列身份者，進入大陸地區應經申請，並經內政部會同國家安全局、法務部及行政院大陸委員會組成之審查會審查許可：一、政務人員、直轄市長。二、於國防、外交、科技、情治、大陸事務或其他經核定與國家安全相關機關從事涉及國家機密業務之人員。三、受前款機關委託從事涉及國家機密公務之個人或民間團體、機構成員。四、前三款退離職未滿三年之人員。五、縣（市）長。”

例如具有兩岸關係條例第 9 條第 4 項身份之臺灣人民得經許可後擔任大陸地區公職，將兩岸關係條例第 90 條第 1 項修改為：“具有第 9 條第 4 項身份之臺灣地區人民，未經許可擔任第 33 條第 2 項所規定之職務者，處三年以下有期徒刑、拘役或科或併科新臺幣五十萬元以下罰金。”亦即開放具有特殊身份的臺灣公職(務)人員得經許可後在實驗區擔任公職，進一步縮小管制人員的範圍。

（四）實驗區臺灣人擔任公職模式進程

經分析兩岸關於臺灣人民在大陸地區擔任公職的相關規定，有關臺灣人民在實驗區擔任公職的可行模式，本書以為兩岸可按實驗區實驗的初期、中期、後期來進行臺灣人民在實驗區公共事務 “共同管理”的模式與制度設計，實驗初期、中期、後期只是一個大概的概念，不必有一個清楚的時間分界點，而應配合兩岸共商立法模式的轉換進行相關的立法與修法，使臺灣人民在實驗區擔任公職在兩岸皆有明確的法源依據，實驗區臺灣人擔任公職模式進程如圖示：

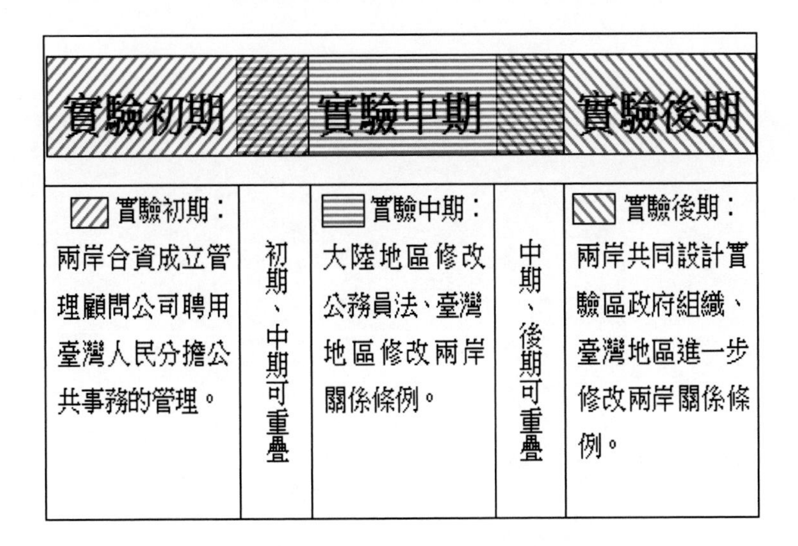

圖 16：實驗區臺灣人擔任公職模式進程圖

(資料來源：自行製作)

基此，一步一步地落實臺灣地區人民參與實驗區公共事務的“共同管理”。

人一多了自然會有許多公共事務(“沙雕節”開幕式當晚就有眾多遊客前來參觀/攝影：林映樹)

第四節　臺灣地區人民在平潭綜合實驗區入出境問題

由實地調研結果可知臺灣人民對於在大陸地區入出境方式普遍已感到便利與滿意，然臺灣人民在實驗區的入出境尚有簡化的空間。據《實驗區總體發展規劃》第八章第一節第 1 條關於創新通關制度和措施的規定，實驗區採取“一線”放寬、“二線”管住、人貨分離、分類管理的管理模式，人員與貨物通關適用不同的規定，貨物依《中華人民共和國海關對平潭綜合實驗區監管辦法（試行）》與《質檢總局關於發佈〈平潭綜合實驗區出入境檢驗檢疫監督管理辦法〉的公告》等規定進行監管，人員按現有模式管理[418]，然為實現實驗區“兩岸共同家園”的理想，讓臺灣地區人民進出實驗區彷彿進出自己家園一般簡易、方便，本節特對於大陸地區臺胞入出境的相關制度進行研

[418] 參閱《實驗區總體發展規劃》第八章第一節第一條第三項：“人貨分離。對從境外進入平潭與生產有關的貨物實行備案管理，區內貨物自由流轉。平潭與臺灣地區之間的人員通關按現有模式管理。對從境外經“一線”進入平潭和經“二線”進入內地的旅客攜帶行李物品的具體規定和通關管理辦法，分別由財政部、海關總署會同有關部門制定。”

究，希望能設計簡化臺灣地區人民在實驗區人員入出境的方式，使臺灣人民在入出實驗區上更加快速、節約。

一、大陸地區台胞入出境相關規定沿革

自 1949 年兩岸分治以來，兩岸人民曾經度過一段無法交通、無法往來的隔離時光，在 1978 年改革開放以前，兩岸人民只能在香港、澳門或外國相見，1987 年 7 月臺灣地區解除戒嚴令同年 10 月大陸地區頒佈《國務院辦公廳關於臺灣同胞來祖國大陸探親旅遊接待辦法的通知》，11 月臺灣方面似乎有默契地基於人道考量開始開放臺灣人民赴大陸探親[419]。隨著臺灣人民赴大陸地區人數漸增[420]，大陸方面於 1991 年頒佈《中國公民往來臺灣地區管理辦法》並於 2015 年經國務院修訂調整部分內容，自此該管理辦法即成為大陸地區現行管理臺灣人民入出大陸地區的主要依據。

---

[419] 參閱劉國福：《移民法：出入境權研究》，中國經濟出版社，2006 年 8 月第 1 版，第 405-406 頁。

[420] 據 1988 年至 1992 年臺灣地區人民赴大陸地區的人次統計，1988 年為 45 萬人次，1989 年為 55 萬人次，1990 年為 100 萬人次，1991 年為 100 萬人次，1992 年更高達 150 萬人次。參閱項讜：《中外出入境法律指南》，中國人民公安大學出版社，1998 年 1 月第 1 版，第 174 頁。

二、現行台胞入出境規定

依大陸地區《中華人民共和國出境入境管理法》第 10 條規定，中國公民往來臺灣地區，應當依法申請辦理通行證件，並遵守本法有關規定。具體管理辦法由國務院規定[421]。而所謂具體管理辦法就是 2015 年國務院所修訂後的《中國公民往來臺灣地區管理辦法》，又 1995 年國務院所出臺的《出境入境邊防檢查條例》第 45 條規定，臺灣地區的中國公民適用本條例的規定[422]，而該條例第 46 條闡釋了“出境、入境的人員”是指一切離開、進入或者通過中華人民共和國國（邊）境的所有人員[423]。上述規定將臺灣地區人民往來兩岸

[421] 參閱《中華人民共和國出境入境管理法》第 10 條：“中國公民往來內地與香港特別行政區、澳門特別行政區，中國公民往來大陸與臺灣地區，應當依法申請辦理通行證件，並遵守本法有關規定。具體管理辦法由國務院規定。”

[422] 參閱《中華人民共和國出境入境邊防檢查條例》第 45 條：“對往返香港、澳門、臺灣的中華人民共和國公民和交通運輸工具的邊防檢查，適用本條例的規定；法律、行政法規有專門規定的，從其規定。”

[423] 參閱《中華人民共和國出境入境邊防檢查條例》第 46 條：“本條例下列用語的含義：“出境、入境的人員”，是指一切離開、進入或者通過中華人民共和國國（邊）境的中國籍、外國籍和無國籍人；“出境、入境的交通運輸工具”，是指一切離開、進入或者通過中華人民共和國國（邊）境的船舶、航空器、火車和機動車輛、非機動車輛以及馱畜；“員工”，是指出境、入境的船舶、航空器、火車和機動車輛的負責人、駕駛員、服務員和其他工作人員。”

視為入出境，但臺灣人民所入出的“境”是指大陸地區的邊境，而非中國國境。此規定亦考慮中華人民共和國統治權未及臺灣地區的現實，尊重臺灣地區政府對於臺灣地區有入出境管制的權力[424]。

根據《中國公民往來臺灣地區管理辦法》第 4 條之規定，臺灣地區人民入出大陸地區須憑大陸地區所簽發的旅行證件[425]，即“臺灣居民來往大陸通行證”(以下簡稱臺胞證)，每本臺胞證有效期為 5 年，此辦法於 2005 年 7 月修訂施行前臺灣人民進入大陸地區前須取得有效的“簽注”，每次簽注的有效期間為三個月，“簽注”分為一次往返有效與多次往返有效[426]，臺灣人民如果因經商、求學等原因有需要多次入出大陸地區的臺灣人民，可申請多次往返有效簽注[427]。

---

[424] 參閱全國人大常委會法制工作委員會編：《中華人民共和國出境入境管理法釋疑》，2012 年 9 月第 1 版，第 29-30 頁。

[425] 參閱《中國公民往來臺灣地區管理辦法》第 4 條：“臺灣居民來大陸，憑國家主管機關簽發的旅行證件，從開放的或者指定的入出境口岸通行。”

[426] 參閱 2015 年 6 月修改前《中國公民往來臺灣地區管理辦法》第 28 條：“大陸居民往來臺灣通行證、臺灣居民來往大陸通行證，實行逐次簽注。簽注分一次往返有效和多次往返有效。”

[427] 參閱 2015 年 6 月修改前《中國公民往來臺灣地區管理辦法》第 16 條：“臺灣居民因在大陸投資，貿易等經濟活動或者因其他事務來大陸後，需要多次來往大陸的，可以向當地市、縣公安機關申請辦理多次有效的簽證。”

三、實驗區台胞入出境設想

儘管大陸地區有學者認為在改進中國公民往來大陸與臺灣地區管理的原則上應秉持“兩岸居民出入境權益平等保護原則”、“漸進性原則”、“寬鬆、方便、可操作性原則”等原則，其中“兩岸居民出入境權益平等保護原則”即指平等地保護兩岸居民出入境權益不偏袒或向任一方傾斜[428]，然而就現實兩岸關係與情勢而言，如本書第一章所述，“實驗區在實驗過程中，大陸方面作為強勢的一方，應在實驗過程中展現豁達大度、包容理解、高瞻遠矚、誠實信用的正面態度[429]，”因此，在兩岸交往過程中，大陸方面不妨心存“施比受更有福”、“吃虧就是佔便宜”、“兩岸都是一家人”的概念主動大方地先給予臺灣地區人民方便，先行簡化臺灣地區人民入出大陸地區的方式，提升臺灣人民入出大陸地區的便利性。

查 1987 年至 2008 年臺灣地區人民赴福建省的人次紀錄，在此 21 年間已突破一千萬人次，此人數已達

[428] 參閱張惠德、李亮、陳錦新：《中國公民往來大陸與臺灣地區管理的現狀、挑戰與應對》，載《中國人民公安大學學報》2013 年第 4 期，第 154 頁。

[429] 參閱本書第一章第三節。

臺灣地區人民進入大陸地區總人數的五分之一[430]，因此有研究指出作為對台工作第一線的福建省，已經是兩岸之間出入境政策最優惠的地區[431]，而實驗區作為福建省離台最近的區域又具"大膽創新、先行先試"的實驗性質，因此實驗區更應走在優惠政策的最前沿，觀目前實驗區採取人貨分離的通關管理制度，其中關於臺灣地區人民在實驗區入出境的特別規定，據《福建省公安廳關於制定惠台出入境便利政策配套實施管理辦法的通知》指出，臺灣居民在實驗區投資、就業、學習需要長時間居留的，可簽發最長 5 年的居留簽注，也就是 5 年多次往返有效的簽注[432]。故居住在實驗區的臺灣人民只要於實驗區依法申辦 5 年的居留簽注，即可在 5 年有效期間持臺胞證多次往返兩岸之間，其實已是相當大的便利。然為實現"兩岸共同家園"的理想，將實驗區納入臺灣"一日生活圈"，大幅度地增加臺灣人民前往實驗區旅遊、觀光、休憩

430 參閱趙風：《閩台人員往來與出入境管理》，載福建員警學院學報已 2009 年第 5 期，第 50 頁。

431 參閱黃勝元：《閩台人員出入境往來管理研究》，福建師範大學 2012 年碩士學位論文，第 31 頁。

432 "為在平潭投資、就業、學習等需長期居留的臺灣居民簽發有效期最長 5 年的居留簽注，不受在大陸居留 1 年以上的限制。"參閱《福建省公安廳關於制定惠台出入境便利政策配套實施管理辦法的通知》（2013 年 9 月 24 日）。

的意願，讓臺灣人民前往實驗區遊覽就彷佛前往金門、馬祖一樣方便，進一步地開放臺灣人民在實驗區入出的限制，本書以為亦可按本書第三章所提出的實驗初期、中期、後期來設想實驗區臺胞入出境的模式如下：

（一）實驗初期——臺灣地區人民由實驗區進入大陸地區免簽注

據《實驗區總體發展規劃》第五章第四節關於實驗區旅遊業發展的規劃，實驗區將善用其地理位置優勢與天然環境資源打造實驗區成為具有臺灣海峽特色的國際知名觀光海島，而距離實驗區最近的“境外”旅客來源則非臺灣地區莫屬，且為讓更多臺灣地區人民可以更實際地理解實驗區天然特色與發展概況，實驗初期可以基於促進臺灣人民前往實驗區旅遊、觀光的目標設想臺灣同胞入出境管理模式，例如臺灣同胞只須持有效臺胞證即可進入實驗區，毋須在入境前申請簽注，亦即臺灣地區人民自實驗區可免簽入境大陸地區。然若需在大陸地區居留超過三個月以上或要求定居者，仍需依《中國公民往來臺灣地區管理辦法》第 19 與 20 條之規定辦理暫住證與定居證明[433]。也就

[433] 參閱 2015 年 6 月修訂前《中國公民往來臺灣地區管理辦法》第 19

是非長期(三個月以上)停留者在臺胞證的有效期間(5年)內可免簽注經實驗區多次往返兩岸，達成臺灣人民隨時臨時起意前往台中、臺北港購買船票即可持有效臺胞證赴實驗區的事實，亦促使實驗區成為臺灣人民進入大陸地區的首選入口。

（二）實驗中期——臺胞證的有效期延長為10年

實驗中期依本書第三章之規畫為兩岸探索實驗區地方自治與人民參政問題，在大量臺灣人民於實驗區參與公共事務的管理的情況下，《中國公民往來臺灣地區管理辦法》第24條關於臺胞證有效期之規定[434]可借鑒《中國公民因私事往來香港地區或澳門地區的暫行管理辦法》第21條關於"港澳同胞回鄉證"有效期之規定[435]將臺胞證的有效期由5年延長為10年，亦即

條："臺灣居民來大陸後，需在大陸居留三個月以上的，應當向地地市、縣公安局申請辦理暫住證。" 2015年6月修訂前第20條："臺灣居民要求來大陸定居的，應當在入境前向公安部出入境管理局派出的或者委託的有關機構提出申請，或者經由大陸親屬向擬定居地的市、縣公安局提出申請。批准定居的，公安機關發給定居證明。"

[434] 參閱2015年6月修訂後《中國公民往來臺灣地區管理辦法》第24條："大陸居民往來臺灣通行證有效期為10年；臺灣居民來往大陸通行證分為5年有效和3個月一次有效兩種。"

[435] 參閱《中國公民因私事往來香港地區或澳門地區的暫行管理辦法》第21條："港澳同胞回鄉證由持證人保存，有效期十年，在有效期

臺灣地區人民在臺胞證有效期間 10 年內可自實驗區免簽入境大陸地區，其餘關於暫住居留的規定亦可一併考慮延長。

（三）實驗後期——持臺灣地區身份證即可入境實驗區

若依本書第三章關於實驗後期的規劃，實驗後期兩岸共同制定實驗區基本法並探討關係人民生活但涉及主權的議題，例如兩岸人民在實驗區入出境問題、臺灣地區人民在實驗區設立戶籍問題、臺灣地區人民可憑臺灣地區身份證自由進出實驗區、凡設籍於實驗區之大陸人民皆可自由進出臺灣地區等問題，其中可優先考慮臺灣地區人民可憑臺灣地區身份證自由進出實驗區的問題，至於具體的細節與做法可由兩岸相關機構進行協商討論，例如有學者建議研究實行“終身證件號”制度即採用磁卡式證件[436]，因此兩岸可協商考慮是否在臺灣地區人民身份證上貼上大陸地區公安單位發給的磁條，或是臺胞證上印有臺灣地區人民身份證的條碼，甚至是兩岸同發一張身份晶片卡可以同

內可以多次使用。超過有效期或者查驗頁用完的，可以換領新證。申請新證按照本辦法第十四條規定辦理。”

[436] 參閱王聯源：《臺灣居民來往大陸管理制度的完善》，載《福建員警學院學報》2012 年第 2 期，第 52 頁。

時存入兩岸員警機關所記錄的資料。

（四）實驗區臺灣人入出境簡化進程

經分析大陸地區關於臺灣人民入出大陸地區的相關規定，有關簡化臺灣地區人民在實驗區人員入出境的可行模式，本書以為大陸方面可按實驗區實驗的初期、中期、後期來進行臺灣人民入出實驗區的模式與制度設計，實驗初期、中期、後期只是一個大概的概念，不必有一個清楚的時間分界點，而可配合兩岸共商立法模式的轉換進行相關的調整與修法，使臺灣人民在實驗區的入出境方式不斷地獲得簡化，實驗區臺灣人入出境簡化的進程如圖示：

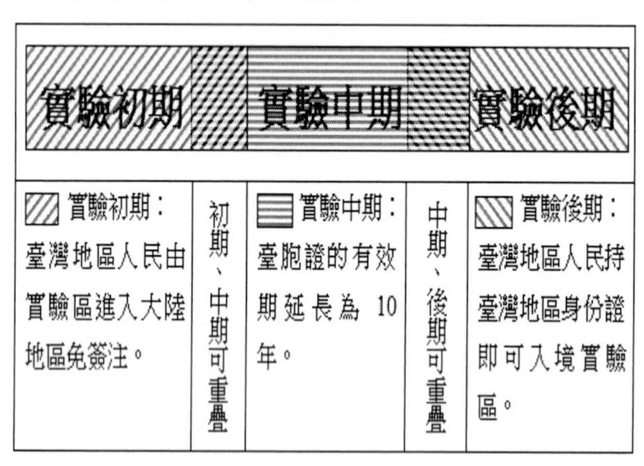

圖 17：臺灣地區人民在實驗區入出境方式簡化進程圖

(資料來源：自行製作)

基此，一步一步地簡化臺灣地區人民在實驗區人員的入出境方式，進而促進“兩岸共同家園”的實現。

(編按：本書的撰寫過程歷經《中國公民往來臺灣地區管理辦法》的修訂，2015 年 6 月 14 日大陸地區國務院頒布《國務院關於修改《中國公民往來臺灣地區管理辦法》的決定》，該決定對於《中國公民往來臺灣地區管理辦法》部分內容進行修訂並已於 2015 年 7 月 1 日生效，其中刪除原第 16 條關於台灣居民需要辦理多次有效簽證以多次往返大陸的規定與原第 19 條關於台灣居民需於大陸居留三個月以上者須辦理“暫住證”之規定，俾使台灣居民現只要“台胞證”有效，即可多次往返兩岸之間，並省去辦理“暫住證”之程序，實為便民之舉[437]。另同年 7 月 1 日大陸地區亦開始實行卡式台胞證，台灣居民於部分口岸得經備案後實行自助通關，縮短台灣人民通關所需時間，攜帶亦更方便[438]。)

[437] 參閱《國務院關於修改《中國公民往來臺灣地區管理辦法》的決定》(國令第 661 號)。

[438] 參閱《下月起大陸將對臺胞免予簽注 年內實行卡式臺胞證》，載中國網，http://news.china.com.cn/txt/2015-06/18/content_35854439.htm。瀏覽日期：2015-12-4。

這麼美的夜景，豈能不到平潭走走看看？(海壇灣夜景/攝影：念望舒)

第五節　為兩岸共同家園打造理想的法制環境

實驗區實地調研結果發現，對於實驗區的法制建設一般受訪者較無法提出具體的建議，僅能針對自身的需要提出一個方向，例如有台商希望實驗區出臺保護台商的法規[439]，此外希望關於優惠政策的細節可以儘早有制度辦法出臺[440]，立法時應站在臺灣人在一個陌生的地方從無到有的立場給予臺灣人照顧和幫助[441]，另有臺灣受訪者認為實驗區的法規制度其實已經很充足，只是欠缺落實與執行，如果欲完善實驗區的法制建設，其實重要的是實驗區立法權的爭取，可以提升實驗區的立法效率[442]。另外對於實驗區計程車不以跳表計價，導致長短程價格沒有一定標準的現象，也有受訪者希望可以立法改善[443]，而實驗區電子商務的發展，有受訪者反應對台小額貿易的進口，因為享受關稅的減免，所以無法獲得關單，以至於無法在網

---

[439] 訪談個案 H。

[440] 訪談個案 I。

[441] 訪談個案 F。

[442] 訪談個案 K。

[443] 訪談個案 P。

路上進行刊登銷售，建議實驗區考慮到電子商務的發展能設法解決小額貿易進口貨物無法上網銷售的問題[444]。另一方面，實驗區的當地人民提出雖實驗區致力建設成為“兩岸共同家園”，但是實驗區的制度法規尚無法完全與臺灣地區對接，這或許不是實驗區的制度問題，而是兩岸需要協定解決的問題，例如藥品、保健食品、食品的定義兩岸不同，因此在進口臺灣食品上有貨品項目歸類認定的問題，希望可直接由兩岸協議解決或是實驗區的特別立法解決[445]，而面對即將成為自貿區的實驗區，有關自貿區的相關立法甚至是與臺灣地區自經區的對接問題，也是需要特別關注的制度問題[446]。

另經分析兩岸關於臺灣人民在大陸地區擔任公職的相關規定與大陸地區關於臺灣人民入出大陸地區的相關規定，有關臺灣人民在實驗區擔任公職與簡化臺灣地區人民在實驗區人員入出境的可行模式，本書以為兩岸可按實驗區實驗的初期、中期、後期來進行臺灣人民在實驗區公共事務 “共同管理” 與臺灣人民入出實驗區的模式與制度設計，實驗初期、中期、後

[444] 訪談個案 L。

[445] 訪談個案 P。

[446] 訪談個案 R。

期只是一個大概的概念，不必有一個清楚的時間分界點，而應配合兩岸共商立法模式的轉換進行相關的立法與修法。臺灣人民在大陸地區擔任公職方面，實驗初期兩岸可合資成立管理顧問公司聘用臺灣人民分擔公共事務的管理，實驗中期大陸地區修改公務員法、臺灣地區修改兩岸關係條例，實驗後期兩岸共同設計實驗區政府組織、臺灣地區進一步修改兩岸關係條例；簡化臺灣地區人民在實驗區人員入出境方面，實驗初期規劃臺灣地區人民由實驗區進入大陸地區免簽注，實驗中期臺胞證的有效期延長為 10 年，實驗後期開放臺灣地區人民持臺灣地區身份證即可入境實驗區。

基此，一步一步地使臺灣人民在實驗區擔任公職在兩岸皆有明確的法源依據而臺灣人民在實驗區的入出境方式也不斷地獲得簡化。

“兩岸共同家園” 需要理想的法制環境(平潭白青鄉青峰村石頭厝/攝影：馮發)

結　論

本結論首先呼應本書題目，歸納在兩岸視野下平潭綜合實驗區成立的歷史脈絡、動機、時空背景、國際情勢、兩岸態度，先行厘清大陸地區兩岸政策“和平統一、一國兩制”的淵源與實驗區的關聯性，並評析與延伸思考實驗區在綜合實驗、大膽創新的原則下，可作為解決近代中國主義思想路線之爭的試驗田。接著為落實實驗區“五個共同”，在考慮兩岸各自現行制度與兩岸協議的現況與挑戰下，提出兩岸共建可行的共商立法模式建議與再次強調“九二共識”對兩岸交往的重要性，在可能的兩岸共商立法模式提出後，為進一步設想未來解決兩岸主義思想路線分歧的問題，提出實驗區基本法內涵的設想與實驗區政府組織、主義思想試驗的設計，而對於實驗區“共同管理”與“兩岸共同家園”的構想，本書亦站在兩岸的視野提出可供兩岸雙方參考的法律制度構建建議，最後在實地走訪實驗區取得第一手訪談資料後對於實驗區制度構建問題提出相關建議。

一、研究發現

本書第一章發現兩岸自 1949 年開始分治至今，由蔣介石治台期間三次秘密和談的過程可知，維持國家統一一直是中共中央不變的方針，而“和平統一”是中共中央首先考慮的統一方式，在美國“兩個中國”分化的戰略下，蔣介石並未完全順從美國的驅策，中共也未讓美國以金、馬交換臺灣主權的戰略得逞。且美國與蔣介石互信不足，蔣介石仍有意率部返回大陸，廈門與金門在此時期即被規劃為國共之間的緩衝地帶，而期間中共中央第一代領導層所提出的“一綱四目”也為第二代領導層的“一國兩制”起到了奠基的作用。

因此回顧兩岸分治後大陸政府對台政策的歷史可以明白，自國民黨政府遷台後，大陸政府的對台政策自始自終一脈相承，皆以兩岸和平統一為優先目標，希望盡可能的以和平方式實現中國統一，而平潭實驗區本著最原始“和平統一”的初衷，即是大陸政府在一個大陸離臺灣最近的區域，開放臺灣人民來定居、工作、生活，希望兩岸人民在此區域相處愉快，也希望臺灣人民的生活圈以平潭為入口擴及平潭、擴及海峽西岸，借著兩岸人民的交流、共同發展、彼此借鑒，可以共建一個美好的共同家園，一同實現中國夢，也為中國統一的目標奠定基礎、累積經驗。所以可以說大陸政府對平潭實驗區的態度是開放的、大方的，是意味深長的、寄予厚望的，是一個渴望中華民族可以運用智慧不透過戰爭而實現國家統一的殷切期盼。

觀自 2009 年福建省設立平潭實驗區，臺灣方面開始時是持觀望態度並樂觀其成，演變為官方認為是“一國兩制”實驗區而對民間採取不鼓勵並警告風險與提醒法規的態度，臺灣地區行政官員多所批評、不予支持。而臺灣民間有支持也有反對，對於平潭實驗區所潛藏的龐大商機與大陸地區的政府大力支持，支持的民眾較反對者多，然而由於臺灣地區主管機關的不支持，臺灣地區媒體對於平潭實驗區的報導可謂冷淡，且所有的報導幾乎會在文末呼籲臺灣民眾須注意風險。自臺灣地區副總統吳敦義發表對於平潭實驗區臺灣方面不要去品評的說法後，媒體才較少將“一國兩制”與平潭實驗區做連結，然而仍是在報導中提示諸如平潭實驗區基礎建設不完善等風險，臺灣地區民進黨則自始至終採取反對的態度。

綜合大陸視角與臺灣視角下的平潭實驗區，本書認為自國共分治以來，兩岸領導人的縱橫捭闔其實就是主義路線的僵持與鬥爭，大陸方面作為內戰的勝利者為了中國全面的統一又希望兩岸不要再流血衝突，提出了兩種主義在一個國家並存的統一方式；而臺灣方面作為內戰的戰敗者，雖在美國“兩個中國”的國際戰略下得以暫時生存，但因與大陸地區實力相差懸殊，所以對大陸方面所提出的兩岸政策處處提防，並試圖在中美角力下左右搖擺從中得利換取生存空間，然又因大陸方面已制定《反分裂國家法》，故難以以明示“台獨”的方式作為威脅大陸當局讓利的手段，僅能配合美國，在中美關係不佳時，充當美國的棋子，做為與大陸談判的籌碼。臺灣地區在如此搖擺的兩岸政策下，本書相信，雖然大陸方面已以《反分裂國家法》明確向世界宣示兩岸關係的底線，但觀近代美國在亞洲的所作所為，在美國認為必要時，挑動“台獨”導致兩岸戰爭仍是其國際政治手段的選項之一，故臺灣地區當前的兩岸政策可謂風險甚大，爭取在美國採取此手段前消除此選項，應是攸關兩岸人民生命安全的重大目標。而臺灣地區部分政治人物，若在明知大陸地區《反分裂國家法》已明確規定大陸地區得以“非和平的方式”防止“台獨”發生的情勢下，仍為了自身的政治利益一意孤行，明知山有虎，偏向虎山行，“明知不可獨，仍向獨前進”，而造成兩岸戰爭殺戮犧牲、無辜百姓生靈塗炭，無疑將成為歷史的罪人。

本書以為平潭實驗區提供了一個兩岸中國人研究解決中國近代以來的主義路線問題的機會，社會主義與資本主義是否形同水火，無法在人類社會並存是兩岸可以在實驗區試驗探索的主題；社會主義與資本主義如何有效地融合，或是如何互相截長補短融入人類的生活，也是實驗區可以研究探索的主題；本著人類“趨吉避凶”的原始本性，任何主義都是為了人類更真、更善、更美的生活而存在，實驗過程中，大陸方面作為強勢的一方，應在實驗過程中展現豁達大度、包容理解、高瞻遠矚、誠實信用的正面態度；臺灣方面，應在實驗過程中以大處著眼，不能一味地站在自身利益為出發，亦不能認為既然是主義路線之爭就要爭出個勝敗證明自己長期以來堅持的主義信仰是正確的，其實不論是主義、路線、制度何來對錯？人總認為對自己有利的就是對的，對自己不利的就是錯的，但是要兼顧每個人的利益產生矛盾衝突時，就是有對有錯了，所以要如何讓每個人民的利益最大化，才是兩岸要在實驗區共同實驗探究的重點。此外，沒有一個制度是完美的，制度的發展速度遠比人對環境情勢的反應來得遲緩，制度不完美的部分需要人來補強，補強要補得好需要好的人，好的人需要正面的文化薰陶與培養，所以如果說平潭實驗區要設計發展一套兩岸人民宜居的機制，這套機制必須是各種主義的截長補短與“正面文化”的有機融合。

此外，根據歷史紀錄可知，是多少人的用心良苦與穿針引線才造就了“九二共識”和兩岸第一次的“辜汪會談”，兩岸共同建立的“九二共識”確實得來不易。因此，“九二共識”與南懷瑾先生在其《和平共濟協商統一建議書》已揭櫫的兩岸關係發展三原則：和平共濟，祥化宿怨；同心合作，發展經濟；協商國家民族統一大業，正是兩岸當前不論是否在實驗區實驗過程所進行的兩岸協商或是在其他任何方面所進行的兩岸協商所應秉持的共識與原則。

最後綜觀實驗區的政策優勢與制度現況即可以發現，實驗區許多的政策與制度幾乎是為臺灣人民“量身訂做”，而且特殊的是，有別於一般的經濟區或自貿區僅專注於經濟與貿易的促進，實驗區的政策制度亦包含兩岸社會、教育、文化、醫療、政治的交融，它不僅希望經濟上開發平潭地區，他的功能定位更是一個促進兩岸關係交流、融合的平臺，在這樣的功能定位下，也突顯了實驗區綜合實驗的特質。

二、研究建議

（一）對兩岸共建實驗區的建議

綜合研究發現所述，為促進兩岸關係的交融並一步一步落實兩岸在實驗區的“五個共同”的目標，本書建議兩岸在“九二共識”的前提下共建實驗區的立法機制，也就是兩岸依時空環境循序漸進地按實驗初期、中期、後期涉及的議題領域轉換兩岸共商立法的模式，每個時期所採用的共商立法模式都秉持著兩岸對等協商原則，密切配合或預見實驗區兩岸人民的實質需要，靈活運用各種共商立法模式。整個實驗區兩岸共同協商立法的原則可以是“立法內容堆積木、立法平臺爬樓梯”，但實驗初期、中期、後期只是一個大概的概念，而不必是一個清楚的時間分界點，應視實際兩岸人民需求的增加針對不同領域各自進行協商，各協商立法的平臺雖可能先後產生，但可以在實驗過程依需要同時存在。

在兩岸共建了實驗區共商立法機制後，本書建議在適當的時機將實驗區設為特別行政區並制定實驗區基本法，以做為解決近代中國主義路線分歧問題的試驗田，將兩岸兩套社會制度融合在一起進行實驗，而設想實驗區基本法的諸原則本書認為應是注重本土經驗、借鑒美國經驗所得之“國家必須統一”原則、借鑒與調整港澳基本法制定所得之“促進”繁榮穩定原則、過渡性“一國三制”原則、循序漸進發展民主的原則、原則性和靈活性相結合的原則。再將兩岸憲法進行比較以異中求同，找出一致的部分作為實驗區基本法第一塊積木即人民基本權利義務，並藉由還原當年國共談判政協憲法的制定過程找出兩岸可能共同接受的政府組織設計作為實驗區基本法第二塊積木，最後參考心理學與社會行為統計學所得之“滿足國家民族的尊嚴需求”、“滿足國家民族自我實現的需求”等制定基本法層次發展，將實驗區基本法第三塊積木設計為解決近代中國主義路線之爭的主義思想實驗田，並以南懷瑾先生所提出的主張“共產主義的理想，社會主義的福利，資本主義的管理，中國文化的精神”也就是“綜合主義”為實驗區主義思想的內容。

本書認為不同於一般國家制度制定的過程都是先有憲法、基本法的上位概念，再依據上位概念制定相關衍生的子法，由於兩岸分治與實驗區實驗的特殊性，故本書建議先將兩岸已有的兩套制度一致的部分進行堆疊，一路以異中求同為出發點，由人民基本權利義務為基礎開始向上堆疊至主義思想，由於過程皆是兩岸最大公約數的堆疊，所以僅以兩岸一致的部分為大概的主要架構，其他仍有許多細節需要後續研究完善補充，所以當堆疊至主義思想時，好比實驗區基本法戴上一個“綜合主義”的帽子，應再依“綜合主義”的主張，再從頭到腳檢視身上其他的零配件是否與帽子呼應與搭配，由上而下完善與補充依“綜合主義”所衍生相關配套的制度，如此由下往上堆疊，再由上往下完善，以“求同”為主，再以“完善”為輔，達到各主義去蕪存菁、兩法融於一法的效果，期能落實實驗區體制機制的創新與健全，進而為未來兩岸融合後的中國提供新憲政的參考。

（二）對大陸方面的建議

由於實地調查研究發現臺灣地區人民對於實驗區瞭解不深，本書建議大陸方面除大陸地區媒體與實驗區相關網站等宣傳方式，可聯合臺灣地區媒體，作階段性、重點式的報導，報導內容無須強調實驗區未來會有多麼美好，只需平實地說明實驗區每個階段的目標、現況，讓臺灣人民有具體、客觀的資訊去自行評估實驗區的未來性會比直接宣揚或誇讚實驗區的優勢要有說服力和吸引力；而配合報導的臺灣媒體，其報導風格可以是非常樸實的，就好像在報導“自己家隔壁發生什麼事一樣”的語氣，增進臺灣人民對實驗區的親切感。對於實驗區居民的需求，本書建議對於實驗區的部分優惠政策可配合實驗區建設的進程逐步訂定實施辦法或細則來落實相關優惠政策，關於兩岸之間法規、標準、定義有歧異的部分可透過兩岸協定解決，逐步完成兩岸相關法規的對接，也逐漸增加兩岸互相開放的項目。

另關於臺灣人民在大陸地區擔任公職的相關法律

問題，大陸方面除可依本書所提出的共商立法機制與臺灣方面進行協商討論，並依實驗區實驗的初期、中期、後期來進行臺灣人民在實驗區公共事務 “共同管理” 模式與制度設計外，若欲即時地在大陸地區提供一個臺灣人民在大陸地區擔任公職的法源依據，本書建議不妨參考全國人大常委會關於授權國務院在北京市大興區等三十三個試點縣暫時調整實施有關法律規定的決定[447]，也由全國人大常委會授權國務院在平潭綜合實驗區暫時調整實施《中華人民共和國公務員法》(以下建稱公務員法)，即在實驗區的範圍內，暫時停止適用公務員法第 4 條與第 11 條第 1 項之規定，在實驗區排除公務員必須堅持馬克斯列寧主義、毛澤東思想、鄧小平理論和“三個代表”等關於思想的規定與必須具備中華人民共和國國籍的身份條件，來提供一個不需要透過繁瑣的修法程式即可使臺灣人民有機會在大陸地區擔任公職的便宜措施。

（三）對臺灣方面的建議

針對臺灣地區對於實驗區“官冷民熱”的現象以

[447]《全國人民代表大會常務委員會關於授權國務院在北京市大興區等三十三個試點縣（市、區）行政區域暫時調整實施有關法律規定的決定》（2015 年 2 月 27 日第十二屆全國人民代表大會常務委員會第十三次會議通過）。

及立法院議事或立法進度滯後的問題，臺灣地區人民可依法透過請願、陳情或媒體投書等方式敦促相關單位正視其立法需求並讓更多臺灣地區人民瞭解實驗區在台相關立法的重要性，藉以合法地、有效地推動相關的立法。然若立法院仍無法即時地滿足臺灣人民的立法需求，例如本書提及兩岸關係條例關於禁止臺灣人民在大陸擔任公職的相關規定應進行合憲性的修改，但如面對修法進度滯後的情況，為讓臺灣人民可在實驗區順利參與公共事務的管理又不違法受罰，本書認為由於公告臺灣人民禁止擔任的大陸地區公務機關(構)是兩岸關係條例授權臺灣地區行政院陸委會的行政保留[448]，故建議只要由陸委會修正禁止之公務機關(構)之公告，如增修公告第 2 條第 5 項為："大陸地區平潭綜合實驗區之行政或具政治性機關（構）、團體不在禁止之範圍"，即可排除兩岸關係條例第 33 條第 2 項之適用，讓臺灣人民可以在實驗區安心參與公共事務的管理而無後顧之憂。

另外，由歷史脈絡可知，美國為其國家利益並不

[448] 臺灣地區兩岸關係條例第 33 條第 2 項規定："臺灣地區人民、法人、團體或其他機構，不得擔任經行政院大陸委員會會商各該主管機關公告禁止之大陸地區黨務、軍事、行政或具政治性機關（構）、團體之職務或為其成員。"

希望兩岸實質地完成統一，然而隨著中美勢力的消長，即使是大陸周邊的國家也越來越難透過對中美的兩邊討好從中謀利，各國具知透過外交政策搖擺換取談判籌碼的空間已將越來越窄。過去臺灣一下子自稱是美國民主陣線的盟友，一下子自稱自己是中國的合法代表、中華文化在臺灣、仍是中華民族的一份子，這種左右搖擺換取生存空間的方式其實只是臺灣政治人物保有既得利益與政治地位的方式，臺灣當局不妨以伊索寓言中蝙蝠的故事為鑒，牆頭草最後的下場就是窩藏於陰暗寒冷的洞穴在黑夜偷偷地飛行。然其實臺灣多數人民多具熱情、陽光、友善的特質，或許對於大陸地區認為尚有許多待改進的地方例如人民衛生習慣、守法意識、公德心的培養、交通規則的遵守等，但每個國家的發展本就有一個一定的進程且以大陸的幅員與人口本就治理不易，非臺灣的規模可以比擬，臺灣人民不應只是一味地嫌惡與批評大陸現況，反而應把臺灣過去提升人民素質的經驗與大陸地區分享，積極投入與參與提升中國綜合實力水準的過程，切莫因少數人延續國共內戰的思維與少數人族群鬥爭的情結，為了一己之私或恩怨甘作美國馬前卒、西方代言人，忘記自己體內流著中國人的血液，破壞兩岸關係的和平發展[449]，執意走上玉石俱焚的不歸路。

平潭實驗區的構想，其實是大陸方面雍容大度的表現，也是一個兩岸共同探索很好的平臺，若現在大陸方面拿出誠意，臺灣當局不積極回應，等到美國失勢或是臺灣已失去利用價值，到時候或許大陸方面基於血濃於水的同胞情不至於棄臺灣不顧，但是臺灣平民老百姓卻是已錯失了實驗區建設發展的大好機遇，豈不令人惋惜？

三、後續研究的展望

本書在此節特將研究過程中所發現未來待開展的研究議題整理如下：

(一)關於本書第三章所提及，實驗過程根據實驗區出入境的紀錄統計，當臺灣地區人民居住、停留在實驗區的數量與時間漸增至一定程度時，可開始進行福建省與臺灣省的協商，漸漸進入實驗中期，至於臺灣地區人民居住、停留在實驗區的數量與時間漸增至一定程度的“標準”尚有待相關學者專家研商。

---

[449] 李登輝擔任臺灣地區總統時曾特別請南懷瑾由港返台商討大陸政策，南懷瑾於臨走前意味深長地對李登輝說：“我希望你不要做歷史的罪人。”彷佛對於李登輝卸任後將推動台獨早有所料…。參閱魏承思前揭書，第 31 頁。

(二)關於本書第三章所提及，大陸地區可依幅員、人口考慮將鄰近地區納入實驗區設為特別行政區，至於該特別行政區的範圍、目標人口等關於特別行政區的規劃，尚有待大陸地區政府會同相關學者專家站在中央的視角作全盤性的研究規劃。

(三)關於本書第四章所提及，實驗區“兩岸共治”的政府組織細節，尚有待兩岸政府專家研商協議設計。

(四)關於本書第四章所提及，實驗區在試行“綜合主義”思想所衍生的相關法規制度制定，尚需再進一步研究完善補充。

(五)關於本書第五章所提及，實驗中期臺胞證的有效期可考慮延長為 10 年，其餘關於暫住居留的規定應如何一併延長，尚待大陸地區相關單位研商。另外實驗後期考慮臺灣地區人民可憑臺灣地區身份證自由進出實驗區的問題，關於其具體的細節與做法尚待兩岸相關機構進行協商討論，例如戶政系統的對接問題等。

(六)關於本書第五章所提及，若將來臺灣地區成立自由經濟區，有關實驗區自由貿易區與臺灣地區自由經濟區相關法規對接的問題，尚待有關學者專家研究。

(七)最後就是如果經實驗區實驗發現“綜合主義”對於中國人而言確實可行，如何有步驟地將此制度推展到兩岸四地，由“過渡性一國三制”回歸“一國一制”是需要詳加計畫的。而兩岸四地實施“一國一制”後，中國對外是否需要一個新的稱號，也是有待未來我們全體中國人討論的[450]。

[450] 楊斯德當年在港訪南懷瑾先生，南懷瑾向其講述歷史，說中國人辛亥革命推翻滿清成立“中華共和國”；國民黨北伐勝利把“中華共和國”改成“中華民國”；毛澤東改“中華民國”為“中華人民共和國”其實都是帝王改朝換代的思想所致，毛澤東如果當年不改國號，就沒有今日的臺灣問題。參閱魏承思前揭書，第 22 頁。

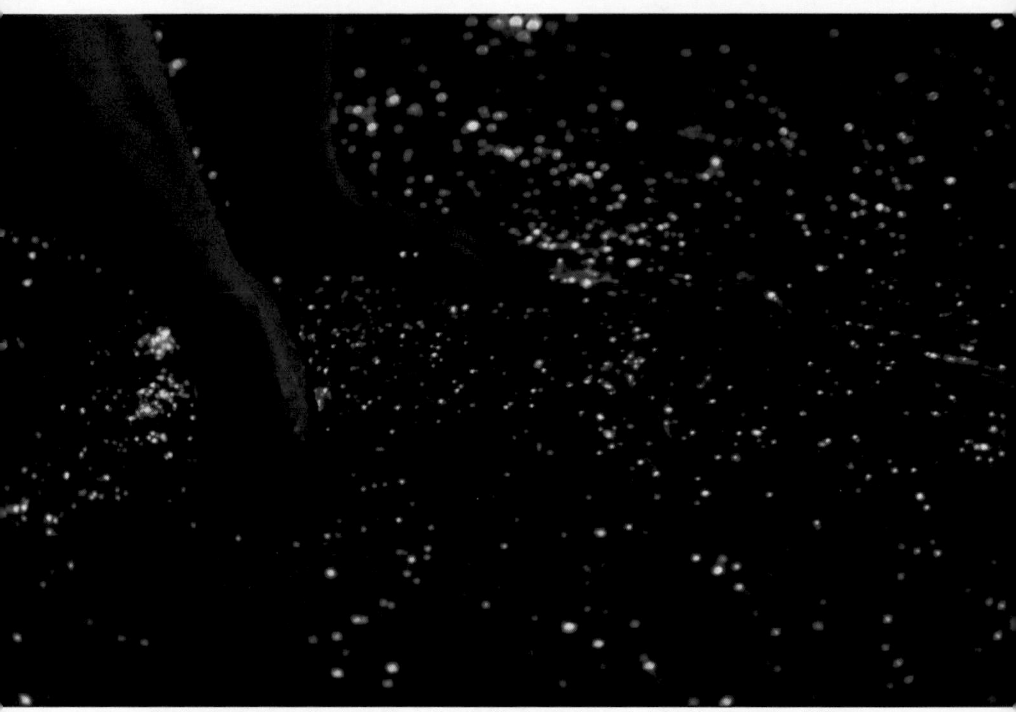

為什麼哭哭呢？是不是在想台灣的同胞啊？(平潭著名的“藍眼淚”/攝影：林映樹)

參考文獻

一、著作類

1. 吳威志：《憲法基本人權之法制保障》2013 年 4 月第 1 版。
2. 韓松：《民法總論》，法律出版社 2014 年 1 月第 2 版。
3. 吳庚、陳淳文：《憲法理論與政府體制》，三民書局 2013 年 9 月第 1 版。
4. 許育典：《憲法》，元照出版有限公司 2013 年 2 月第 6 版。
5. 法治斌、董保城：《憲法新論》，董保城出版 2012 年 9 月第 5 版。
6. 李惠宗：《憲法要義》，元照出版有限公司 2012 年 9 月第 2 版。
7. 田玨、傅玉能：《臺灣史綱要》，福建人民出版社 2012 年 7 月第 1 版。
8. 尚如平：《蔣經國傳》，浙江大學出版社 2012 年 6 月第 1 版。
9. 袁易：《馬英九就職演說之內容分析：挑戰與展望》，載王緝思 主編：《中國國際戰略評論 2012》,世界知識出版社 2012 年 6 月第 1 版。
10. 尹家民：《國共往事風雲錄 4》，當代中國出版社 2012 年 1 月第 1 版。
11. 董世明：《臺灣六十年史綱：1949-2009》，暨南大學出版社

2011 年 12 月第 1 版。

12. 王秉安、羅海成 主編：《平潭綜合實驗區兩岸合作共建模式研究》，社會科學文獻出版社 2011 年 10 月第 1 版。
13. 張同新、何仲山：《從南京到臺北(蔣介石敗退臺灣真相始末)》，武漢出版社 2011 年 10 月第 2 版。
14. 張志南、李閩榕：《海峽西岸經濟區發展報告(2010)》，社會科學文獻出版社 2011 年 5 月第 1 版。
15. 楊樹標、楊菁：《蔣介石傳(1950-1975)》，浙江大學出版社 2011 年 4 月第 1 版。
16. 周安平：《大數法則：社會問題的法理透視》，中國政法大學出版社 2010 年 11 月第 1 版。
17. 李敖：《李登輝的真面目》，中國友誼出版社 2010 年 7 月第 1 版。
18. 許崇德：《“一國兩制”理論助讀》，中國民主法治出版社 2010 年 4 月第 1 版。
19. 應松年：《行政法》，北京大學出版社 2010 年 1 月第 1 版。
20. 呂炳寬、項程華、楊智傑：《中華民國憲法精義》，五南圖書出版股份有限公司 2009 年 10 月 3 版。
21. 周旺生：《立法學》，法律出版社 2009 年 8 月第 2 版。
22. 戴聖纂編：《禮記》，藍天出版社 2008 年 8 月版。
23. 焦洪昌：《港澳基本法》，北京大學出版社 2007 年 9 月。
24. 竇應泰：《李登輝弄權密錄》，山東友誼出版社 2007 年 1 月

第1版
25. 劉國福：《移民法：出入境權研究》，中國經濟出版社 2006 年8月第1版。
26. 田恒國：《“一國兩制”的法律化實踐》，中共中央黨校出版社 2006 年6月第1版。
27. 南懷瑾：《話說中庸》，南懷瑾文化事業有限公司 2015 年3月第1版。
28. 南懷瑾：《孟子與滕文公、告子》，南懷瑾文化事業有限公司 2014 年11月第1版。
29. 劉仁學、李磊：《當今時代的重要課題：論共產主義理想和信念》，東北師範大學出版社 2003 年9月第1版。
30. 張萬明：《涉台法律問題總論》法律出版社 2003 年3月第1版。
31. 黃修容：《國共關係史》(下卷)，廣東教育出版社 2002 年12月第1版。
32. [英]厄內斯特・蓋爾納：《民族與民族主義》，韓紅譯，中央編譯出版社 2002 年1月第1版。
33. 侯承業：《南懷瑾與金溫鐵路》，老古文化事業股份有限公司 1998 年3月第1版。
34. 項讜：《中外出入境法律指南》，中國人民公安大學出版社 1998 年1月第1版。
35. 郭傳璽：《中國國民黨臺灣 40 年史綱》，中國文史出版社 1993

年 7 月第 1 版。

36. 李炳南：《政治協商會議與國共談判》1993 年 2 月第 1 版。
37. 荊知仁：《中國立憲史》，聯經出版事業股份有限公司 1984 年 11 月第 1 版。
38. 蔣勻田：《中國近代史轉捩點》，友聯出版社有限公司 1976 年 11 月第 1 版。
39. 李守孔：《中國現代史》，三民書局 1973 年 9 月版。
40. [美]弗萊切：《隱藏的憲法：林肯如何重新鑄定美國民主》，陳緒綱譯，北京大學出版社 2009 年版。
41. 陳瑞華、郭葉、石開貴等：《法學論文寫作與資料檢索》，北京大學出版社 2011 年版。
42. 沈衛平：《金門大戰》，中國之翼出版社 2000 年版。
43. 盛辛民、陳動、宋方青：《海峽兩岸法律制度比較 憲法》，廈門大學出版社 1993 年版。
44. 孫中山：《孫中山選集》(下)，人民出版社 1981 年版。
45. 臺盟福建省委員會：《關於在平潭設立兩岸合作的海關特殊監管區的構想》，載宋焱、王秉安、羅海成 主編：《平潭綜合實驗區兩岸合作共建模式研究》，社會科學文獻出版社 2011 年 10 月第 1 版。
46. 魏承思：《兩岸密使 50 年》，星克爾出版有限公司 2005 年版。

二、論文類

1. 卓祖航：《從共建平潭綜合實驗區“共同家園”起步推進兩岸合作向寬領域高層次發展——關於平潭綜合實驗區也是兩岸智庫合作實驗區的探討》，載《發展研究》2010 年第 12 期。

2. 周藝津：《香港基本法的四次釋法》，載《湖北第二師範學院學報》2012 年冬之卷第 29 卷第 13 期。

3. 周莉麗：《林肯——堅定的國家主義者》，載《赤峰學院學報》2010 年 1 月 31 卷第 1 期。

4. 鄭清賢：《獻策“兩岸人民共同家園”建設——2012 年海峽法學論壇有關平潭建設子議題研討綜述》，載《海峽法學》2012 年第 3 期。

5. 趙風：《閩台人員往來與出入境管理》，載福建員警學院學報已 2009 年第 5 期。

6. 張惠德、李亮、陳錦新：《中國公民往來大陸與臺灣地區管理的現狀、挑戰與應對》，載《中國人民公安大學學報》2013 年第 4 期。

7. 曾建元、林啟驊：《ECFA 時代的兩岸協議與治理法制》，載《中華行政學報》，2011 年第 8 期。

8. 佚名：《解放後國共兩黨曾以特殊方式“對話”》，載《報刊薈萃》2007 年 12 月。

9. 佚名：《國共兩黨的三次秘密和談》，載《兵團建設》2005

年 5 月。

10. 楊仁飛:《臺灣的政治抗爭是"公民運動"嗎?》,載《九鼎》2014 年第 79 期。
11. 徐平、鄭清賢:《關於平潭綜合實驗區立法主體的思考》,載《海峽法學》2013 年第 2 期。
12. 熊文釗、鄭毅:《試論平潭綜合實驗區的性質、法律地位及若干立法問題》,載《海峽法學》 2012 年 9 月第 3 期。
13. 熊聰俐:《關於完善臺灣居民在大陸就業制度的法學思考》,載《溫州大學學報自然科學版》2012 年 6 月第 3 期。
14. 王聯源:《臺灣居民來往大陸管理制度的完善》,載《福建員警學院學報》2012 年第 2 期。
15. 汪家麐:《平潭綜合實驗區建設之共同管理論綱》,載《發展研究》2012 年第 11 期。
16. 臺盟福建省委員會:《關於創建海西區兩岸特色經濟合作試點煉的建議》,載宋焱、施竣恩:《中共對台經濟統戰作為之研究—以平潭綜合實驗區為例》,臺灣地區國防大學 2013 年碩士學位論文。
17. 沈明室:《中共設立平潭實驗區的戰略意圖及影響》,載《戰略安全研析》2012 年第 84 期。
18. 彭莉:《平潭綜合實驗區"先行先試"法律機制的思考》,載《海峽法學》2012 年 9 月第 3 期。
19. 裴高才:《兩岸密使賈亦斌、南懷瑾:"九二共識"搭台人》,

載《名人傳記》2013 年第 5 期。

20. 潘書宏：《地方涉台專項立法比較與評析——兼議對福建省涉台立法的啟示》，載《福建行政學院學報》2010 年第 1 期。
21. 閩傑：《平潭：大陸與臺灣的實驗田》，載《中國新聞週刊》2012 年第 8 期。
22. 苗言、霍志慧：《解放後國共兩黨三次秘密和談始末》，載《黨史博采》2003 年第 3 期。
23. 馬懷德：《公務法人問題研究》，載《中國法學》2000 年第 4 期。
24. 林琳：《平潭綜合實驗區優化行政管理體制研究》，載《科技和產業》2011 年 12 月第 12 期。
25. 林建偉、潘書宏：《論地方涉台立法權的適度拓展——以平潭綜合實驗區為考察對象》，載《福建行政學院學報》2011 年 5 期。
26. 梁世武：《臺灣族群通婚與族群認同之研究》，載《問題與研究》2009 年 3 月第 48 期。
27. 李金旺：《平潭綜合實驗區"兩岸共管"法律制度創新研究》，載《中共福建省委黨校學報》2013 年第 2 期。
28. 李昌道：《"一國兩制"是香港基本法的法理核心》，載《復旦學報(社會科學版)》2004 年第 6 期。
29. 姜皇池：《論 ECFA 應適用條約審查程式》，載《新世紀智庫論壇》2011 年第 51 期。

30. 江平：《新世紀、新視角、新境界——寄語新世紀的中國比較法學》，載《比較法研究， Journal of Comparative Law》2001 年第 1 期。
31. 福建省人大法制委：《關於平潭綜合實驗區建設及其法制保障有關問題的研究》，載《平潭綜合實驗區立法問題研討會論文彙編》2011 年。
32. 範小芳:《國共兩黨在新中國成立後的三次秘密和談》,載《黨史縱橫》2010 年第 6 期。
33. 陳世嶽：《統與獨：憲法途徑的分析》，載《臺灣的發展：全球化、區域化與法制化》2006 年 6 月。
34. 陳瑞華：《社會科學方法對法學的影響——在北大法學院博士生《法學前沿》課上的演講》，載《北大法律評論，Peking University Law Review》2007 年第 1 期。
35. 常立權：《建國後國共兩黨三次秘密和談始末》，載《黨史縱橫》2005 年第 2 期。
36. 《平潭開發：歷史性的機遇》，載《閩商文化研究》2010 年第 1 期。
37. 張楠：《論公務員法的適用範圍——基於對我國《公務員法(草案) 》的分析》，中國政法大學 2005 年碩士學位論文。
38. 婁傑：《“一國兩制”基本國策與海峽兩岸和平統一實踐研究》，中共中央黨校 1998 年博士學位論文。
39. 廖祥順：《國際條約與兩岸協定之國會審議程式研究》，臺灣大學 2010 年碩士學位論文。

40. 黃勝元:《閩台人員出入境往來管理研究》,福建師範大學 2012 年碩士學位論文。

41. Maslow, A. H., *A theory of human motivation*, *Psychological Review*, 50, (1943).

三、 報刊類

1. 王光慈:《中共拋風向球 福建平潭變自由港 兩岸共建共管?》,載《聯合報》,2009 年 9 月 22 日 A11 版。

2. 羅印冲:《台商出書倡議:大陸籌設民主實驗區》,載聯合報,2011 年 9 月 16 日 A4 版。

3. 羅印冲:《陸委會:登陸任公職違法》,載聯合報,2012 年 3 月 28 日 A17 版。

4. 羅緗綸、李青霖:《大新竹爭直航港 南寮直通平潭》,載聯合報,2012 年 1 月 21 日 B1 版。

5. 呂淑美、陳怡慈:《何必屈就"不毛之地"…超國民待遇 才有吸引力》,載經濟日報,2012 年 5 月 10 日 A10 版。

6. 劉永祥:《冠捷看好平潭 3 階段投資》,載經濟日報,2012 年 5 月 20 日 A9 版。

7. 劉永祥、陳洛薇:《吳敦義:陸推平潭開發 我不宜品評》,載經濟日報,2012 年 4 月 3 日 A13 版。

8. 林庭瑤:《大陸學者觀點 這裡…可做 ECFA 示範基地》,載

《經濟日報》，2009 年 5 月 15 日 A12 版。

9. 林松青：《把平潭當成機會》，載聯合報，2012 年 3 月 13 日 A15 版。

10. 林松青：《你向南，我向西》，載聯合報，2012 年 3 月 18 日 A15 版。

11. 賴錦宏:《海底隧道連接兩岸 十二五 擬建閩台高鐵》,載《聯合報》，2011 年 3 月 8 日 A9 版。

12. 黃國梁：《胡溫力推平潭兩岸綜合實驗區 馬政府說〝不〞》，載聯合報，2012 年 3 月 28 日 A17 版。

四、 網路類

1. 《1983 年 6 月 26 日 鄧小平再談“一國兩制”偉大構想》，載人民網，http://cpc.people.com.cn/GB/64162/64165/66004/4463469.html。

2. 朱海黎、塗洪長、李慧穎：《平潭質變海峽西岸崛起對台“新特區”，載新華網福建頻道，http://www.fj.xinhuanet.com/news/2014-05/23/c_1110828793_2.htm。

3. 重編國語辭典修訂本，載臺灣地區教育部網站，http://dict.revised.moe.edu.tw/cgi-bin/newDict/dict.sh?cond=%A6@%A6P&pieceLen=50&fld=1&cat=&ukey=1188496185&s

erial=1&recNo=2&op=f&imgFont=1。

4. 張鈞綸:《張鈞綸律師:我對於服貿協議本身的看法》,載“元豪的憲法夢想論壇:法律是顛覆的基地”,http://mypaper.pchome.com.tw/liaobruce/post/1327252446。
5. 曾志超:《從法律面觀點論服貿協議審查》,載國家政策研究基金會網站,http://www.npf.org.tw/post/3/13010。
6. 王照坤:《平潭再推優惠 陸委會:注意風險》,載 YAHOO 奇摩新聞網,https://tw.news.yahoo.com/%E5%B9%B3%E6%BD%AD%E5%86%8D%E6%8E%A8%E5%84%AA%E6%83%A0-%E9%99%B8%E5%A7%94%E6%9C%83-%E6%B3%A8%E6%84%8F%E9%A2%A8%E9%9A%AA-100500376.html。
7. 臺灣地區《行政院大陸員會陸法字第 0930003531 之 1 號》,載臺灣地區陸委會網站,http://www.mac.gov.tw/ct.asp?xItem=62536&ctNode=6242&mp=1。
8. 平潭綜合實驗區“五個共同”的內涵與意義,載台海網,http://www.taihainet.com/news/twnews/twmzmj/2012-08-28/933269.html。
9. 劉山鷹:《從認可到放棄:政協憲政方案失敗原因探析——基於 1946 年的歷史》,載中國戰略與管理研究會網站,http://www.cssm.org.cn/view.php?id=7420。

10. 李婷：《自貿區新丁福建平潭發展之困：產業基礎不足》，載新浪財經網，http://finance.sina.com.cn/china/dfjj/20150113/015821280842.shtml。
11. 賴友容：《平潭實驗區招商 台商：投資死路一條》，載大紀元電子日報網站，2012 年 3 月 27 日，http://www.epochtimes.com.tw/12/3/27/189108.htm%e5%b9%b3%e6%bd%ad%e5%af%a6%e9%a9%97%e5%8d%80%e6%8b%9b%e5%95%86-%e5%8f%b0%e5%95%86-%e6%8a%95%e8%b3%87%e6%ad%bb%e8%b7%af%e4%b8%80%e6%a2%9d。
12. 何明修：《到底什麼是“公民運動”？》，載兩岸公評網，http://www.kpwan.com/news/viewNewsPost.do?id=885。
13. 發展改革委發佈《平潭綜合實驗區總體發展規劃》，載中央政府門戶網站，http://www.gov.cn/jrzg/2011-12/31/content_2034785.htm。
14. ECFA“兩岸經濟合作委員會”之介紹，載 ECFA 網站，http://www.ecfa.org.tw/Committee.aspx?pid=9&cid=42&pageid=0。
15. 《中英關於香港問題的聯合聲明》(含附件)，載新華網，http://news.xinhuanet.com/ziliao/2004-04/01/content_1396234.htm。

16. 《中心簡介》，載福建省人大常委會涉台法律研究中心網站，http://www.fjrd.gov.cn/fjrdww/Desktop.aspx?PATH=/Homepage/stflyj/stflyj_zxjj。

17. 《中葡關於澳門問題的聯合聲明》(含附件)，載新華網，http://news.xinhuanet.com/gangao/2010-03/25/c_123135.htm。

18. 《中華人民共和國和美利堅合眾國聯合公報（“上海公報”）（1972 年 2 月 28 日）》，載新華網，http://news.xinhuanet.com/ziliao/2002-01/28/content_257045.htm。

19. 《中華人民共和國和美利堅合眾國聯合公報（“上海公報”）（1972 年 2 月 28 日）》，載新華網，http://news.xinhuanet.com/ziliao/2002-01/28/content_257045.htm。

20. 《血淚控訴// 受害台商 抗議福建平潭招商》，載 YAHOO 奇摩新聞網，https://tw.news.yahoo.com/%E8%A1%80%E6%B7%9A%E6%8E%A7%E8%A8%B4-%E5%8F%97%E5%AE%B3%E5%8F%B0%E5%95%86-%E6%8A%97%E8%AD%B0%E7%A6%8F%E5%BB%BA%E5%B9%B3%E6%BD%AD%E6%8B%9B%E5%95%86-203118759.html。

21. 《行憲後歷任總統(大事年表)》，載臺灣地區總統府網站，

http://www.president.gov.tw/Default.aspx?tabid=74#02。

22. 《行憲後歷任總統(大事年表)》，載臺灣地區總統府網站，http://www.president.gov.tw/Default.aspx?tabid=95。

23. 《習近平總書記會見臺灣和平統一團體聯合參訪團》，載新華網，http://news.xinhuanet.com/politics/2014-09/26/c_1112641354.htm。

24. 《臺灣香港澳門居民在內地就業管理規定》，載中華人民共和國中央人民政府網，http://www.gov.cn/flfg/2006-01/06/content_149379.htm。

25. 《臺灣地區與大陸地區訂定協定處理及監督條例草案》，載臺灣地區陸委會網站，http://www.mac.gov.tw/public/Attachment/44161555266.pdf。

26. 《臺灣地區大法官釋字第 329 號解釋》，載司法院大法官網站，http://www.judicial.gov.tw/constitutionalcourt/p03_01.asp?expno=329。

27. 《十八大授權發佈：胡錦濤強調,豐富“一國兩制”實踐和推進祖國統一》，載新華網，http://news.xinhuanet.com/18cpcnc/2012-11/08/c_113637910.htm。

28. 《平潭：兩岸合作的“特區”特區中的特區再造一個廈門福

中福》，載金融界網站，

http://istock.jrj.com.cn/article,000592,5057914.html。

29. 《平潭：兩岸合作的“特區”特區中的特區再造一個廈門福中福》，載金融界網站，

http://istock.jrj.com.cn/article,000592,5057914.html。

30. 《南老師簡介》，載老古文化出版社網站，

http://www.laoku.com.tw/indext.asp。

31. 《陸委會開門沒顧厝 放任福建省長搞統戰》，載臺灣地區自由時報新聞網，

http://news.ltn.com.tw/news/focus/paper/571637。

32. 《中華民國與美利堅合眾國間共同防禦條約》，載全國法規資料庫，

http://law.moj.gov.tw/LawClass/LawAll.aspx?PCode=Y0010095。

33. 《兩岸佈局夢想 壯志未酬》，載王永慶紀念專輯網站，

http://money.chinatimes.com/97rp/fpg-king/02/97101702.htm。

34. 《九二共識的真相》，載臺灣地區海基會網站，

http://www.sef.org.tw/public/Data/2101517202971.pdf。

35. 《九二共識的史實與效益》，載海基會網站，

http://www.sef.org.tw/public/Data/2101517205171.pdf。

36. 《九二共識大事記》，載臺灣地區海基會網站，

http://www.sef.org.tw/public/Data/2121319451471.pdf。

37. 《江澤民在中共十六大上的報告（“一國兩制”和祖國統一部分）》，載新華網，http://news.xinhuanet.com/ziliao/2003-01/23/content_704809.htm。

38. 《海峽西岸經濟區發展規劃》，載廈門市人民政府網，http://www.big5.xm.gov.cn:82/zt/gclsgwygyzc/zyzc/201104/t20110411_398049.htm。

39. 《海峽兩岸共同打擊犯罪及司法互助協定》，載大陸地區政府網，http://www.gov.cn/test/2009-04/28/content_1297857.htm。

40. 《海峽兩岸服務貿易協定(本協定尚待完成相關程式後生效) 》，載海基會網站，http://www.sef.org.tw/ct.asp?xItem=917158&ctNode=3810&mp=19。

41. 《海基會的成立與沿革》，載海基會網站，http://www.sef.org.tw/ct.asp?xItem=1548&CtNode=3798&mp=19。

42. 《國務院關於支持福建省加快建設海峽西岸經濟區的若干意見》，載中華人民共和國中央人民政府網站，http://www.gov.cn/zwgk/2009-05/14/content_1314194.htm。

43. 《府：總統多次公開反對一國兩制》，載 YAHOO 奇摩新聞網，

https://tw.news.yahoo.com/%E5%BA%9C-%E7%B8%BD%E7%B5%B1%E5%A4%9A%E6%AC%A1%E5%85%AC%E9%96%8B%E5%8F%8D%E5%B0%8D-%E5%9C%8B%E5%85%A9%E5%88%B6-110451216.html。

44. 《福建省人民代表大會常務委員會關於加快推進平潭綜合實驗區開放開發的決定》，載福建人大網，http://www.fjrd.gov.cn/fjrdww/Desktop.aspx?path=/Homepage/FjrdInfoView&gid=bfbf60a6-7afb-4a6a-84cc-0f2e8f132e1e&tid=Cms_Info。

45. 《福建平潭綜合實驗區“比特區還特”》，載國際海事資訊網，http://www.simic.net.cn/hot_show.php?id=79。

46. 《中國（福建）自由貿易試驗區平潭片區實施方案》，載中國(福建)自由貿易試驗區平潭片區網站，http://www.ptftz.gov.cn/news/2015042111_58.html。

47. 《反分裂國家法》，載中華人民共和國中央人民政府網站，http://www.gov.cn/ziliao/flfg/2005-06/21/content_8265.htm。

48. 《對外交通》，載中國平潭網，http://www.pingtan.gov.cn/ldwl/ldwlList.aspx?cid=455677。

49. 《本報透視集--學生反服貿，民進黨搞選舉》，載 YAHOO 奇摩新聞，https://tw.news.yahoo.com/%E6%9C%AC%E5%A0%B1%E9%80%8F%E8%A6%96%E9%9B%86-%E5%AD%B8%E7%94

%9F%E5%8F%8D%E6%9C%8D%E8%B2%BF-%E6%B0%91%E9%80%B2%E9%BB%A8%E6%90%9E%E9%81%B8%E8%88%89-015000992.html。

50. 《Principles of the trading system》，載 WTO 官網，http://www.wto.org/english/thewto_e/whatis_e/tif_e/fact2_e.htm。

51. 《General Agreement on Trade in Services》，載 WTO 官網，http://www.wto.org/english/docs_e/legal_e/26-gats_01_e.htm。

52. 《"太陽花"學運一些歷史與想像》，載 YAHOO 奇摩新聞，https://tw.news.yahoo.com/%E5%A4%AA%E9%99%BD%E8%8A%B1-%E5%AD%B8%E9%81%8B-%E4%BA%9B%E6%AD%B7%E5%8F%B2%E8%88%87%E6%83%B3%E5%83%8F-161557637.html。

五、法規文件類

1. 《國務院關於印發中國（福建）自由貿易試驗區總體方案的通知》(國發〔2015〕20 號)

2. 《中華人民共和國海關對平潭綜合實驗區監管辦法（試行）》(海關總署令第 208 號][06/27/2013])。

3. 《質檢總局關於發佈〈平潭綜合實驗區出入境檢驗檢疫監督管理辦法〉的公告》（2013 年第 98 號）。

4. 《臺灣建築業企業進駐平潭綜合實驗區從事建築活動管理辦法（試行）》（福建省住房和城鄉建設廳 閩建〔2012〕10號)。
5. 《臺灣地區臨時入閩機動車和駕駛人管理規定（試行）》（閩公綜〔2009〕709 號）。
6. 《全國人民代表大會常務委員會關於授權國務院在北京市大興區等三十三個試點縣（市、區）行政區域暫時調整實施有關法律規定的決定》（2015 年 2 月 27 日第十二屆全國人民代表大會常務委員會第十三次會議通過）。
7. 《平潭綜合實驗區管委會關於支持臺灣同胞創業發展的暫行規定》（閩嵐綜實管綜〔2013〕55 號）。
8. 《平潭綜合實驗區關於鼓勵扶持臺灣高校畢業生來嵐創業的實施辦法（試行）》（閩嵐綜實管綜〔2013〕56 號）。
9. 《平潭綜合實驗區鼓勵扶持產業發展的暫行規定》（平潭綜合實驗區管委會 閩嵐綜實管綜〔2011〕2 號）。
10. 《關於支持中國(福建)自由貿易試驗區平潭片區融資租賃業加快發展的實施辦法》（平潭綜合實驗區管委會辦公室 嵐綜管辦〔2015〕205 號）。
11. 《平潭綜合實驗區服務外包扶持政策》（省外經貿廳 省發展改革委 省經貿委 省財政廳 省資訊化局 平潭綜合實驗區管委會 2012 年 11 月）。
12. 《平潭綜合實驗區促進總部經濟發展的暫行規定》（平潭綜

合實驗區管委會 閩嵐綜實管綜〔2013〕52 號)。

13. 《平潭綜合實驗區促進金融業發展的暫行規定》(平潭綜合實驗區管委會 閩嵐綜實管綜〔2013〕53 號)。

14. 《國務院關於支持福建省加快建設海峽西岸經濟區的若干意見》(國發〔2009〕24 號)。

15. 《國家工商行政管理總局關於支持平潭綜合實驗區開放開發促進兩岸交流合作的意見》,工商辦字〔2012〕73 號。

16. 《關於支持平潭綜合實驗區台商投資企業發展的工商行政管理措施(試行)》(平潭綜合實驗區管委會辦公室 閩嵐綜實管辦〔2011〕108 號)。

17. 《關於平潭綜合實驗區有關進口稅收政策的通知》,財關稅[2013]62 號。

18. 《關於加快平潭人才特區建設的若干意見》(中共福建省委人才工作領導小組 閩委人才〔2012〕8 號)。

19. 《福建省人民政府關於平潭綜合實驗區土地利用總體規劃(2011—2030 年)的批覆》,閩政文[2013]232 號。

20. 《福建省人民政府辦公廳轉發省工商局關於提高工商服務水準七條措施的通知》,閩政辦〔2011〕225 號。

21. 《福建省公安廳關於制定惠台出入境便利政策配套實施管理辦法的通知》(2013 年 9 月 24 日)。

22. 《財政部關於平潭對台小額商品交易市場稅收政策問題的通知》(財關稅函〔2013〕12 號)。

23. 《財政部 國家稅務總局關於廣東橫琴新區福建平潭綜合實驗區深圳前海深港現代服務業合作區企業所得稅優惠政策及優惠目錄的通知》，財稅[2014]26 號。

24. 全國人大常委會法制工作委員會編：《中華人民共和國出境入境管理法釋疑》，2012 年 9 月第 1 版。

附錄1：

《平潭綜合實驗區商事登記管理辦法》

平潭綜合實驗區商事登記管理辦法

第一章　總　　則

第一條　為了促進平潭綜合實驗區的開放開發，營造優良便捷投資創業環境，根據有關法律、法規及《福建省人民代表大會常務委員會關於加快推進平潭綜合實驗區開放開發的決定》，結合平潭綜合實驗區實際，制定本辦法。

第二條　本辦法適用于平潭綜合實驗區內的商事登記以及相關監督管理活動。本辦法未作規定的，按照有關法律、法規的規定執行。

第三條　平潭綜合實驗區內的工商行政管理部門(以下統稱商事登記機關)依照本辦法負責商事登記工作及商事登記事項監督管理工作。

其他負責行政許可審批的行政管理部門（以下統稱許可審批部門）依照法律、法規、規章規定，在職責範圍內對商事主體從事須經許可審批的經營行為實施監督管理，依法查處未取得許可審批的經營行為。

第四條　申請人向商事登記機關申請辦理商事登記應當遵循誠實信用的原則，其提交的申請材料應當真實、合法、有效。

商事登記機關實施商事登記應當遵循公平、公正、公開的原則，對申請人提交的材料進行形式審查。

第五條　商事登記機關應當設置商事登記簿，記載商事主體登記事項和備案事項。

第六條　商事登記機關實行註冊官核准制度，由註冊官依法依職權核准商事登記。

省人民政府工商行政管理部門應當會同公務員管理部門建立健全平潭綜合實驗區商事登記註冊官錄用、評級、待遇、獎懲等配套制度，完善工作機制，提高登記效能。

第二章　商事主體的登記及證照管理

第七條　依法登記的商事主體分為企業法人、非法人企業、企業分支機構和個體工商戶四大類，由商事登記機關頒發相應營業執照。

企業法人、非法人企業、企業分支機構和個體工商戶的具體類型，按照國務院工商行政管理部門規定的分類標準確定。

香港特別行政區、澳門特別行政區永久性居民中的中國公民，臺灣地區居民可以按照國家有關規定，申請登記為個體工商戶。

第八條　商事登記事項主要包括：

（一）名稱；

（二）法人主體的住所及經營場所，非法人主體的經營場所；

（三）法定代表人（負責人）；

（四）認繳出資總額；

（五）經營範圍；

（六）經營期限；

（七）商事主體類型；

（八）投資人姓名或者名稱，及其認繳或者申報的出資額。

第九條　設立商事主體，應當向商事登記機關提交下列材料：

（一）申請書；

（二）章程或者協定；

（三）住所或者經營場所資訊材料；

（四）投資主體資格證明；

（五）負責人、高級管理人員等相關成員的任職文件及身份證明；

（六）商事登記機關規定的其他材料。

申請設立需要取得前置行政許可的商事主體，還應當提交名稱核准通知書。

商事登記機關應當依法制定商事主體變更、登出登記需要提交的材料目錄並向社會公佈。

第十條　使用“平潭”字樣的商事主體名稱，申請人可以自主選擇名稱中的字型大小和行業特徵，並申請登記，但不得損害國家利益、社會公共利益或者違反社會公序良俗。產生名稱糾紛的，由當事人協商解決；協商不成的，可以依法提起民事訴訟。

第十一條　商事主體實行直接登記制，但涉及國家安全、公民生命財產安全等需要取得前置行政許可的除外。具體前置行政許可審批目錄由平潭綜合實驗區管委會編制，報省人民政府批准後公佈施行。

商事主體領取營業執照後，即可開展不需許可審批經營項目的經營活動。

商事主體從事應當報經有關部門許可審批經營專案經營活動的，應當在領取營業執照後，依法向許可審批部門提出申請，經許可批准後方可開展相關經營活動。

第十二條　商事主體的經營範圍由其自主選擇，但法律、法規和國務院決定禁止的除外。

商事主體在章程或者協議中應當如實載明具體經營項目。

第十三條 商事主體以其主要辦事機構所在地的地址或者聯絡地址為住所。

第十四條 商事主體可以在住所以外增設經營場所。商事主體的經營場所不在其商事登記機關轄區內的,應當辦理分支機構登記;經營場所在其商事登記機關轄區內的,應當選擇辦理分支機構登記或者將經營場所資訊報商事登記機關備案。

商事主體的住所、經營場所依法應當取得規劃、環保、消防及食品安全、藥品安全、衛生等相關許可審批部門批准的,應當依法向相關部門提出申請,經批准後方可開展經營活動。

第十五條 申請人申請商事登記時,應當提交對住所、經營場所享有使用權的證明,商事登記機關不審查住所、經營場所的法定用途及使用功能,申請人對住所、經營場所的真實性、合法性、安全性負責。

第十六條 有限責任公司和發起設立的股份有限公司實行註冊資本認繳登記制,股東或者發起人以其認繳的出資額或者認購的股份為限對公司承擔責任,募集設立的股份有限公司不適用認繳登記制。申請設立登記時,商事登記機關登記其全體股東或者發起人認繳的註冊資本總額,申請人無需提交驗資證明文件。

股東或者發起人的姓名或者名稱以及認繳的出資額、出資期限、出資方式及出資責任等事項由股東或者發起人約定,並記載于章程。股東或者發起人實際繳納出資的,由公司向其簽發出資證明書或者交付股票。註冊資本繳付情況的真實性、合法性由公司股東或者發起人負責。

公司實收資本不再作為公司的登記事項,由公司憑依法設立的驗資機構出具的實收資本驗資證明向商事登記機關辦理備案,備案實收資本作為備註事項記載於營業執照。

法律、行政法規對公司註冊資本實繳登記另有規定的,從其規定。

第十七條 營業執照的樣式由商事登記機關制定並發佈。依法設立的商事主體,其營業執照簽發日期為商事主體成立日期。商事主體憑營業執照刻制印章,申報辦理稅務登記,開立銀行帳戶等事項。

第十八條 商事主體變更登記事項,應當向商事登記機關申請變更登記。未經變更登記的,商事主體不得擅自改變登記事項。

第十九條　有下列情形之一的，商事主體應當向商事登記機關辦理備案：

（一）章程或者協議修改、變更的；

（二）公司實收資本變化的；

（三）董事、監事及高級管理人員變動的；

（四）增設或者減少分支機構的；

（五）設立清算組及清算組成員和負責人變動的。

第二十條　有下列情形之一的，商事主體應當向商事登記機關申請註銷登記：

（一）章程規定或者協議約定的營業期限屆滿或者其他解散事由出現的；

（二）根據依法作出的決議或者決定解散的；

（三）因合併、分立解散的；

（四）人民法院依法予以解散的；

（五）被依法宣告破產的；

（六）被依法責令關閉的；

（七）法律、法規規定的其他解散情形。

經商事登記機關註銷登記，商事主體終止。

第二十一條　申請商事主體登記，申請人可以到商事登記機關提交申請，也可以通過信函、電報、電傳、傳真、電子資料交換和電子郵件等方式提出申請，或者通過商事登記機關的網上服務平臺直接申報。

第二十二條　對申請材料不齊全或者不符合法定形式的，商事登記機關應當自收到材料之日起1個工作日內一次性告知申請人需要補正的材料，並將申請材料退回申請人。

對申請材料齊全，符合法定形式的，商事登記機關應當受理，除可以當場作出商事登記決定的外，商事登記機關應當在3個工作日內予以登記並頒發營業執照。

對不屬於商事登記範疇或者不屬於本機關登記管轄範圍的事項，應當即時決定不予受理，並告知申請人向有關行政管理部門申請。

商事登記機關在3個工作日內不能完成登記的，經商事登記機關負責人批准，可以相應延長。

第二十三條　商事主體營業執照分為正本和副本，正本和副本具有同等法律效力。商事主體可以根據業務需要向商事登記機關申請核發營業執照若干副本。

推行電子營業執照和全程電子化登記管理。商事登記機關可以核發各類型商事主體電子營業執照，與紙質營業執照具有同等法律效力。

第二十四條 任何單位和個人不得偽造、塗改、出租、出借、轉讓營業執照。

營業執照遺失或者毀壞的，商事主體應當在省級以上的報刊上聲明作廢，申請補領。

第三章 監督管理

第二十五條 平潭綜合實驗區管委會應當建設統一商事主體信用資訊公示平臺（以下簡稱資訊平臺），利用資訊平臺徵集、發佈與商事主體相關的行政許可審批和信用資訊，對商事主體進行信用教育、評級、警示。

許可審批部門及有關單位應當將其有關行政許可審批及監管情況等資訊及時、準確、完整地匯入資訊平臺。

第二十六條 商事登記實行年度報告制度。

每年 3 月 1 日至 6 月 30 日，商事主體應當通過資訊平臺向商事登記機關提交年度報告，並向社會公示。當年設立登記的商事主體，自下一年起提交上一年度的年度報告。

商事主體通過網上報送電子檔年度報告的，電子檔的年度報告同紙質檔具有同等法律效力。

第二十七條 商事主體提交的年度報告內容必須真實、合法、有效。年度報告內容應當包括商事主體登記事項和備案事項的變化情況、出資繳納情況、取得經營專案許可審批情況、主要從事的經營項目和資產負債及損益等資產狀況情況。

商事登記機關對商事主體的年度報告實行抽查的監督制度。

第二十八條 實行經營異常名錄製度。

商事主體有下列情形之一的，由商事登記機關將其從商事登記簿中移出，載入經營異常名錄，並納入信用監管體系：

（一）不按時提交年度報告的；

（二）通過登記的住所或者經營場所無法聯繫的。

商事登記機關在作出載入經營異常名錄決定之前，應當通過本辦法規定的資訊平臺告知商事主體作出載入經營異常名錄決定的事實、理由及依據，並告知其依法享有的權利。

對商事主體載入經營異常名錄負有個人責任的投資人、負責人、董事、監事、高級管理人員的資訊納入信用監管體系。

第二十九條 商事主體載入經營異常名錄未滿 3 年且載入經營異常名錄事由消失的，商事主體可以申請恢復記載于商事登記簿；商事登記機關審查核實後，將其從經營異常名錄中移出，恢復記載于商事登記簿。

第三十條　商事主體有下列情形之一的，永久載入經營異常名錄，不得恢復記載于商事登記簿，以註冊號代替名稱：

（一）載入經營異常名錄滿 3 年的；

（二）違反企業名稱登記管理規定，經商事登記機關責令改正逾期不改的。

第三十一條　永久載入經營異常名錄的，商事主體及其投資人、負責人、董事、監事、高級管理人員仍應當依法承擔相關法律責任。

第三十二條　載入經營異常名錄錯誤的，商事登記機關應當撤銷決定，恢復商事主體原登記簿記載事項，並予以公示。

第三十三條　下列行為由商事登記機關負責監管並予以查處：

（一）應當取得而未取得營業執照，擅自從事一般經營項目經營活動的；

（二）已經取得許可審批，依法應當取得但未取得營業執照，擅自以商事主體名義從事許可經營項目經營活動的；

（三）提交虛假材料或者採取其他欺詐手段取得商事登記和備案的；

（四）未按規定辦理變更登記的；

（五）未按規定辦理備案的；

（六）未按規定提交年度報告和隱瞞真實情況、提交虛假年度報告的；

（七）偽造、塗改、出租、出借、轉讓營業執照的；

（八）法律、法規規定的其他情形。

第三十四條　商事主體的經營範圍、住所、經營場所涉及許可審批事項的，由負責許可審批的相關行政管理部門依照法定職責負責監管。

應當取得而未取得許可審批從事相關經營活動的，由相關許可審批部門予以查處。

第三十五條　商事登記機關和許可審批部門可視情況採取指導、勸告、建議等行政指導行為，加強對商事主體的監管，引導其合法守信經營。

第四章　法律責任

第三十六條　違反本辦法第四條第一款、第三十三條第（三）項、第（六）項規定，有下列行為之一的，由商事登記機關責令限期改正；逾期不改正的，處 3000 元以上 3 萬元以下的罰款：

（一）申請人未提交真實、合法、有效申請材料的；

（二）商事主體提交虛假材料或者採取其他欺詐手段備案的；

（三）商事主體未按規定提交年度報告或者隱瞞真實情況、提交虛假年度報告的。

第三十七條 違反本辦法第三十三條第（五）項規定的，商事主體未按規定辦理備案的，由商事登記機關責令限期改正；逾期不改正的，處 2000 元以上 2 萬元以下的罰款。

第三十八條 商事主體有違反本辦法規定行為的，由商事登記機關、許可審批部門或者其他有關部門依照本辦法和有關法律、法規的規定予以查處。

第三十九條 商事登記機關、許可審批部門及有關單位，未按照本辦法第二十五條的規定公示信用資訊的，由監察機關責令改正，通報批評，情節嚴重的，追究有關責任人的行政責任。

第四十條 相關部門工作人員在商事登記管理活動中，濫用職權、怠忽職守、徇私舞弊的，依法給予行政處分；構成犯罪的，依法追究刑事責任。

第五章 附 則

第四十一條 本辦法所稱商事登記，是指申請人向商事登記機關提出申請，由商事登記機關將商事主體的設立、變更或者註銷事項登記于商事登記簿並予以公示的行為。

本辦法所稱商事主體，是指經依法登記，以營利為目的從事經營活動的自然人、法人和其他組織。

第四十二條 本辦法實施前已領取的營業執照繼續有效。

商事主體應當自本辦法實施之日起 1 年內向商事登記機關申請換發營業執照。換照的具體辦法由商事登記機關制定。

第四十三條 本辦法自公佈之日起施行。

附錄2：

平潭綜合實驗區企業所得稅

優惠目錄

平潭綜合實驗區企業所得稅優惠目錄

一、高技術產業

（一）電子資訊產業

1 ．薄膜場效應電晶體 LCD（ TFT 一 LCD ）、等離子顯示幕（ PDP ）、有機發光二極體（ OLED ）、鐳射顯示、 3D 顯示等新型平板顯示器件和各種終端應用產品的生產、及其專用設備研發與製造

2 ．數字音、視頻編解碼設備，數位廣播電視演播室設備，數位有線電視系統設備，數位音訊廣播發射設備，數位電視上下變換器，數位電視地面廣播單頻網（ SFN ）設備，衛星數位電視上行站設備，衛星公共接收電視（ sMATV ）前端設備研發與製造

3 ．高清數位攝錄機、數位放聲設備、數位多功能電話機、數位電視機研發與製造

4 ．網路視聽節目技術開發與服務

5．移動多媒體廣播電視、廣播影視數位化、數位電影服務監管技術研發

6 ．積體電路設計、製造、封裝與測試

7 ．大中型電子電腦、百萬億次高性能電腦、可攜式微型電腦、每秒一萬億次及以上高檔伺服器、大型類比模擬系統、大型工業控制機及控制器研發與製造

8 ．圖形圖像識別和處理系統研發與製造

9 ．電腦輔助設計（以叫、輔助測試（ CAT ）、輔助製造（以 M ）、輔助工程（ CAE ）系統、各種應用軟體產品的設計和開發

10 ．新型電子元器件（片式元器件、頻率元器件、混合積體電路、電力電子器件、光電子器件、敏感元器件、新型機電元件、高檔接外掛程式、高密度印刷電路板和柔性電路板等）研發與製造

11．衛星通信系統、地球站設備研發與製造

12 ．衛星導航定位接收設備及關鍵部件研發與製造

13 . 2.5GB / S 及以上光同步傳輸系統研發與製造

14 . 155MB / S 及以上數位微波同步傳輸設備研發與製造

15 . 32 波及以上光纖波分複用傳輸系統設備研發與製造

16 . 10GB / S 及以上數位同步系列光纖通信系統設備研發與製造

17 ．數位移動通信、接入網系統、數位集群通信系統及路由器、閘道等網路設備研發與製造

18 ．積體電路裝備研發與製造

19．半導體、光電子器件、新型電子元器件等電子產品用材料開

發與生產
20 ．航空航太儀器儀錶電子產品研發與製造
21 ．量子通信設備研發與製造
22 ．資料處理及資料庫技術研發
23 ．電子商務和電子政務技術及系統開發
24 ．防偽技術及設備的開發與製造
25 ．用於物聯網產業的電子標籤、感測器、智慧識讀機、智慧卡、核心晶片等開發與製造
26 ．數位化、智慧化、網路化工業自動檢測儀錶與感測器，原位線上成份分析儀器，具有無線通訊功能的低功耗智慧感測器，電磁相容檢測設備研發與製造
（二）裝備製造業
1 ．汽車電子控制系統、電動空調、電制動、電動轉向；怠速起停系統研發與製造
2 ．汽車電子產品開發、試驗、檢測設備及設施研發與制
3 ．汽車車載充電機、非車載充電設備研發與製造
4 ．新型醫用診斷醫療儀器設備、微創外科和介入治療裝備及器械、醫療急救及移動式醫療裝備、康復工程技術裝置、家用醫療器械、新型計劃生育器具（第三代宮內節育器）、人工器官及關鍵元器件的開發和生產，數位化醫學影像產品及醫療信．息技術的開發與製造
5 ．化學合成藥物、中成藥、中藥飲片、獸用醫藥、生物化學藥品等醫藥產品研發與生產
6 ．大型遠洋捕撈加工漁船、海洋工程作業船與輔助船等特種船舶及其專用設備，智慧環保型關鍵船用配套設備研發與製造
7．海洋工程裝備的研發與製造
8 ．豪華遊艇、遊輪、客滾船等高技術附加值船舶開發與製造
9 ．安全飲水設備、先進型淨水器研發與製造
10 ．智慧電網調度監測、智慧配電、智慧用電等技術和設備研發與製造
11．精密模具、非金屬製品模具設計與製造
12 ．新型高技術紡織機械及關鍵零部件研發與製造
（三）新材料產業
1 ．磁存儲和光碟存儲為主的資料存儲材料研發與製造
2 ．單晶矽半導體微電子材料研發與製造
3 ．光電子材料、光功能高分子材料；光導材料、光記錄材料、光加工材料、光學用塑膠、光顯示用材料、光轉換系統材料研發與製造
4 ．光纖通信材料研發與製造
5 ．納米粉末、納米纖維、納米膜、納米催化劑研發與製造
6 ．轎車及中高檔輕型車動力傳動、減振、制動系統用密封材料

研發與製造
7 ．複合防彈板材和高強度纜繩等系列產品研發與製造
8 ．交通運輸、水利、環保等產業用紡織品的纖維材料、新溶劑法纖維、複合超細短纖維及其系列產品和差別化、功能化纖維研發與製造
9 ．高強、耐磨尼龍專用料及工業管材、農用塑膠大棚骨架管材及連接材料、環境降解塑膠研發與製造
10 ．反光膜和反光織物等高分子反光材料研發與製造
11 ．電子專用銅帶、多層敷銅板、印刷線路板和積體電路引線研發與製造
12 ．導電玻璃、高性能軟磁鐵氧體材料及所需的高純度原材料、大功率壓電陶瓷和熱釋電陶瓷材料、液晶材料、高純化學試劑、砷化鎵拋光片等研發與製造
13 ．鋰離子嵌入材料綠色電池材料研發與製造
14 ．高性能、高品質 PCB 基板和材料研發與製造
15 ．樹脂基複合材料、炭／炭複合材料、陶瓷基複合材料、金屬基複合材料、炭纖維、芳綸、超高分子量聚乙烯纖維等高性能增強纖維及複合材料研發與製造
16 ．遮罩電磁波玻璃、微電子用玻璃基板、透紅外線無鉛玻璃、電子級大規格石英玻璃擴散管、超二代和三代微通道板、光學纖維面板和倒像器及玻璃光錐研發與製造
17 ．連續玻璃纖維原絲氈、玻璃纖維表面氈、微電子用玻璃纖維布及薄氈研發與製造
18 ．汽車催化裝置用陶瓷載體、氮化鋁（ AIN ）陶瓷基片、多孔陶瓷研發與製造
19 ．採用新技術、新工藝生產的橡膠、塑膠、纖維、塗料、膠黏劑和高分子基複合材料等有機高分子材料及製品研發與製造
20 ．生物高分子材料、填料、試劑、晶片、干擾素、感測器、纖維素酶、鹼性蛋白酶、診斷用酶等酶製劑、纖維素生化產品，新型醫用材料研發與製造
21 ．高純、專用級催化劑、吸附劑、活性劑研發與製造
22 ．農膜新技術及新產品（光解膜、多功能膜及原料等）研發與製造
23 ．塑膠軟包裝新技術、新產品（高阻隔、多功能膜及原料）研發與製造
24．生物降解材料研發與製造
25 ．特種陶瓷技術研發與製造
26 ．高性能膜材料、高分子分離膜、水處理膜、太陽能電池膜、平板顯示薄膜、半導體及微電子用薄膜研發與製造
27 ．高品質人工晶體材料、製品和器件，高純石英原料、石英玻璃材料及其製品，特種玻璃研發與製造

28 ・汽車輕量化及環保型新材料研發與製造

29 ・新型牆體和屋面材料、絕熱隔音材料、建築防水和密封材料、建築與海洋防護用環保塗料的開發與生產

（四）新能源產業

1 ・地熱能、海洋能（潮汐能、潮流能、波浪能）開發利用

2 ・風電與光伏發電互補系統技術開發與服務

3 ・太陽能建築一體化元件設計與製造

4 ・無齒輪箱、多級低速發電機、變速恒頻等新型風力發電機組研發與製造

5 ・高效太陽能熱水器及熱水工程，太陽能中高溫利用技術開發與服務

6 ・太陽能熱發電集熱系統、太陽能光伏發電系統集成技術開發應用、逆變控制系統開發製造

7 ・沼氣發電機組、低成本沼氣淨化設備、沼氣管道供氣、沼氣智慧流量表、裝罐成套設備研發與製造

二、服務業

（一）現代物流業

1 ・物流營運中心及物流公共資訊平臺

2 ・對台海上運輸業務

3 ・物流標準化技術研發

（二）商貿服務業

1 ・臺灣特色農漁業產品物流集散中心

（三）文化創意產業

1 ・動漫、遊戲創作、動漫技術開發與服務

2 ・民俗文化產品及工藝美術研發設計

3 ・體育用品研發

（四）技術及商務服務業

1 ・中文資訊處理軟體的開發

2 ・網路支撐平臺和中介軟體開發

3 ・嵌入式軟體系統（嵌入式作業系統、核心支撐軟體）開發

4 ・資訊傳輸網路及網路增值業務應用系統開發

5 ・以承接服務外包方式從事系統應用管理和維護、資訊技術支援管理、銀行後臺服務、財務結算、人力資源服務、軟體發展、離岸呼出中心、資料處理等資訊技術、業務流程和知識流程外包服務

6 ・工業設計、生物、新材料、新能源、節能、環保、測繪、海洋等專業科技服務，認證和品質檢測服務

7 ・線上資料與交易技術研發、 IT 設施管理和資料中心技術研發，移動互聯網技術研發，網際網路會議電視及圖像等電信增值業務應用系統開發

8 ・智慧產品整體方案、人機工程設計、系統模擬等設計服務

9 ．資訊安全風險評估與諮詢服務，資訊裝備和軟體安全評測服務
10 ．綜合利用海水淡化後的濃海水制鹽、提取鉀、溴、鎂、鋰及其深加工等海水化學資源高附加值利用技術開發
11 ．各類創業中心、大學科技園、留學生創業園、軟體創業園以及其他專門人才、專業技術企業等專業孵化器
三、農業及海洋產業
1 ．良種、花卉引進和推廣服務
2 ．名特優海產養殖、深水抗風浪大型網箱養殖、工廠化養殖、生態型養殖
3 ．數位（資訊）農業技術開發
4 ．農林牧漁業現代裝備與資訊化技術開發
5 ．海產品冷凍保鮮技術的研發與設備製造
6 ．海洋生物提取技術研究開發與生產
7 ．海洋資源綜合利用技術研發
8 ．海洋藥物、海洋保健食品開發
9 ．生物醫藥研發，工業催化、生物改性、生物轉化等酶產品研發與生產
10 ．海洋生物質能源技術研究及開發
四、生態環保業
1 ．海島、濕地等自然保護區建設、海島整治修復及生態示範工程
2 ．水土流失綜合治理技術開發與服務
3 ．海洋環境保護及科學開發
4 ．微咸水、苦咸水、劣質水、海水的開發利用和海水淡化工程及設備的研發及製造
5 ．海漂垃圾污染治理技術的開發與服務
6 ．綠色建築開發建造
7 ．餐廚垃圾及城市污泥綜合利用產業化
8 ．提升廢舊裝備高技術修復、製造、改造的資源節約型的再製造技術開發及設備製造
9 ．危險廢物處置中心
五、公共設施管理業
1 ．城市交通管制系統技術開發與設備製造
2 ．地震、海嘯、地質災害監測預警和評估技術開發與服務
3 ．堤壩安全自動監測報警技術開發與服務
4 ．突發事件現場資訊探測與快速獲取技術及產品
5 ．生物災害、動植物疫情監測預警技術開發與服務
6 ．公共交通工具事故預警技術開發與服務
7 ．食品藥品安全快速檢測技術開發與服務
8 ．城市基礎空間資訊資料生產及關鍵技術開發

9 ．依託基礎地理資訊資源的城市立體執行資訊系統開發
10 ．城市照明智慧化、綠色照明系統技術開發與生產
11 ．城市積澇預警技術開發與服務
12 ．水資源執行資訊系統（以水源、取水、輸水、供水、用水、耗水和排水等水資源開發利用主要環節的監測）技術開發
13 ．郵件、快件運輸與交通運輸網路融合技術開發
14 ．海運電子資料交換系統和水運行業資訊系統技術開發
15 ．計程車服務調度資訊系統、運營車輛安全監控記錄開發
16 ．城市再生水利用技術和工程、城市雨水收集利用

附錄3：

生活消費類貨物目錄

附錄3：生活消費類貨物目錄

序號	商品名稱	稅則號列	備註
1	活動物；動物產品	第一章至第四章全部稅號	
2	食用蔬菜、根及塊莖	第七章全部稅號	
3	食用水果及堅果；柑橘屬水果或甜瓜的果皮	第八章全部稅號	
4	咖啡、茶、馬黛茶及調味香料；穀物	第九章全部稅號；第十章全部稅號	
5	制粉工業產品；麥芽；澱粉；菊粉；麵筋	第十一章全部稅號	
6	含油子仁及果實；雜項子仁及果實	1201-1208；1211-1213	
7	動、植物油、脂及其分解產品；精緻的食用油脂	1501-1517	
8	食品；飲料、酒及醋；煙草、煙草及煙草代用品的製品	第十六章至第二十二章全部稅號；第二十四章全部稅號；25010011	

9	成品油	2710	
10	藥品	第三十章全部稅號	
11	精油及香膏;芳香料製品及化妝品	3301；3303-3307	
12	肥皂、洗滌劑等	第三十四章全部稅號	
13	煙火製品；火柴	36041000；3605	
14	塑膠浴缸、淋浴盤等;塑膠制的餐具、廚房用具等	3922；3924-3926	
15	硫化橡膠制的衛生及醫療用品	4014	
16	衣箱、提箱、小手袋等;皮革或再生皮革制的衣服及衣著附件	4202-4203	
17	毛皮制的衣服、衣著附件及其他製品;人造毛皮及其製品	4303-4304	
18	木制的畫框、相框、鏡框等;木制餐具及廚房用具；衣架	4414；4419；44211000	

19	軟木製品	4503-4504	
20	稻草、秸杆、針茅或其他編結材料製品等	第四十六章全部稅號	
21	衛生紙、面巾紙等	4803；4817-4820	
22	書籍、報紙等	32159010；第四十九章全部稅號	
23	羊毛、棉花、毛條	5101；51031010；52010000；52030000；51051000、51052100、51052900	
24	地毯及紡織材料的其他鋪地製品;特種機織物;簇絨織物等	第五十七章全部稅號；第五十八章全部稅號	
25	針織物及鉤編織物;針織或鉤編的服裝及衣著附件;非針織物或非鉤編的服裝及衣著附件	第六十章至六十二章全部稅號	
26	其他紡織製成品等	6301-6304；6306-6309	
27	鞋、帽、傘、杖、鞭及其零件;已加工的	第六十四章全部稅號；6504-6507；第六十六章至六十	

	羽毛及其製品;人造花;人發製品	七章全部稅號	
28	陶瓷產品	6910-6912	
29	玻璃製品	7013;70200091、70200099	
30	天然或養殖珍珠、寶石或半寶石、貴金屬、包貴金屬及其製品;	第七十一章中除7112之外的其他全部稅號	
31	鋼鐵製品	7323-7324	
32	銅製品	7418、74199950	
33	鋁製品	7615	
34	家用工具;廚房或餐桌用具;非電動的賤金屬鈴、鐘等	82055100;8210;82119100;8213;8214;8215;83013000;8306	
35	空調器;家用型冷藏箱;家用洗碟機;家用型洗衣機;家用型縫紉機等家用器具	84151010-84158300;84181010-84182990、84183021、84183029、84184021、84184029、84185000;84212110、84213910、84219910;84221100;84231000;	

		84248910；8450；84511000；84521010-84521099；84529011-84529019	
36	微型計算器及外設；電子計算器	84433110、84433190、84433211、84433212、84433213、84433219；8470；84713000、84714140、84714940、84715040、84716050、84716060、84716071、84716072、84716090、84717090；85235110、85235120；85258013；85284100、85285110、85285190、85286100	稅號84716090僅指 IC 卡讀入器；稅號84717090僅指移動硬碟；稅號85258013僅指計算器用網路攝像頭。
37	家用電動器具；手提式電燈；電話機；音響設備；錄像機；放像機；磁帶；資料記憶體件等；攝像機；	8509-8510；85121000；8513；85161010-85162100、85162920、85162931-85162939、85163100、	稅號85176990僅指可視電話

	電視機	85164000-85167990； 85171100-85171220、 85171800、85176299、 85176910、85176990； 85181000-85185000；8519； 8521；8523； 85258012-85258013、 85258022-85258029、 85258032-85258039；8527； 85284910、85284990、 85285910、85285990、 85286910、85286990、 85287110-85287300	
38	車輛	8701-8703；8711-8712；8715； 87161000	
39	航空器	8801；88021100-88024020； 8804	
40	船舶	8901；8903	
41	相機或攝錄一體機鏡頭；望遠鏡；照相機	85258022-85258029； 90021131、90021139； 90051000；90064000、	

		90065100、90065300、90065990	
42	鐘錶	9101-9103、9105-9106	
43	樂器	9201-9208	
44	座具；其他傢俱；彈簧床墊、寢具等；燈具；活動房屋	94012010-94018090；94032000、94034000-94038990；9404；94051000-94052000、94053000；9406	
45	玩具、遊戲品、運動用品	第九十五章全部稅號	
46	畫筆、毛筆及化妝用的類似筆；旅行用具；紐扣；圓珠筆；鉛筆；打火機等	96033010-96033090；9605；9606；9608；9609；9613-9617；9619	
47	藝術品、收藏品及古物	第九十七章全部稅號	

附錄 4：

《在平潭工作的臺灣居民涉及內地與臺灣地區個人所得稅稅負差額補貼實施辦法》

附錄 4：《在平潭工作的臺灣居民涉及內地與臺灣地區個人所得稅稅負差額補貼實施辦法》

根據《福建省人民政府關於在平潭工作的臺灣居民涉及內地與臺灣地區個人所得稅稅負差額補貼辦法的批復》（閩政文〔2012〕317 號）精神，為確保此項工作的順利實施，特制定如下實施辦法。

一、補貼對象

補貼對象為在平潭綜合實驗區任職、受雇、履約的臺灣居民（以下簡稱臺灣居民）。

二、補貼範圍

臺灣居民取得的"工資薪金所得"、"勞務報酬所得"、"稿酬所得"、"特許權使用費所得"、"財產租賃所得"、"財產轉讓所得"、"其他所得"，並在平潭實際申報繳納個人所得稅，可獲得個人所得稅稅負差額補貼。

一個納稅年度內在大陸連續或累計居住超過 183 天的臺灣居民在平潭取得的"個體工商戶生產經營所得"、"對企事業單位的承包經營、承租經營所得"，並在平潭實際申報繳納個人所得稅，可獲得個人所得稅稅負差額補貼。

三、補貼標準

按照臺灣居民在平潭實際申報繳納個人所得稅的 20%予以補貼。

四、資金來源

區財政金融局將臺灣居民個稅補貼資金列入年度預算，確保補貼資金及時到位。

五、辦理流程

（一）在平潭地稅納稅服務廳專設臺灣居民個人所得稅辦理視窗，負責辦理臺灣居民個人所得稅繳納等相關事項。

（二）臺灣居民憑個人所得稅繳納完稅憑證，向區地稅局辦理視窗申領《在平潭工作的臺灣居民個稅補貼申請審定表》。

（三）區地稅局對臺灣居民提交的申請表、個人所得稅繳納完稅憑證及影本（影本需本人簽名）進行審核後，報區臺灣工作部經濟處審核。

（四）區臺灣工作部對臺灣居民主體資格、居住期限、就業狀況等相關條件進行審核後報區財政金融局。

（五）區財政金融局稅政金融處按規定對臺灣居民個稅補貼金額覆核後，由區國庫支付中心在補貼視窗兌現補貼資金。

六、其他事項

（一）各部門要本著“便民高效”的原則，實行全程服務代辦制。區地稅局、臺灣工作部、財金局等在完成本部門審核職能後均要專人轉送至下一個職能部門，區國庫支付中心兌現補貼資金後應及時告知當事人，並做好記帳等財務管理工作。

（二）本實施辦法與省級和我區出臺的其他優惠政策類同的，臺灣居民可按照就高的原則申請享受，也可以自願選擇一項享受，但不重複享受。

（三）臺灣居民取得的上述補貼免征個人所得稅。

（四）臺灣居民個稅稅負差額補貼，每年或每半年申報一次，特殊情況可單筆申報。

（五）本辦法自公佈之日起實施。平潭綜合實驗區管委會 2012 年 12 月 27 日公佈的《在平潭工作的臺灣居民涉及內地與臺灣地區個人所得稅稅負差額補貼實施辦法》（閩嵐綜實管綜〔2012〕132 號）同時廢止。

附錄 5：

訪談題綱

附錄 5：訪談題綱

題組一、 訪談臺灣地區人民對關於平潭綜合實驗區(以下簡稱實驗區)相關法規政策的看法

Q1： 先生/小姐您好！我是中國政法大學的博士研究生，目前在調查研究關於臺灣人民對於大陸福建省平潭綜合實驗區的相關看法與意見，請問可以耽誤您幾分鐘的時間嗎？(可以→進入Q2，不可以→致謝並尋找下一位受訪者。)

Q2： 您願意接受錄音還是錄影呢？(錄音→開始錄音，錄影→前往攝影地點開始攝影。)

Q3： 請問您貴姓？家住哪裡？從事何職業？(進入Q4。)

Q4： 請問您有聽過大陸福建省的平潭綜合實驗區嗎？(有→進入 Q5，沒有→對受訪者進行實驗區簡介後進入 Q6。)

Q5： 請問您知道實驗區目前對於臺灣人民有哪些優惠法規政策嗎？(知道→進入 Q6，不知道→對受訪者進行實驗區優惠法規政策簡介後進入 Q6。)

Q6： 請問您認同《實驗區總體發展規劃》中所提出“兩岸共同家園”的願景嗎？(認同→進入Q7，不認同→進入 Q8。)

Q7： 請問在您瞭解實驗區的願景與優惠法規政策後

您會有意願赴實驗區創業、就業或居住嗎？(有→進入 Q9，沒有→進入 Q11。)

Q8：請問您不認同“兩岸共同家園”的原因是？與實驗區法規制度有關嗎？(回答完進入 Q7。)

Q9：您知道福建省開放臺灣人民在實驗區參政嗎？對於臺灣人民可以在實驗區參與“共同管理”的看法是？您有意願參與嗎？(有→進入 Q11，沒有→進入 Q10。)

Q10：您沒有意願參與實驗區“共同管理”的原因是？與實驗區法規制度有關嗎？(回答完進入 Q11。)

Q11：您知道在臺灣的法律規定臺灣人民不可以在大陸擔任公職嗎？(知道→進入 Q12，不知道→進入 Q12。)

Q12：您覺得這樣的規定合理嗎？為什麼？(回答完進入 Q13。)

Q13：請問您會想前往實驗區觀光或實地考察嗎？(會→進入 Q14，不會→進入 Q15。)

Q14：請問您願意留下聯絡資訊以便將來接收實驗區的新消息嗎？(願意→登錄聯絡資訊並結束訪談，不願意→致謝並結束訪談。)

Q15：請問您無意願前往實驗區創業、就業或居住的原因是？是否有任何現行法規制度阻礙您無法前往或讓您有所顧慮？(回答完進入 Q16。)

Q16： 請問實驗區的法規政策作何調整或改變會讓您願意前往實驗區創業、就業或居住呢？(回答完進入 Q17。)

Q17： 請問您無意願前往實驗區觀光或實地考察的原因是？與實驗區法規制度有關嗎？(回答完致謝並結束訪談。)

題組二、 訪談居住在實驗區的臺灣人民對關於實驗區相關法規政策的看法

Q1： 先生/小姐您好！我是中國政法大學的博士研究生，目前在調查研究關於居住在實驗區的臺灣人民對於實驗區的相關看法與意見，請問可以耽誤您幾分鐘的時間嗎？(可以→進入 Q2，不可以→致謝並尋找下一位受訪者。)

Q2： 您願意接受錄音還是錄影呢？(錄音→開始錄音，錄影→開始攝影。)

Q3： 請問您貴姓？臺灣哪裡人？從事何職業？(回答完進入 Q4。)

Q4： 請問您在平潭是長期定居還是短暫停留呢？(長期定居→進入 Q5，短暫停留→進入 Q6。)

Q5： 您來平潭定居多久了？(回答完進入 Q9。)

Q6： 您是來平潭從事什麼活動呢？(回答完進入 Q7。)

Q7： 您喜歡平潭嗎？(喜歡→進入題組一 Q5，不喜歡→進入 Q8。)

Q8： 為什麼不喜歡平潭呢？與實驗區的法規制度有關嗎？(回答完進入題組一 Q5。)

Q9： 您當初是基於什麼原因來平潭定居呢？與實驗區優惠的法規政策有關嗎？(回答完進入 Q10。)

Q10： 您在平潭從事何行業呢？(回答完進入 Q11。)

Q11： 當初有享受任何優惠法規政策嗎？遇過什麼法律上的障礙嗎？是哪些法規政策？(有→進入 Q12，沒有→進入 Q13。)

Q12： 您覺得優惠法規政策對您有幫助嗎？(有→進入 Q13，沒有→進入 Q14。)

Q13： 您現在有享受任何優惠法規政策嗎？遇過什麼法律上的障礙嗎？是哪些法規政策？(有→進入 Q14，沒有→進入 Q14。)

Q14： 您覺得除了現行的優惠法規政策外還有希望哪些方面可以優惠的嗎？(回答完進入 Q15。)

Q15： 您覺得您在實驗區生活愉快嗎？(愉快→進入 Q17，不愉快→進入 Q16。)

Q16：您覺得您在實驗區生活不愉快的原因是？與實驗區法規制度有關嗎？(回答完進入 Q17。)

Q17：您和實驗區當地的大陸人民相處愉快嗎？(愉快→進入 Q19，不愉快→進入 Q18。)

Q18：您和實驗區當地的大陸人民相處不愉快的原因是？(回答完進入 Q19。)

Q19：您覺得《實驗區總體發展規劃》中所提出“兩岸共同家園”的理想實現了嗎？(已實現→進入 Q21，未實現→進入 Q20。)

Q20：您覺得實驗區“兩岸共同家園”的理想未實現的理由是？有任何法規制度上的原因嗎？(回答完進入 Q21。)

Q21：您會推薦或邀請您在臺灣的親朋好友移居實驗區嗎？(會→進入 Q23，不會→進入 Q22。)

Q22：您不會推薦或邀請您在臺灣的親朋好友移居實驗區的理由是？與實驗區或兩岸相關法規制度有關嗎？(回答完進入 Q23。)

Q23：您覺得目前實驗區與臺灣之間的交通便利嗎？(便利→進入 Q25，不便利→Q24。)

Q24：您希望實驗區與臺灣之間的交通如何改善呢？有任何立法建議嗎？(回答完進入 Q25。)

Q25：您對兩岸之間開鑿海底隧道高速公路與高速鐵

路的看法是？您希望兩岸之間的海峽隧道儘早開通嗎？(希望→進入 Q27，不希望→進入 Q26。)

Q26：您不希望兩岸之間的海峽隧道儘早開通的原因是？(回答完進入 Q27。)

Q27：您覺得實驗區生活方便嗎？(方便→進入 Q29，不方便→進入 Q28。)

Q28：您覺得實驗區生活不方便的原因是？您認為可如何立法改善？(回答完進入 Q29。)

Q29：您對實驗區的生態環境有什麼立法建議嗎？(有→建議完進入 Q30，沒有→進入 Q30。)

Q30：您有赴實驗區公部門洽公的經驗嗎？可以說說您在實驗區洽公的經驗嗎？(有經驗→進入 Q31，沒有經驗→進入 Q32。)

Q31：您覺得實驗區公部門的行政效率或人員態度好嗎？(好→進入 Q33，不好→進入 Q32。)

Q32：您覺得實驗區公部門的行政效率或人員態度可如何立法改善呢？(回答完進入 Q33。)

Q33：您覺得目前實驗區的法規制度完善嗎？(完善→進入 Q34，不完善→進入 Q34。)

Q34：您覺得實驗區再增加或修改哪些法規制度會讓實驗區更好呢？(回答完進入 Q35。)

Q35：您對臺灣人民可以在實驗區參與“共同管理”的看法是？您有意願參與嗎？(有→進入 Q37，沒有→進入 Q36。)

Q36：您沒有意願參與實驗區“共同管理”的原因是？與實驗區法規制度有關嗎？(回答完進入 Q37。)

Q37：您知道在臺灣的法律規定臺灣人民不可以在大陸擔任公職嗎？(知道→進入 Q38，不知道→進入 Q38。)

Q38：您覺得這樣的法律規定合理嗎？為什麼？(回答完進入 Q39。)

Q39：您擔心如果在實驗區參政回臺灣會受罰嗎？(擔心→進入 Q41，不擔心→進入 Q40。)

Q40：您不擔心的理由是？(回答完進入 Q41。)

Q41：您對於臺灣政府禁止臺灣人民在大陸擔任公職的規定有什麼立法建議嗎？(回答完進入 Q42。)

Q42：您對目前實驗區出入境的方式有什麼立法建議嗎？您覺得方便嗎？(方便→進入 Q44，不方便→進入 Q43。)

Q43：您希望實驗區出入境的方式如何立法改良呢？(回答完進入 Q44。)

Q44：您對實驗區其他方面有什麼立法建議嗎？(回答

完致謝並結束訪談。)

題組三、 訪談居住在實驗區的大陸人民對關於實驗區相關法規政策的看法

Q1: 先生/小姐您好！我是中國政法大學的博士研究生，目前在調查研究關於居住在實驗區的大陸人民對於實驗區的相關看法與意見，請問可以耽誤您幾分鐘的時間嗎？(可以→進入 Q2，不可以→致謝並尋找下一位受訪者。)

Q2: 您願意接受錄音還是錄影呢？(錄音→開始錄音，錄影→開始攝影。)

Q3: 請問您貴姓？大陸哪裡人？從事何職業？(回答完進入 Q4。)

Q4: 請問您對於國家把平潭規劃為綜合實驗區有什麼看法？對於實驗區這幾年來的變化您有什麼看法？(回答完進入 Q5。)

Q5: 請問您在平潭是長期定居還是短暫停留呢？(長期定居→進入 Q6，短暫停留→進入 Q7。)

Q6: 您在平潭定居多久了？(回答完進入 Q8。)

Q7: 您是來平潭從事什麼活動呢？(回答完進入 Q8。)

Q8: 您喜歡平潭嗎？(喜歡→Q10，不喜歡→進入

Q9。)

Q9： 為什麼不喜歡平潭呢？與實驗區法規制度有關嗎？(回答完進入題組一 Q6。)

Q10： 您是基於什麼原因在平潭定居呢？(回答完進入 Q11。)

Q11： 您現在有享受任何優惠法規政策嗎？遇過什麼法律上的障礙嗎？是哪些法規政策？(有→進入 Q12，沒有→進入 Q13。)

Q12： 您覺得優惠法規政策對您有幫助嗎？(有→進入 Q14，沒有→進入 Q13。)

Q13： 您覺得除了現行的優惠法規政策外還有希望哪些方面可以優惠的嗎？(回答完進入 Q14。)

Q14： 您覺得您在實驗區生活愉快嗎？(愉快→進入 Q16，不愉快→進入 Q15。)

Q15： 您覺得您在實驗區生活不愉快的原因是？可以用立法改善嗎？(回答完進入 Q16。)

Q16： 您和實驗區當地的臺灣人民相處愉快嗎？(愉快→進入 Q18，不愉快→進入 Q17。)

Q17： 您和實驗區當地的臺灣人民相處不愉快的原因是？(回答完進入 Q18。)

Q18： 您覺得《實驗區總體發展規劃》中所提出“兩岸共同家園”的理想實現了嗎？(已實現→進入

Q20，未實現→進入 Q19。)

Q19：您覺得實驗區“兩岸共同家園”的理想未實現的理由是？有任何法規制度上的原因嗎？(回答完進入 Q20。)

Q20：您去過臺灣嗎？覺得臺灣怎麼樣？對臺灣的法制建設印象是？(去過→進入 Q22，沒去過→進入 Q21。)

Q21：您會想去臺灣看看嗎？原因是？(回答完進入 Q22。)

Q22：您覺得目前實驗區與臺灣之間的交通便利嗎？(便利→進入 Q24，不便利→Q23。)

Q23：您希望實驗區與臺灣之間的交通如何改善呢？有任何立法建議嗎？(回答完進入 Q24。)

Q24：您對兩岸之間開鑿海底隧道高速公路與高速鐵路的看法是？您希望兩岸之間的海峽隧道儘早開通嗎？(希望→進入 Q26，不希望→進入 Q25。)

Q25：您不希望兩岸之間的海峽隧道儘早開通的原因是？(回答完進入 Q26。)

Q26：您覺得實驗區生活方便嗎？(方便→進入 Q28，不方便→進入 Q27。)

Q27：您覺得實驗區生活不方便的原因是？有任何立

法建議嗎？(回答完進入 Q28。)

Q28：您對實驗區的生態環境有什麼立法建議的嗎？(有→建議完進入 Q29，沒有→進入 Q29。)

Q29：您有赴實驗區公部門洽公的經驗嗎？可以說說您在實驗區洽公的經驗嗎？(有經驗→進入 Q30，沒有經驗→進入 Q31。)

Q30：您覺得實驗區公部門的行政效率或人員態度好嗎？(好→進入 Q32，不好→進入 Q31。)

Q31：您覺得實驗區公部門的行政效率或人員態度可如何立法改善呢？(回答完進入 Q32。)

Q32：您覺得目前實驗區的法規制度完善嗎？(完善→進入 Q33，不完善→進入 Q33。)

Q33：您覺得實驗區再增加或修改哪些法規制度會讓實驗區更好呢？(回答完進入 Q34。)

Q34：您對臺灣人民可以在實驗區參與“共同管理”的看法是？認同此項法規政策嗎？(回答完進入 Q35。)

Q35：您樂見臺灣人民來實驗區定居嗎？為什麼？(回答完進入 Q35。)

Q36：有什麼話想對居住在實驗區的臺灣人民說嗎？(回答完進入 Q37。)

Q37：您對實驗區其他方面有什麼立法建議嗎？(回答

完致謝並結束訪談。)

附錄 6：

訪談逐字稿

題組一

2015 年 2 月 4 日於臺灣地區新北市訪談新北市人張姓保全個案 A

我對平潭的瞭解就是大陸那邊要在實驗區設工業區，讓台商在那邊開工廠，對於實驗區的優惠政策我是不清楚，但是大陸的用地好像是只能租不能賣，一次承租個 50 年，他們大陸沒有私人土地啊，都是政府的，但是在你的介紹後，我覺得問題是你有沒有在那邊工作，如果你沒有在那邊工作，再優惠的條件也沒有用，所以如果在那邊有工作機會，我會考慮啊。另外，問題就是你過去那邊你要做什麼？你要做哪一行？因為行業很多啊，你要做哪一行？有沒有那個市場？你有沒有那個通路？比如說你賣手機，你有那個通路嗎？你要確定你過去要做什麼行業，他優惠的產業項目，你有那方面的技術嗎？沒有那方面的技術你過去幹嘛？如果公司要派我去，要看條件、看待遇，且要考慮家庭，比較麻煩，我是覺得你的待遇和收入就反映你公司的通路和銷售是不是很好，現在最紅的不是手機嗎？大家都在做手機啊，公司有賺錢，員工才有那個福利啊。以前我們公司有在東莞市茶山，我們公司在那邊有一個廠，據我瞭解大陸那邊好像比如說要把這個地方做起來，他都會出一個優惠政策，等他把這個城市做起來，他就會把這個優惠取消掉，他隨時可以把優惠政策取消掉，所以我會覺得優惠政策不是長遠的，我覺得優惠要有保障，好像香港那樣，比如優惠政策保障 50 年。所以我是認同兩岸共同家園這個概念，但是優惠要有保障，不要隨時改變，這樣會覺得他這樣沒有信用。

共同管理它應該是僅限於實驗區，他當然要找臺灣人來當啊(公務員)，因為臺灣人才瞭解臺灣人的習慣，所以當然是找臺灣人來管，久了他就知道啦，你們臺灣人一天在幹嘛、一個月在幹嘛，我覺得這個政策是短暫的，他要收回去也是馬上收回去，我覺得這個政策(兩岸共同管理)是正面的，只是應該不長久。我是會有意願參與啦，因為你要在那邊生活，你總是要瞭解、要參與公共事務啊，我不曉得兩岸關係條例有限制臺灣人民赴陸參政，我是覺得如果這樣規定好像限制太多了，如果他是限制公務人員過去當官我覺得合理，但是如果我們平民不能去應該就比較不合理了，我覺得不應該禁止啊，因為我們又不是公務人員身份，對不對？又沒有涉及國家什麼機密什麼的，很多啊，那個像我們台商過去，那個什麼台商協會，他們每年都會換會長什麼的。

大陸我有去過廣東啊，有機會是會想過去看看啊，就是去旅遊而已啦！你如果是做國際貿易的，那個港口很近很方便，如果高速公路很近，交通很方便，還是到機場都很方便，所以交通很重要，如果交通建設完善，我對實驗區還蠻期待的，交通方便，人就會聚集啊！像我以前在東莞，台商之間都住很近，很方便啊！所以交通建設很重要。

2015 年 2 月 5 日於臺灣地區新北市訪談臺北市人林姓待業個案 B

我知道平潭正在建設，就是要把我們的錢吸過去，幫他們創造就業機會，天下沒有白吃的午餐啦！如果創業不用準備錢我就怕怕的，我目前不會想要去，原因是我對不熟的東西不會去冒險，我一定是我熟悉的、我可以掌握的我才會去，尤其是這麼優惠的，我就怕怕的，原因天上不會掉最好的東西給你，越好的禮物一定有鬼，所以我對不熟悉的絕對不會過去，如果我熟悉的我拿錢過去沒關係，會賺錢的他們為什麼不賺？就只有我們…找我幹嘛？我又沒有技術，我又沒有人脈，又沒有通路，哪有這麼好康的？一定是比如說，第一個，我有錢，他找我去創造就業機會，反正天下沒有白吃的午餐。

兩岸共同家園的構想不錯啊！我樂觀其成，像以我的身價我大概不會，我大概不會去動他，像如果你去找那些快活不下去的人，他可能會一個人過去啊！反正我什麼沒有啊！就是命一條啊！對不對？我在臺灣也沒什麼資產、沒什麼東西，什麼都沒有的狀況之下，我當然就過去拚看看啊！拚無就算啦！不然要怎麼樣？像我在臺灣有錢什麼都有對不對？到時候我一個人去那邊弄一弄對不對，你就不讓我回來啦！好康的不會輪到我的啦！

對於實驗區開放臺灣人擔任公職的構想這個也不錯，問題還是要詳看內容啦！我常常講，天下沒有白吃的啦！哪有可能去那邊白領薪水的？共同管理臺灣人參與，利用你的人脈去做一些事情，哪有好康的？有錢不會自己賺？

對於兩岸關係條例禁止臺灣人在擔任公職的規定，如果是對平民百姓不合理，對公務人員應該是合理吧？平民老百姓我愛怎麼樣就怎麼樣啊！啊公務人員你要在那邊上班那是我的規定啊！你在政府機關就是政府就是老闆啊，老闆的規定你要遵守啊！不然你辭職啊！應該要合乎政府的規定，但如果是人民，我愛怎麼樣就怎麼樣啊！啊美國要請我當顧問，為什麼不行？他有錢給我啊！

如果只是去實驗區看看、觀光沒問題啊！只要我有時間。對於大陸政府我也沒什麼建議，但是應該是要有一個第三國家來替他保證這些優惠政策會實現，不然他隨時都在變，在臺灣也一樣，我要找你麻煩，我隨時找法規，都可以找你麻煩，你開餐廳也一樣，隨便你這個噪音，隨便你這個不衛生，想找都有啦！所以要找一個第三公正國家，而且不是阿里布達的，最好是美國，不然他說給妳優惠幾年幾年，講歸講，到時候我給你優惠沒錯啊！然後我就你工廠開在這邊，然後出口我給你免什麼免什麼，什麼稅什麼稅，到時候我就一天到晚找你麻煩啊，就要你搬嘛！反正我現在平潭發展好了，我不要工業不要污染了，我就一天到晚來找你麻煩，你這個不合乎規定，那個不合乎規定，你要不要關？這樣一天到晚找你麻煩你還是要關啦！找美國當公正國至少還有一層保障啊！至少你交一筆錢放在美國當擔保金，優惠政策沒有就扣起來，要不然他隨時在變啊！這個最安全啊！

2015 年 2 月 5 日於臺灣地區新北市訪談臺北市人孫姓餐飲業者個案 C

平潭我知道啊！好像有聽過兩岸共同家園這個事情，這個我們一般老百姓太遙遠了，我們就是一個市井小民，就是混飯吃，當然對某些可能想創業或是想走國際路線的，可能會有影響吧！對我們是沒什麼感覺，這些優惠對我沒有憧憬，沒有吸引，因為沒有想那麼遠，就是人有一口飯吃，有工作做，現在也沒很大的衝勁了，可能年紀的問題吧！

對於臺灣人可以在實驗區擔任公職的構想對我們來說遙遠了一點，也不知道好不好，對於兩岸關係條例禁止臺灣人赴陸從政的規定，我覺得公務人員可以禁止，但是老百姓是個人喜好的問題，公務員就不行嘛！因為他本身就是擔任公職不可以兼職這是規定的，這應該也是合理的，但是一般平民的話他到那邊，也許他有想從政臺灣覺得不適合他，他要到對岸去從政，也許他有一片天的話，這個我認為是無傷大雅，所以非公務員沒有必要去限制他，高興就好。

那邊我有去過，我有朋友住福清啊！很久之前去的，所以也沒有特別的印象，就一般一般吧！對於對實驗區的建議，一時之間我也想不出來，可能沒想那麼多吧！

2015 年 2 月 5 日於臺灣地區新北市訪談曹姓醫藥業者個案 D

我從沒聽過平潭實驗區，我覺得兩岸共同家園的構想蠻奇怪的，為什麼要刻意？這個想法是可行啊！但是我覺得很奇怪，為什麼要刻意要這樣？就是要刻意他們跟我們住在一起這樣，就算有優惠政策，我也不會想去啊，因為沒有很吸引我，因為對那裡不瞭解，而且是有臺灣人有大陸人，我覺得可能生活習慣不同，可能會有相處的問題，如果介紹信息更完整可能會比較好，就是從來也沒想過離開臺灣。

實驗區…感覺好詭異喔！對於實驗區開放臺灣人參政覺得很詭異，就覺得這個出發點很奇怪，幹嘛要這樣？但是我覺得兩岸關係條例規定臺灣人民不能去實驗區參政不合理，不過我都沒有特別想法，因為我也不會想要去從政。

如果只是觀光、看看可能會好奇，雖然不會想要去定居，但是會想知道當地實際情況是怎麼樣？會想實地去瞭解。對於實驗區的介紹覺得還不是很清楚，對於實驗區的宣傳可以再多一點，像媒體方面。

2015 年 2 月 7 日於麗娜號訪談臺灣地區苗栗縣林

姓國中生個案 E

我去平潭探親，我未來應該會想去實驗區發展，因為之前習近平有來到平潭，就是說要把平潭變為第二個香港，所以我覺得未來應該會去平潭發展一下。

對於實驗區開放臺灣人在平潭任公職的政策，我覺得應該是可以的吧！因為我覺得“兩個國家”之前都是一國的，所以我覺得現在應該慢慢統一，也就“慶蔡”[451]啊！有機會的話，我想我應該會希望做一些小小的事，就看看吧！憑自己的力量，從基層做起。

對於兩岸關係條例禁止臺灣人在大陸擔任公職的規定，我覺得不合理啊！就是當官的只要是為人民的利益著想就好，不管他是哪邊的人，都應該尊重與包容，只要在實驗區是個好官，不管是哪裡人都可以。如果是臺灣公務員去實驗區當官可能有兩種可能，一種是可能他在臺灣當官當得很好，那他如果是好官那就 OK，那如果他是貪官什麼的話那就算了吧！等於兩岸是一個國家，如果你是好官，受聘或者是說轉任實驗區當官其實是一件好事，所以臺灣現行的規定是不合理的。

---

451 慶菜是閩南話，隨便的意思。

我覺得實驗區他有一個政策我覺得做得蠻好的，就是他到大學一路免費，就是政府補助，但是我覺得有些有錢人呢，他讀私立學校也免費的話，那就不合理，這個政府可以改一下。然後就是土地，他房屋加蓋的部分，就是他樓層，因為我曾經去過那邊看，大概都是二三四，就是他在城關那邊、小湖那邊，他那邊的房子我覺得都很矮，然後政府也不肯加蓋，所以導致沒有辦法進步，房屋地震一震就垮了，我覺得這個政府要改善。就是希望房子可以加蓋，加蓋之後會比較牢固，地震來時就比較沒有危險。

2015 年 2 月 7 日於麗娜號訪談臺灣地區台東縣施姓高中生個案 F

我媽是平潭人，有聽我媽說過實驗區的優惠政策，對於兩岸共同家園的構想，我很認同，因為有血緣關係所以有感情，將來我也有意願在實驗區發展。對於實驗區開放臺灣人擔任公職的政策，我沒聽說過，但是有機會的話我有意願參與共同管理，因為小時候我也在平潭長大過，等於兩邊都生活過，所以對於實驗區公共事務的參與會更得心應手。

對於兩岸關係條例禁止臺灣人在大陸擔任公職的

規定，我覺得不合理啊！如果他禁止我，我就移民哪，取得共和國的國籍。如果可以臺灣法律可以改，我會支持他改啊！如果是比較基層的職位，我覺得可以開放啊！如果比較高階才禁止啊！

對於實驗區的建議，我希望臺灣的車子可以在實驗區上路，兩邊的人可以互相往來，雙方的車都可以到對岸去開。

2015 年 2 月 7 日於麗娜號上訪談臺灣地區台東縣吳姓鐵工個案 G

實驗區對台優惠政策是有聽過，但是人家說都沒定下來，搞不好只是隨便說說，所以我目前也沒享受這些優惠政策。對於兩岸共同家園的構想應該是會認同啦！優惠政策口頭上講得很大，但是辦事時都不清不楚的。

對於實驗區開放臺灣人參政，那個應該也是很少吧！對於兩岸關係條例禁止臺灣人在大陸擔任公職的規定，我覺得應該是合理的，因為你在臺灣已經有公職的工作了，如果是平民老百姓就不太清楚了，有可能也可以過來啦！對於老百姓的話會有幫助啦！人家會有興趣過來。

我們的建議沒有用吧！我們的建議說都白說的，辦事情很繁瑣，很麻煩，不然就是拿錢請人家代辦，但是錢都被人拿走，如果這方面能改進當然最好。

題組二

2015 年 2 月 7 日於平潭對台小額商品交易市場訪談台商個案 H

公司外派我來這裡，住宿是公司提供的，對小貿的優惠我大概知道，其他我不清楚，像我們攤位是大學生創業攤位，三年免租金，所以我們算有享用優惠政策，但是目前實驗區這邊的消費能力還有待提升，像冬天的時候沒什麼生意，所以基本上是從平潭往外走，這裡的商家幾乎都在虧本啊！所以就是以平潭為據點向內陸去發展，光平潭這邊賺是不夠，除非說是夏天人潮比較多，等於跟我們澎湖差不多啦！只做夏天的生意，到這邊來我們算第三批了，前兩批都走了，而且基本上優惠都被運輸的轉走，就是報關，運輸費太高了，這樣運過來這邊雖然是免稅，但是他的運費太貴，運費太貴你在這邊賣的等於是一樣，關稅上的優惠被運輸費吃掉了。

這邊風大，氣溫也比臺灣低，還有物價太高，吃的不是很好，但是花很多錢。和大陸人的相處是沒什麼問題啦！但是就是我們臺灣那邊素質還是比較好，要入境隨俗啦！這裡的地方建設比較沒有像我們臺灣那邊那麼優渥啦！對於兩岸共同家園的構想，我覺得這個發展期，還需要一段時間，這個短期沒辦法促成，雖然他們砸很多錢，但是目前還看不到什麼成績，還沒實現的原因就是當地交通還不是很方便，路還沒鋪好，公共運輸公車是有啦！然後他們的的士(計程車)和摩的(計程摩托車)，那個收費都很高啊！來這邊如果沒有自己的交通工具就很不方便。因為目前狀況還不太適合啊！所以不會推薦親友來就業或定居，但是如果說有要對未來展望比較高的，可以來試試看，因為他這邊到 2016 年高鐵才會通到這邊嘛，長期是個機會，還有機場啊，陸續都還要好幾年才會蓋好，高鐵才會帶動經濟啊！因為你來的交通不是很方便，你看從福州搭公車到平潭要兩個鐘頭，所以等交通建設完善之後，可以考慮啦！目前實驗區和臺灣之間的交通還是不便利啊！因為光客滾還是不夠啊！像海峽號現在壞掉了嘛，只剩麗娜號。關於未來開鑿海底隧道建高鐵和高公(高速公路)如果是可以當然是很好啊！兩岸的交通便利，但是你要看我們當地人民可不可以接受這樣的一個走向啊，因為服貿沒有過，大家也是覺得說服貿過了大家也是有一個壓力在啊！因為競爭變強了，所以要把政策寫出來啊！通了有什麼好處？不通有什麼好處？因為這是有關政治問題所以我們就比較不想去談論它啦！

物資方面這邊也還不是很齊全，它這裡如果跟深圳比起來還差很多啊，而且它這裡沒什麼工業，沒有工業沒辦法刺激他的消費能力啊！你一個地方沒有一個正常的收入，只是把你的人民消費提高並沒有用啊！實質你人民的消費層次就不到那邊。關於生態環境，這裡好像也沒有什麼垃圾處理，這些公設要處理好，不然你垃圾要往哪裡倒？目前這裡講真的生態環境是真的還不錯啦！因為沒什麼污染，天然的條件不錯，好山好水好無聊，他這邊的樹很少，感覺都是石頭山。我的洽公經驗是這邊的行政效率非常慢，態度也不是很好啊！通常你沒有十點過後去，這裡辦公的話比較不方便，到中午下午他休息到兩三點，然後五點就下班了。改善的方式就是要對他們進行滿意度調查，就像這裡的銀行這樣，他們這裡的銀行做得不錯啊！因為你去了，服務員會叫你給個評價、滿意度，公務人員應該比照辦理。因為我來的時間不是很長，所以對這裡的法規制度不是很瞭解，像這裡好像有一個規定，就是這裡不能掛牌摩托車，好像電動機車也不行，就變成你臺灣人來就一定要買車，但買車就牽涉到駕照的問題，但是這裡辦駕照效率又不好啊，所以這個要突破一下，現在他這邊摩托車就不能掛牌啦！它就打算把這裡的摩托車全部封殺了，好像就只有那個摩的的有掛牌的才可以，可能就是要表示這邊素質提高了，大家都開車這樣子，電動車可以掛牌的就跟腳踏車速度差不多啦！

實驗區開放臺灣人擔任公職的構想是不錯，像我們這裡台商協會，就是大家有這個心啦！你有什麼問題提出報告，他會幫你跟上頭去溝通，但是我覺得作用不是很大，就是因為我們像這邊的店，一百多家啊！裡面大概不到三分之一是我們臺灣人，大部分老闆都是大陸人，再來員工的也幾乎沒有臺灣人，大部分都是大陸人，有的是臺灣老闆啦，但是也不到五十家啊。如果我有那個能力，我是也願意啊，是因為我以前也是從事商業的部分，所以對於從政我就比較沒有興趣。基本上你如果大陸這邊你沒有臺灣代表，那你勢必就要有一個這樣的政策啊，不然你怎樣促進我們台商在這邊發展，所以應該要修法，就是說不要限制臺灣人民在這邊參與公共事務的管理，那你如果沒有參與，你是要憑什麼出來跟人家講話，對啊，就根本你一點權力都沒有，人家說怎麼樣你就怎麼樣了啊！有參與有機會表達，所以應該要修法。

出入境的話你像深圳那邊，如果你辦多次出入的話，深圳到香港一樣啊，只要刷卡就可以過了，就是電子過關啊，就是刷臺胞證啊，然後按一個指紋啊，就是你要自己去辦理才可以，那個就可以直接指紋辨識過關。像我們臺胞在這裡沒有身份證就很不方便，像要上那個淘寶，還有買高鐵票，像臺灣身份證如果可以改成跟臺灣接軌，就是跟臺灣通用，這樣會最好，就不需要多一個臺胞證。

對實驗區我是沒有什麼特別建議，但是就是如果要做成兩岸共同家園，就是希望可以立一些保護臺胞的法規啊，像希望海基會什麼的在這邊說話有一點力量，假如說我們這裡日後有提出什麼建議的話，會比較有力一點啊，就是建議可以比較被採納這樣，目前都是台商會在說，但是目前人比較少，所以比較沒用。

2015 年 2 月 7 日於平潭對台小額商品交易市場訪談台商個案 I

我目前在這邊長期定居，已定居一年，我不喜歡平潭，因為天氣太冷了。實驗區看不到法規制度，沒有惠民政策，都是虛的，因為有好朋友在這邊才過來的，還有是基於一個希望，對共產黨還是有一個希望，當初會來還是跟實驗區的優惠政策有關，實驗區優惠嘴巴都講了，還沒有落實，像稅收優惠，沒有賺錢怎麼會有稅收？要看大陸政府肯給我們多大的平臺，你沒有平臺，給我們多大的稅收優惠都沒有用，招商的法規跟優惠目前並不見落實，比如說居住的優惠，交通的補助優惠，住房的補助優惠，都沒有落實，當初是說進來就有，目前住這邊都是自己負擔的，當初覺得有前景，現在不覺得，應該是說法規和制度都還沒有下來吧，含六大項商品開放的部分也都沒有，目前都沒有真正受惠就是了，大部分的台商在這邊都虧錢，沒有受惠都先受害，既有的優惠政策先落實再說，其他再說。

目前在實驗區生活不愉快，基本上公共設施不夠，人民普遍素質不是太好，人口基數較小，天氣又冷，海峽號聽說廢了，花人民幣兩千萬還修不好。對於兩岸共同家園的構想不具成效，還沒開始，不會推薦臺灣的親友來定居或就業，一個很關鍵的東西，在臺灣買個房子終身所有，在這邊六十年。實驗區和臺灣之間的交通不便利，因為只有兩條船，一停開就要從別的地方進來了，交通工具太單一，要有車、有機、有船，要陸海空。

對於兩岸開通海底隧道寄予厚望，目前實驗區的生活不方便，要降低條件來這裡生活，第一個公共設施不足，第二個沒有正常的娛樂場所，打球沒地方、游泳沒地方、跑步沒地方，休閒活動設施不足，沒有公共空間，沒有公園，是不能跟臺灣比啦！但是要是比起來就是差上一大截。像我本身是金門人，很多人說金門跟廈門那麼近，蓋個大橋把他接起來，我們想蓋、大陸也想蓋，蓋得起來嗎？那個不只是政治因素，甚至是國際因素，都在裡面。我們一般的老百姓，管不到這個，像是最近這個台車上路的政策，你到時候罰單要怎麼交？交是可以交啦！重要是毒品問題啦！全世界都有客滾，不是只有大陸有、臺灣有啊，你要去取經啊！不能只是怕啊！怕就不用做啦！不做就沒有毒品問題嗎？就是怕做了被罵而已啊！現在就是很多政治人物怕被罵，什麼都不敢做，其實這是很多人的渴望和嚮往，但是在臺灣你可能一半的人想要，一半的人不想要，你怎麼辦？

對於生態環境就儘量保護嘍！這邊是跟臺灣不太一樣，這邊是先講一個政策，慢慢後續細則怎麼實施再慢慢出臺，臺灣是政策一出，配套都準備好了，所以什麼時候落實就還不知道，這些優惠都會實施啦！只是什麼時候實施不知道，這裡租金也不便宜，我們三房一廳一個月也要兩千多人民幣，這裡的物價也比較高，因為這裡以前是海島，所有的東西都是用船從外面運進來，所以價格都多三成，但是大橋建好之後，價格並沒有回落，自然物價就比福州還高，其實會漸漸降啦！或者是都不升啦，其實菜市場還是有一些便宜的，但是開店的都貴。

我有很多洽公經驗，政府人員態度很好，但效率很差，這個沒辦法立法改善，我舉一個簡單的例子，一個電子口岸法人卡現在都是線上審核的部分，但是電子口岸法人卡申請了之後還必須在六個部門蓋章之後才能啟用，這六個章事實上都可以在線上審核，需要蓋這六個章嗎？我覺得這個是行政部門本身沒有辦法放開做法的問題，這個簡直就是，我想不出申請一家公司還要會辦公安局，想不出是什麼原因。而且這些章都在不同的單位，你要跑就跑死你，跑完福州再跑回平潭，六個章要六天。

對於開放臺灣人在實驗區參政的構想我覺得很好，但是我沒有意願，因為年紀太大，可能等不到那個時候，兩岸的制度基本上不太一樣，如果要把兩岸的制度融合在一起，如果沒有下很大的決心應該不容易。像雖然禁止，但是有人在大陸做嗎？有啊！有被罰嗎？沒有啊！所以啊我覺得問題不在臺灣，而是雙方有沒有那個決心來做這件事情。

對於實驗區出入境我覺得很不錯，所有的單位裡面就是出入境管理局是最友善的單位而且成效最好，因為這裡是全中國唯一一個地方可以沒有什麼門檻可以五年多次出入境的，如果可以發一張模擬身份證當然最好啦！讓我們在搭高鐵的時候可以不用去取票，真正享受國民待遇那當然是最好，虛擬的身份證嘛！除了臺灣同胞除了臺胞證之外，臺胞證上可以有一張虛擬的身份證，例如臺灣同胞在上淘寶啊那個像取票的部分都還很困難，像大陸同胞搭高鐵可以用身份證就可以著走啊，這不是改善，就是如果有把臺灣當同胞的話，這個就是會有啊。

2015 年 2 月 7 日於平潭康得夜市訪談台商個案 J

我已經來平潭定居快三年了，冬天就是這種老人家的節奏，它的夏天是旅遊旺季啊！它當地的人口沒有很多，而且這邊算新開發的地方，我覺得需要一段時間啦！前面有一點是跟他們一起拓荒，是比較辛苦啦！但是整個看下來，我是覺得比臺灣有前景，雖然大家現在都不看好，對平潭談不上喜歡，但是儘量讓自己融入，因為天氣太冷了，風大！其實你要花很多錢去買保暖衣物，現在都要買這邊的衣服，臺灣那邊的都不行。當初會來是跟優惠政策法規有關，但是沒有真正享受到，以前可能就是對臺灣政府很有信心，就是有一些建設你根本沒有機會碰觸到，就是臺灣政府的優惠政策等你知道的時候，少數人第一時間都已經拿完了，我們會覺得知道得比較早，可能會有一些好處。但是這邊的政府不一樣，他們會給很多優惠的條件，但是那些條件有可能會隨著時代的改變或者是它發展的改變有可能它會去做調整，所以就是我覺得大財團來應該 OK，但是對於我們這種市井小民可能沒有真正優惠到身上，但是可能就是你臺灣人過來，那是一種非物質上面的感受，你感受到的就是那種禮遇和氛圍，而不是實質的受益，而且你知道原本有的可能會改變或是後面就沒有了，就是讓你有一個期望。但是後來我們會覺得說，因為畢竟中國大陸的發展有未來性，在臺灣可能你比較感受不到，可能想說二十年前你的薪資待遇到現在其實不漲反降，我們其實是為下一代做探路。

我有遇過法律上的障礙，我們在這邊有買房嘛，就是我們有買酒店公寓，可是他們的地產公司沒有完全按照合約履行，就是比方說我們是 2012 年買的，就是他兩年半應該要開始正式營運，那現在兩年半的期限到了，就是它合約上面講說交房、裝修完工，就是租金我們是有拿到的，就是我們是反租二十年，我不知道我們是不是有辦法在這個過程當中，現在他們當地人有買、臺灣人也有買，有一些大陸人在想說是不是要採法律途徑就是請地產公司給一個書面承諾，什麼時候開始裝修、什麼時候開始運營，那要不然我們現在他應該蓋好沒蓋好，該裝修沒裝修，然後我們只是拿到一個月、兩個月的租金，其實對我們來講，我們有很大的擔憂，它會不會倒了？這是私人企業，與優惠政策無關。優惠政策你知道嗎？他本來講說住滿五年就可以購買限價商品房，但是它後面有個備註，就是你要是專業人才，就是他們不是要聘請一千個臺灣專業人才，後來有聽到是你要在這裡投資超過一千萬的才有，所以門檻越來越高了，就是會讓你覺得你看得到但是吃不到，其實他把話可能只有講一半，然後後來你才真正瞭解到，我已經住滿三年嘍！後來才知道原來這條可能已經它的門檻阻礙更大，因為平潭很小，所以有什麼風吹草動很快就會大家都知道，這些消息就是聽說，我們也沒有很認真去 check 啦。

如果有辦法講出來，因為現在臺灣人根本很多人都不知道，因為臺灣政府其實是很冷處理平潭的兩岸的關係啊！好像上次好像有聽過一個平潭的記者，他去跟臺灣的記者交流，臺灣的記者有的根本連平潭都不曉得，都沒有聽說過，所以基本上臺灣它其實對平潭，大陸政府給平潭的一些兩岸的互動的政策，但是我們臺灣政府其實是完全都沒有做任何的宣傳的，臺灣太多人不知道平潭，我所有的朋友到現在我已經來三年了，他們只知道我來大陸，我跟他們講說我在平潭，他們只會問我平潭在哪裡啊？連我自己的親戚，他們平潭在哪裡？不知道，我的家人，他們的概念其實都還是很模糊，臺灣從來一點都不提這些，他們只知道平潭這個地方，因為我來了，可是你知道平潭正確的位置在哪裡也不知道，只知道很近坐船可以到，因為這些是我給他們的訊息，之後他們沒有聽過任何關於平潭這兩個字的任何消息，臺灣對於平潭的宣傳應該是被隱藏的。

因為我自己本身是比較動態型的，我會去運動，然後會去打太極、會去跳舞，我在這邊我的朋友圈算是也跟在臺灣差不了多少，只是它的氣候實在是有時候會讓我們卻步，夏天真的沒話講，就是海邊啊，然後風啊很涼，有那種度假的心情，雖然你晚上上班很辛苦很累，但是你白天有自己可以去享受大自然，去上山下海，我自己本身是舞蹈的嘛！所以跳舞、瑜珈，我走到哪裡就可以運動到哪裡，夏天對我來講是享受，然後冬天真的是苦不堪言，秋天是也還可以，冬天真的是有三個月你的手腳是冰冷的，然後風一吹的時候，有時候你就會想我幹嘛來這裡受苦受罪？很冷！後來就是要靠運動，像是我冬天就是去跳舞，跳半個小時可以讓我熱兩個小時，然後早上的話，只要不是那麼受不了的話，我會去打太極拳。

關於和大陸人相處問題，我覺得走到哪邊都一樣，在臺灣也是一樣，在大陸也是一樣，你用心對待他們，他們也還是會給你回饋，但是兩邊的文化不一樣，基本是相處愉快的。對於兩岸共同家園的構想，我覺得如果天氣有辦法把它植栽做起來，幾年之後它整個環境比較成熟了，環境有辦法改變，風不要那麼大，然後天氣不那麼冷，也許有機會，可是我覺得那種大環境的東西有沒有辦法改變這我就不知道了，這可能就要請教專家的意見，如果它天氣能跟廈門一樣好，我覺得就有機會。目前都是單相思啊，大陸人一直歡迎歡迎，然後臺灣人來了又走，很多臺灣人你去小貿那邊去看，其實很多臺灣人在這邊都是苦撐的，來大家都很辛苦，所以目前不會推薦臺灣的親友來這邊就業或定居，因為還不成熟，因為我們已經來三年了，你全部放棄掉太可惜，畢竟我們已經來三年有打一些固定的客群，那如果重新讓我選擇我不會選擇這邊，我要等更成熟的時候，因為我來我希望一來就馬上有錢賺，然後如果我還要撐還要等，不如我先去別的地方，等這裡成熟了我再過來，如果我親友要來，也許他在臺灣沒有很大的機會，一開始為什麼很多人會選擇離開，因為他會覺得在這邊根本一直在倒貼，當怎麼活下去是個問題的時候，他們只能選擇離開，你在一個地方要長期定居下來，你肯定要有一個就是沒有後顧之憂，要有辦法生存下去，在這邊你就要有辦法養活自己，這是很現實的問題。

目前實驗區和臺灣之間的交通我覺得非常不便利，因為海峽號已經四五個月沒開了，海峽號就是送修然後一直沒有修好，然後只剩下麗娜號，我又是住在台中，我每次要從這邊繞到臺北然後再回去，我整個行程多了好幾個小時，最主要是麗娜輪他不知道哪裡出狀況，有時候你會覺得這邊的效率會讓我們很冒汗，因為我住台中，一開始有麗娜輪的時候，對我來講到台中兩個半小時就可以到，對我來講是很方便，然後我東西拿過來都 OK，到現在目前為止我要經過臺北，我很多東西是不能敢帶，然後我要勉強自己用這邊的東西，因為這邊的東西說實在的在品質上面還是有差，就像我們都是做廚房的，他的不銹鋼和臺灣的不銹鋼就有差，他的是會生銹的不銹鋼。就起碼他多幾艘船吧！或者是說反正你台中你要有固定的航線，不要我們要搭，有時候我們打到海峽號去沒人接，而且是很長一段時間，然後我的兩個小孩他們自己要回去，就很麻煩，他們必須要自己到臺北，然後再坐車，這個中間的路程其實是讓我們很擔心的，安全的部分，至少高速滾輪要恢復正常一週三班。

兩岸開鑿海峽隧道那很好，但是我覺得臺灣政府不會支持，我會希望他早點開通，因為畢竟其實中國大陸還有很多淘寶的機會，可是如果你臺灣人速度慢，你沒有進場，他不會等你的，你只是會失去自己更多的競爭力。目前對於實驗區便利性方面，就是臺灣的原物料來要花很多錢，其他的他的物流還蠻方便的啊！然後食衣住行方面，其實慢慢習慣也就 OK，網路購物其實都沒有問題。那個海關特殊監管政策對我沒有幫助，因為他要出具很多證明，那個其實是你要進到中國內陸，從平潭進到內陸，你是做貿易的，那個你會有差，但是我是從臺灣過來這邊做，我沒有差，我還是走小三通，因為他是東西你要走小貿的那個區塊，然後進來可能會比較便宜一點，可是你就是要提供臺灣所有的原物料，但是我們有一些是我們自己商業的機密，我如果每個人都把資料給你，那哪一天…你懂嗎？比方說我的東西是哪一個廠商提供，那他們知道你這家的哪一個東西是從哪裡進的，東西特別好，那我就直接去拿，就不用透過你嘍！很有可能他臺灣哪些好的東西整個他都知道在哪裡，我直接進就好啦！我不需要透過你啦！我當地人，我是這些承辦人員我所有的資料就已經知道了，我自己個人擔心的就是這樣，所以我還是寧願走我自己的小三通，因為我自己的物料我能夠掌握，然後其實我們在這邊能夠贏他們的地方除了我們的軟實力服務態度之外，還有我們一些原物料的東西，核心掌握在自己手上。

這邊的山跟海，我個人喜歡，其實生態環境我覺得他應該要請有關大自然的專家，對於海洋有研究的人，這個對我們來講可能比較困難，因為你在你自己專業的區塊你可以去瞭解真正很核心的問題，那我們提很多可能讓人覺得很搞笑的意見反而被笑話，其實我覺得他如果有辦法把海洋的一些就是沙灘的遊戲啊！一些有什麼香蕉船啊！臺灣他墾丁的地方有熱帶魚啊有珊瑚礁，這邊你沒有，但是你可以有水上摩托車，或者是水上的遊樂設施，那你可以跟沙灘做一個整個的結合，沙灘排球，整個做一個規劃，你如果有辦法做到這些東西的話，慢慢你沙灘不會只是單調的沙灘，你很喜歡寧靜的人，有一些可以去開發成旅遊，但是他一定會破壞到大自然，這是一體兩面的事情，可能有一些地方他可以拿出來操作，有一些地方他還是保有他比較原始天然的地方在，那既然夏天有那麼多遊客，我覺得他應該把沙灘的一些豐富起來。

我有洽公經驗，其實早期我們兩三年前來，他是非常不 OK 的，就是你可能要跑好幾次，然後問好幾次，他沒有辦法一次把你要交的材料一次給你講得很清楚，然後整個流程，其實我們前面會很認真跑，跑到最後面放棄了，但是你如果去其他的地方他們服務人員少的地方他會給你很大的便利，啊你是臺灣人，然後跟你聊天很友善，比方說衛生監督所啦，你去辦一些暫住證啊，他們工作人員，不是那種很大型的政府部門的時候，他們基本上他們會對臺灣人很友善，也可以儘量給你很大的便利性。其實你說實驗區，那工作人員很多也在實驗階段啊！所以不是他們不願意好好做事，而是他們根本自己也不知道怎麼做，所以要怎麼立法？也許上面都還很模糊，還在摸索，你怎麼立法？

通常我們都會在一個保護傘底下工作，就是類似台商協會這樣子，所以法規怎麼規定我不太去管他，只要他不要來找我們麻煩就好。我覺得在臺灣就已經不會參政了，在這邊就更不會參政了，其實我覺得大部分女生對政治的部分，像我個人對政治的部分都是保持非常中立，然後我們是看人做事，看他的理念政策是不是真為所有人好，如果他只是圖個人的利益，然後不是站在眾人的利益上面，我覺得基本上我們是看他做事，所以只在乎他做得好不好，不在乎他是臺灣人還是大陸人，如果你臺灣人在實驗區能做得好，當然贊成啊！如果更多臺灣人來，那不是對我們更有幫忙？對於臺灣法律禁止臺灣人在大陸擔任公職，如果我們認為臺灣自己是一個國家你當然不會希望從小栽培，到大了他為別人服務囉！所以也沒有合理不合理啊！就是看你的國家認同啊！對於兩岸是不是一國這個很難說，因為其實都是一家人，我覺得臺灣的人才如果真的有辦法把臺灣弄得更好，其實臺灣人就不需要往外出走了。

對於實驗區目前出入境的方式我覺得 OK，因為我其實是辦五年簽，對我來講沒有影響，就好像在走自己家裡一樣，只是他有關卡，所以每樣東西都要驗，所以每樣東西都要搬，每樣東西都要上上下下，對我們女生來講女生搬那麼重的東西是比較辛苦一點，那其他流程的部分我覺得都還好，如果他的就是因為我們從臺灣過來，我會希望就是所有生活上的東西，你已經用習慣臺灣的，如果在一些物流的部分可以像坐飛機一樣，就把貨直接寄給他，他就幫我們送上來，有行李輸送帶，我們不用自己從頭扛到尾啊！自動化啦！就是我們在搬這些原物料的過程中是最大的辛苦，其他的部分都還好，因為我可能我半年才回去一次，那這半年我要帶很多很多的東西過來，吃的用的，然後一些生活上的日用品這樣子，可能習慣還是用臺灣的東西，你這些東西半年下來其實也很嚇人，行李要好幾個，上上下下的部分他如果有辦法做比較便民的方面，其實現在已經很好了，早期來的時候他沒有遮雨棚啊！就是下雨的時候會淋雨，後來他現在有改善了，但是路線還不是那麼的成熟，我覺得這就是你剛開始出來，必須要走過很多辛苦別人沒走過的路，但他成熟了之後，這些所有的過程都已經漸漸變得很舒適了，那你前面選擇出來，你的機會也許會比較多一點，但是別人沒走過的辛苦路你必須要自己走過，從無到有這樣，所以故事會比較多一點。

其實我覺得如果說，你只要方便臺灣人來，讓臺灣人能夠在這邊賺大錢，臺灣人自然就來了，那所有的立法你都要站在臺灣人從無到有來這邊，你要給他什麼樣子的輔助？什麼樣子的條件？什麼樣實際的支持？你要能夠看得到吃得到然後碰得到，就是在你身邊你能夠實際感受得到的一些優惠政策，不然你條件開了，第一批臺灣人來死了，第一批回去你看其他人敢不敢再來？實際的補助比方說你住房，我租房子有租房子的補助，我買房有買房的補助，我在這邊做生意政府會有比方說一個區域你可以派一個專門的人才嘛！然後問臺灣人你有什麼樣的需求，然後給我們實質上的幫助，然後一些真正的協助我們能夠整個運作上來，最好有專人在我們的經營的方面，比方說每五十個或一百個臺灣人你派一個專人，引導我們走上一條路馬上能夠有賺錢，馬上自己能夠自力更生，有點像商業管理顧問，但是要免費的喔！

2015 年 2 月 9 日於區管委會訪談臺胞個案 K

我來平潭兩年了，覺得平潭還可以，當初因為平潭大開發，剛好又談兩岸之間的合作，所以過來看看，他的優惠法規目前還在建置啦，慢慢來嘛！當初來的時候沒有享受到，過程中倒是沒有遇到什麼法律上的障礙，因為我們在這邊跟台商相處得還不錯，也沒遇到什麼問題，來這邊大概都是做生意啊！然後大家台商臺胞大家一起團結一點比較好一點，人才引進的法規現在還沒有完全建置好，現在還一步一步慢慢做，這邊他們宣傳的力道也不是很足，說實在我們這邊真的享受到的我是沒有聽說過，但是如果你有在管委會工作，住的方面倒是會幫你安排一下，像我現在住不用繳租金啊！但是不是我的，他是宿舍啦！你不要想太多，不要想太好啦！他是一間三個人、兩個人住這樣子啊！你以為一人一戶喔？不是啦！他就是單純的大學生宿舍啦！一人一間臥房而已啦！

我覺得個針對臺灣青年的話喔！臺灣青年的創業基金倒是可以考慮增加一下，我所謂的創業基金是他我們給他提供一個創業的基礎，然後他必須在這邊落地生根，然後做一些回饋，是一個互利互助的啦！不是借喔！他創業基金就是給你，但是必須要有當地回饋的機制在，跟貸款是完全不一樣的，我講的創業基金就是類似於獎學金的意思啦，我就直接很大方的給你就好，換句話說會有一個機制啊！就是你必須要在這邊落地生根然後對地方有點貢獻，本來就應該是這樣子啦！我寧願先給你一點錢，然後讓你在地方建設，幫我們協助建設，可以待得下來，你這樣子一傳十十傳百，相信很多臺灣青年對於平潭可能就會有更深的認知，不要說什麼借錢給你再還，什麼低利貸款，我覺得那個沒什麼意思，也是會有吸引力啦！但是我會覺得不如用創業基金，創業基金你可以看最近馬雲跟雷軍他們最近有提供臺灣人創業基金，因為他們認為臺灣人在那種教育頭腦會比較有創意，雖然沒有大陸人用功但是比較有創意一點。怎麼樣認定對實驗區有貢獻那很簡單啦！你這樣逃走之後境管都會有紀錄，都可以列管，你下次你再來我們就不歡迎你了，你要想像就像平潭借你一筆錢一樣的道理嘛！你不還我想那個都會有紀錄啦！其實不要想太多喔！我們花十個人的錢，只要有一半的人對這邊有貢獻，我覺得就有它的效益在了，企業培訓也是一樣啊！我花錢讓你去培訓不一定能夠把你留下來，你看最近那個飛機不是也一樣嗎？很多人都被高薪挖角，一樣的道理，那只是說能夠有一半的人能夠願意留下來我覺得效益還是在的啦！不可能百分之百，百分之百那太完美的想法，現在這個地方又這麼強大、富強，就這麼點錢，沒有必要去計較，你真的要建兩岸共同家園的話，這方面倒是可以去思考一下。

目前在實驗區生活還可以啊！跟這邊的人相處也都可以，有些人都還不錯，假如“五個共同”能完全落實的話就非常好啊，這是重點，目前共同家園的構想當然沒有實現，還是要五個共同要能落實才能實現，這需要很大的胸襟啦！這種權力的分享你用法規制度去分的話我覺得會比較有困難，我覺得還是實務上的操作，這必須是利益和權力的分享，就是一個分配的問題，因為你既然敢喊出來，你就必須要有胸襟，不論是創業基金你敢給，還是五個共同你敢做落實，否則你到時候也是變成一個經濟特區而已，缺乏兩岸的元素啦！缺乏一個家園的元素。

暫時不會推薦親友來平潭定居因為這邊的生活機能還不是很好，實驗區跟臺灣之間的交通有船嘛！還算可以，一切要等鐵路、公路這邊通了以後會比較便利，對於兩岸開鑿海底隧道我覺得不太可能建，我暫時不希望建，我覺得兩岸之間還沒談好先不要建，談好再建，有這個默契再建，兩岸之間對於統一有這個默契再建，因為建了之後會對國際有一種宣示，建了之後好像一種臍帶關係嘛！更加強臺灣跟大陸之間一種過國內之間事務的一種感覺。

實驗區生活的便利性不好，這邊的生活機能很差，食衣住行育樂的選擇都比較少，還不夠豐富，你這樣要吸引臺灣人過來很難。生態環境我覺得就是海洋啦！其實該調研我都去看過了，海洋海鮮這方面還是可以的，就是保持嘛！你不要引進一些為了增進當地的產值引進一些高新科技喔！那些其實沒有把關好都會造成污染，要把關好不要造成引進一些有污染的東西進來。實驗區的行政效率有漸漸好轉啦！早期因為我來這邊兩年了，你要我說我也說不準，但是我感覺到有漸漸好轉。

實驗區目前的法規制度還算完善，但是完善歸完善，你要落實，其實該有的法規和該有的政策都有，現在接下來就是怎麼去落實，現在不是制法的問題，已經不是立法的問題，當然我們也在爭取我們平潭的特別立法權，就是自己的立法權。因為制定再多也沒有用啊！你不去落實也沒有用，我寧願有十項去落實，制定一百項你沒有落實也是沒有用啊！沒有意義啊！

共同管理很難啦！非常困難！這不單是我說啦！有時候你跟他們大陸人交談你就會知道，只能說是附屬管理。對於臺灣法律限制臺灣人在大陸擔任公職的規定，我覺得假如在臺灣有涉及公務的話，禁止到這邊我覺得是可以，但是一般百姓的話，我覺得倒無所謂啦！一般百姓他們也是尋找他們就職的機會嘛！那既然臺灣現在薪水倒退十六年前，那不能滿足一般百姓的一些，來大陸求職不要涉及敏感機密的那倒是可以，所以那一條我覺得還是針對公務會較有用，因為你本身在臺灣從事公務你再來這邊從事一些那就真不妥了，老百姓不要去禁止他。

實驗區目前的出入境我目前覺得還可以，沒有什麼立法建議，他們現在在爭取他們的立法權啦！主要是層級問題啦！立法會比較有效率啦！否則他們要制定什麼還要經過省人大去同意通過這樣會比較慢一點，他們就想要跟廈門的經濟特區一樣的立法授權啦！這樣會比較有效率。

2015 年 2 月 10 日於平潭對台小額商品交易市場訪談台商個案 L

我臺灣台中人啊！打算在這邊長期定居，但是目前只來了三個月，平潭這邊是還 OK 啦！當初來當然跟實驗區這邊的優惠政策有關係，是免稅的政策吸引我來的，因為他這邊進口貨物免增值稅啊、免關稅啊、免消費稅這個啊！其實他這樣省下來是還省蠻多的，那個所得稅返還 20%因為目前還沒有賺到錢，所以還沒有享受到這個優惠，其他關稅的優惠我都享受到了，因為他目前貨物進來是真的都不用那些增值稅啊、消費稅，那全免啊！因為與其在臺灣寄快遞過來運費太貴了啦！會很難打開大陸的市場，所以握當初的想法就是在這邊有個點，然後依這邊為據點，再把貨銷到大陸各地去。目前為止我是還沒有遇到什麼法律上的障礙啦！日後是不知道啦！所以這些優惠政策對我當然有幫助啊！其他的優惠喔，因為他這裡是一年免租金啦！那希望說其實這個店面如果說要做起來大概需要一段時間啦！但是他第二年要開始收租金啊！那租金的部分是希望說台商其實每個都希望第二年能再減免，希望免租能延長，不然他這個租金其實也是個負擔啦，因為來這邊每個月你都要有開銷啊！你包括租房子啦、吃飯啦、然後員工薪水啦、物業管理費，這些其實都是開銷如果再增加這筆的話對小企業來講其實是一個負擔啦！平常我是自己租房子，當然他們有說台商所謂的保障房嘛！但是目前可能就還沒有開放登記，這也是當初進來時他們的政策之一啊！就是經營者、管理者他會有一個保障房嘛！但是目前這個是還沒有落實啦！還沒有登記這樣，這個講法有很多種，也有說看你的經營績效，因為畢竟他保障房的話，他有可能說市價假如說是九千塊，你保障房給正統的台資企業是三千塊，但是他的條件就會有限制，你的經營績效要好，或者是像你講的要居住五年、工作三年，這個目前都還沒有一個很明確的消息給我們，進來的時候他們有六大項，我們這個是確定在他們六大項之一，目前有聘一些員工，都是平潭人。

目前在實驗區生活是比較無聊一點，休閒活動比較少，因為這邊跟臺灣還是有差啦！因為開發中嘛！

難免的啦！比較沒那麼多采多姿，但是應該是會漸漸地發展起來，我看他基礎建設都有一直在做啊！他這個不是開玩笑的，這國家政策嘛！和這邊人相處還OK，應該說是還沒有很深入的…，大家持續摸索中，互相磨合。我覺得兩岸共同家園這是一件好事情啊！絕對是好事情，因為你本身份隔兩地啦！你總是要有一個地方實驗嘛，臺灣人民跟大陸人民他們一起生活、一起經商，那過程中會產生出什麼的化學分子，這也是要實驗過啊！但是我是覺得他這個方向其實是對的，一定要這樣做，我覺得這個政策是很有遠景，算是蠻好的一個構想啦！非常好的構想，一定要做，立意很好。這個實現一定需要時間啊！這個開始也還沒有說很久啊！磨合中磨合中，但是其實喔怎麼講，他確實是需要時間但是臺灣總是希望開放的那個政策的力度能再大一點，所以法規政策上開放的力度再大一點會有促進兩岸共同家園的效果，你在這邊經商如果台商真的有賺到錢，那回去臺灣一定是宣傳的嘛，真的！我在大陸有賺到錢喔！這個地方真的是好地方還是什麼大陸這邊開放這麼多好的政策給台商，如果說台商在這邊沒有賺到錢的話是一個問題啊！因為他一個月本身的開銷就蠻大的啊！像我一個月開銷至少要八千塊人民幣，你的利潤如果軋不過這八千塊的話，很多人它可能撐不了多久就放棄了啊！所以是希望他的政策趕快落實，力度加大，那台商就是最好的宣傳者嘛，賺到錢一定回臺灣講的啊，基礎建設腳步要快速，因為人家來這邊基本上就是交通不方便，方便的話人自然就會過來啊，但是如過不方便的話，就是可能會卻步啦！

如果政策確實都是好政策，然後我們在這邊都又賺到錢的話，那當然推薦啊！一定推薦的嘛！好康倒相報，那當然的啊！目前我覺得臺灣和實驗區之間的交通不便利，雖然他海峽號是有，但有時候喔，班次或者是維修，一維修就兩個月了，這就很麻煩了啊，你就要跑到臺北松山那邊去，跑到那個什麼長樂那邊去搭，啊我本身是台中人啊！這樣交通往返會比較不便利啦！或者是走金門小三通，繞一大圈上來，這也是一個很困擾的地方啊！所以我一直在講說這個地方要發展起來，交通一定要便利。如果這個地方喔他已經成為臺灣人民不可或缺的一個地方，已經是臺灣的一個生活圈，那你這種海底隧道啦或者是海上公路啦這種開通我認為是早晚的啦！只是前提是要這個地方必須要先讓台商賺到錢，帶動起來，要不然你這個地方沒有帶動起來的話，那你開海底隧道那些沒有意義啊！無人要來，你總是這個地方發展起來，我問你啦像香港臺灣人想不想來？想來啊！想來當然這個地方當然要趕快打隧道，要趕快做啊！意思就是在這裡啊！啊如果說發展不起來，做這些都沒意義嘛！重點就是臺灣人要在這邊發展起來這很重要。

這邊其實物價會比較高啦！他這邊其實不輸臺北市喔！我這樣講好了，他搭計程車一趟三十塊、四十塊、五十塊都有，價格就不對等，我從福清坐過來五十塊，一個小時，你看是不是差很多？這邊一搭就要四十塊、五十塊，我從福清坐過來也五十塊啊，亂搞，怎麼可以這樣子？不行！就會覺得不對等啊！怎麼短距離比較貴，長距離比較便宜？其他倒是還好啦！但是還是建設啦、政策啦，其他的還是需要時間啦！但是我覺得增大政策力度，然後交通建設要趕快，人才會進來，這很重要，這如果都做好了，我跟你講這個地方要發展起來很快！一個地方發展好不好，一定是看他前期的建設，交通這些便利性啦！你便利了人家才會來啊！

對於生態環境，這個跟國家政策有關，這我就不太清楚了，但是有一點我倒是稍微建議一下，這邊跟臺灣比較不一樣，這邊喔比較喜歡垃圾用燒的，我就覺得說臺灣沒有人這樣做啊！這樣對環境也不是說很好啊！你說如果說政策的話，這個如果能去立法規範這些民眾不要去燒垃圾，垃圾就儘量由專業的下去處理，那畢竟這也是國家的顏面，那你在這邊燒垃圾，第一啊，空氣也不好啦，對生態也污染啦，這樣總是…，這點我是建議啦！不要隨地亂燒垃圾，希望有專業的立法，有專業的焚化爐，不然會讓臺灣人覺得比較 LOW 一點啦！不然這個地方是還不錯啦！他的風景有特色，他這裡其實是很不錯啦！沙灘很長，這個地方其實是好地方，只是很多東西還要再提升啦！燒東西會覺得很臭，而且那個是有毒的，戴奧辛啦！一些化學物質這樣子，不是說很好，除了這個我覺得平潭人好像也還蠻不錯的，蠻質樸的，跟我們臺灣人蠻接近的。

我有在公部門洽公過，像區管委那邊我是覺得真的是有那個心來做這件事情，這個是有的，但是海關這一方面，我是真的比較不敢去評論啦！因為海關他們為國家的一些把關還是什麼這是很重要沒有錯，但是相形之下，比較總覺得臺灣的進貨的速度跟本地的進貨的速度會有差異，差多了喔，讓我不得不聯想是不是我沒有“意思”一下，當然應該不是這樣，只是總是比大陸的慢一點啦！我們會有一點心靈上小小的受傷啦！會傷了我們幼小的心靈啦！我們懷抱著兩岸一家親、共圓中國夢，心裡就會有一點小受傷這樣子，這方面我會希望標準一致一點。

實驗區的制度可能是完善，但是落實可能…因為畢竟這個地方也是剛開始啦！可能會有一些磨合的時期啦！這個也是需要時間，需要等待的時間，對於落實和執行會有期待。臺灣人來這邊擔任公職的話，畢竟喔臺灣人還是會比較懂臺灣人一點啦！所以共同管理不管說食衣住行育樂很多東西還是擔任公職這些，你必須讓他整體融合在一起，因為或許臺灣的文化和內陸的文化，他有點差異性，但是如果說有臺灣的人，有一部分啦！來擔任這邊的公職會比較懂臺灣人一點啦！對啊，這本來就是一個實驗區嘛，我覺得這個政策是對的，這很不錯啊！我只是一個正當的生意人而已，政治的話我比較不懂，不是我的專業。對於臺灣法律禁止臺灣人在大陸擔任公職，我覺得臺灣當局喔，不應該有這種綁手綁腳的政策啦！我反而覺得這不是很妥當，其實我是會覺得某一些確實大陸是真的有開放非常好的政策給你臺灣，我是覺得臺灣也應該要有相對應的回應，要有一個配套的方式啊！你總是這樣子對不對，不是又到陳水扁那個時代了？鎖國政策啊！沒意義，真的沒意義，真的沒意義，這真的不行啦！非常不行，這個政策對啦或許你某一些在臺灣比較重要的公職，如果臺灣當局不願意開放那就算了，但是你老百姓總是大家都一樣都是在做生意來來往往的嘛，時間久了也比較瞭解這邊的事務啊，所以我認為說你讓一般的百姓，或者是一些比較有聲望的人來這邊，來他們懂臺灣人也知道臺灣人，來這邊擔任公職，我認為是 OK 的啊！當然 OK 的啊！他們管理起來，管理臺灣人起來會比較懂臺灣人，不能全面禁止啦！這樣做是不行的。

出入境蠻便利的啊，我目前是三年簽啦！但是我覺得這三年簽真的很便利，當然便利啊！就直接刷卡就進來了啊！就是照正常的程式啦！也不會有什麼阻擋，很順，這個本來你也要一點規範啦！不然壞人跑到這邊來那不得了啦！現在是非常非常便利，真的很便利，我這次從廈門嘛，上次從長樂嘛，有一天可能會從上海都可以啊！我們是真的來做生意，不是做壞事所以我們不擔心這點啊！等於像自己家一樣。最後就是還是交通啦，交通問題還是希望趕快解決，然後台商優惠的政策趕快落實啊！包括電商，其實電子商務，我可以建議加快電子商務的開放，這個是輻射整個中國最快速的方法，那我也講了，如果台商在這賺到了錢，這個地方一定會發展起來的，大家回去你看我在那邊喔，真的賺了不少錢，這一定會回去講的啊！電子商務這部分我倒希望大陸這邊有人來做，做一個平臺，啊台商來參與，刊登這樣子，這也是一個很好的方式啊！這是最快的方式喔！現在就是一個問題啦！如果妳臺灣的商品要放在淘寶啦、天貓啦這些網站上賣，他規定你要有一個關單，一定要走正常的貿易，小額貿易他是不開放的，那你這就是一個問題啦！因為你關單就是有牽扯到報關，關稅、增值稅、消費稅啦！就是跟正常的貿易一樣正常進出口，所以他設立這個的話，他的量沖起來，你沒有正常的關單，你是不能上架的啊！要把照片上傳就不行啦！目前這就是一個政策抵觸，我跟網路業者都談好了，來！關單拿來！沒有啊！我小額貿易的不用稅啊，這樣就不行，所以這裡叫對台小額啦，就是你只能賺小錢，不能賺大錢，但是賺大錢的話，我們在宣傳這裡多好，才會更快速！

2015 年 2 月 10 日於麗娜號訪談台商個案 M

我雲林人，我現在是在江蘇，我在教人家複製中藥，由細胞分裂分出來的種子去種下去，因為原生種在山上已經絕種了，所以在我的實驗室複製出來給他，我是屬於教授，看不出來喔！我在大陸教很多學生，都是在教現在中國最流行的那個石斛蘭，石斛有藥用石斛跟觀賞用石斛，他現在原生種在山上，在懸崖峭壁都被採光了，所以我是複製出來再給廠商種。我有想在平潭設點，我就是來平潭看看，這對接臺灣未來的門戶，我專程開車到平潭，在那邊到處轉來轉去，繞一圈，贊！但是他的壞處就是風太大，我這種中藥材要種比較種不起來，太乾燥，我有想要在這邊設立一個實驗室，主要是他的交通太方便了，優惠政策我還沒跟他接觸，還不瞭解，我覺得這個地方會發達，跟政府推出的政策有關，第一個回臺灣近，第二個他的交通已經要設一個高鐵站，還有高速公路，踏上平潭就等於已經到大陸全國各地，這是我的眼光，而且縮短到兩個半小時太厲害了，做飛機也都是要三四個小時，你想想看，只要你比如說物流啦東西啦！只要你寄到平潭，就可以銷到大陸各地，這個是非常有前景的，百分之百的，暫時我還沒有去接洽他們。

這裡的人我覺得還比較純樸、老實，而且你只要設一個工廠在這裡或者是一個企業在這裡，這裡的人來上班應該是很好的選擇，他們還是很苦的，這個漁民村，還是就業機會都外流，對於兩岸共同家園這個構想我覺得可行，因為沒有來大陸的臺灣同胞不瞭解，以為大陸是隔一道牆，你一到平潭，就會將你內心的保護開放，大陸真的是可以發展的地方，你不要老是聽雜音太多，自己先踏上去，來幾天也好，很快又很便宜，你看只有幾千塊來回， 如果我從上海要回去不簡單，也都要兩萬多塊台幣來回，在這裡只要幾千塊台幣就可以，所以你有接觸的時候，而且上海已經開發了，你要租一個地做什麼你都沒有先天都優惠，就是已經飽和你摸不到邊，越摸不到邊你越可怕，越不敢來大陸，每次來我們都帶著人民幣回家的，不是帶台幣到大陸來的，是帶人民幣回來，所以說帶回來他要說換多少錢，我都沒關係，就是反正都賺的啦！你想想看，如果能有一個很好的自己有技術、產業，整個中國縣級市就一兩千個縣，一個縣你設一個專賣店，那只有樣品，兩個樣品你就四千個了，不管是來跟你買喔！或者是你是學者賣書，賣你的作品，整個清華書局就有兩萬家，一家放兩本你的作品就要四萬本了，你想想看一本書十個人來，那你就二十萬本啦！所以說大到這個程度，尤其很多人他們也很喜歡臺灣的東西，你敢不敢來而已，不是平潭，平潭就是大陸，平潭一踩下去就是踩大陸，一旦東西寄到平潭，你可以快遞馬上發全國，很快就發出去，你的東西不夠，只要你的產品好的，就這麼簡單，我的眼光是這麼想的。

不是定居，就是在這裡搞個立足點就好，不管租也好、買也好，先立足點有，有立足點你才會來，沒有立足點，一年來個一次兩次沒有作用，或者是拿到東西來這裡賣一賣就走了，那你大陸同胞下次要跟你買，你沒有啊！你沒有基地，沒有電話沒有什麼，你如果在平潭這一個基地，全國各地網購都到平潭，我就請大陸人跟我送就好了，我就運送到這裡就可以打開大陸的市場了，要看這一點，不是平潭，平潭太小了，像綁一隻牛，那個樁釘下去，那只牛綁著，綁你也綁他們。這裡來回只要一千二人民幣，想來就來，明天去後天來或大後天來，平潭只不過是我的立足點。因為他以後會發展到兩條船、四條船、八條船啊，他可以從平潭到基隆、臺北、台中、高雄都可以啊，很方便啊！我坐我們的捷運到關渡再搬到臺北港馬上就到平潭了，平潭如果有高鐵、高速公路，馬上就可以到全國各地，等於已經連上了，眼光是這樣。對於兩岸海底隧道我沒有希望他開通或不開通，這是我們兩岸的政策，兩岸政策如果達到一個境界，不通他也要通，現在當然是還有敵意沒有和平協議簽了，所以我們不會通的，如果都和平了，簽了也是兩岸都經達到一個境界了，比如說都已經政治都通了，這個交通迎刃而解，你如果政策都沒有通，雖然是這麼近，相隔六十年，以前我們還繞香港到大陸，通了之後你看這麼方便，所以這個海底隧道是錢的問題、是政治的問題，憑他們現在的財力，太空都可以上了，一個小小的海底隧道，通嘛！而且又可以有就業機會，你看一通多少就業機會又來了，你通的話你看看，可以工程賺很多錢而且物流可以馬上過來，這個不是問題，還是政治問題，政治通了這個自然通，這個不是我希望，我一個教授素位而行，各就各位，我做我的工作，你做你的工作，那是我們總統的事情，老百姓的心願，心願也沒有用啊，還是領導的作用，他辦他的事，我們辦我們的事。

實驗區方便啊！一樣嘛！吃住生活上一樣也是都差不多啊！這個沒有什麼，吃小事啦！最主要目標啊！不吃也在過啊！不是為了這些，好吃我們就住在這邊，我們要看遠，在上面看下面的，在樓上看下面就看得很清楚，你要爬到雲端更清楚，未來是怎麼樣。對於生態環境的保護不是我所要考慮的，因為他們大陸政策有他們要考慮的，保護不是我們在煩惱，有錢的話要給他恢復都可以，他們沙漠都可以給他恢復了，他們一年種多少千畝，幾萬畝的沙漠都給他綠化了，他們的綠化太厲害了，他如果一個島要給他綠化太簡單了，錢的問題。

這次我沒有去公部門，那個小意思，只要我到位的話，只要有能力，是他們求我們，有那個實力我不用帶錢，有技術我就可以，我對實驗區法規制度不瞭解，但是有需要他們可以修改啊，他們要符合我我才要來啊，是我個人要求什麼他才給我什麼，如果我沒有什麼，我來觀光的，那他也不會理我啊！只要你有本事。

因為我有技術，我又年齡大了，公共事務這個我不參與，我的立場我不參與，但是以年輕的一代喔，當然在臺灣也找不到工作，你只要站在求生的方法，能生存的時候，多一個工作機會都好嘛！你看現在22K，如果來這裡 44K，那當然來這裡啊！你雖然是管管，你也是照顧臺灣同胞，你也會拉一些好的人來，只要他們能生活就安定了，不會說在家裡變憂鬱症，找不到工作難過，在哪個地方都可以，我們十幾代的老人、祖先，也是坐帆船過來，整家都搬過來，連狗、貓都帶過來，但是那個時候帆船又遇到颱風，整船都死掉了，就是清朝的時候，因為臺灣的地方大，所以他們移民，福建都是山，所以老祖宗渴望，給後代能生存、自己能生存，聽說在臺灣用木樁釘一釘這塊地就是我的了，一個告訴一個、一個告訴一個，很多人就移民潮到臺灣來，這樣移民過來，何況它現在有這個政策，我們也可以這樣移民過來，我們不參與政治來說，立足點來說，我們求生的，就是可以的，只要你能生存、安定的話，這個政治就好談了，兩岸就可以好好談一談，也不要說什麼他是統戰的陰謀啦還是什麼！你撇開這些，我都沒有飯吃了，年輕人都沒有飯吃了，你說管它的，沒有辦法，餓死了！你看饑荒的時候那個乞丐啊！看到饅頭搶來先咬一口，吞下去再說，當然臺灣不至於啦！你如果撇開政治來說以我的論點就是先這麼做，你就有機會，等到大家都知道平潭好，你又是沒有機會了。對於臺灣法律禁止臺灣人在大陸擔任公職的規定，在我們國家的立場當然是對的，在大陸的政策他是鼓勵的，這個就牽涉到政治了，兩岸還沒有和平協議啦，所以這個政策是對的。當然老百姓你禁止不了，他要移民美國移民哪裡你管它，你能管得了它嗎？他如果先到美國，再轉到大陸，又到平潭來，你管得到它嗎？他拿美國護照，為什麼美國人有那個度量讓世界人民來，但是你要按照美國的規定繳稅，如果你又是公務員又是到這裡來，對立的地方，那就絕對禁止的，以我這樣想這樣的規定是對的，除非你公務人員辭掉。老百姓他有選擇的自由、移民的自由，他等於移民到平潭嘛！一樣的道理，你要這樣子才不會難過啊！

出入境太方便了啊！我用臺胞證一下子就出來

啦！一點困難也沒有，一點障礙也沒有，很滿意啊！他們對我們是很好啦！沒有什麼刁難啦！建議的話就是等於說小孩子慢慢長大，現在有不好會修修修到最後變到好啊，以前兩岸不通，後來香港通，後來小三通，後來直航，慢慢慢慢演變，他會的，會越來越好，給他時間，如果站在上面的看的話，小孩子打架，算了，大人的事情，笑一笑就好，我們各自拉回去打屁股，時間會解決一切。以我年紀大的看法，是這樣子，人生或在這個世界上就是求生存，給後代安穩，如果不能生存，為什麼我們以前還會移民潮？聯合國退出的時候有一批移民潮，老百姓怕，後來又民進黨執政，又一批移民潮，我年紀都大了，所以比較看得遠一點，拉高一點來看這個世界。

題組三：

2015 年 2 月 7 日於平潭對台小額商品交易市場訪談平潭居民個案 N

我是平潭人在這邊已經住二十二年了，我們跟台商合作，我喜歡平潭，實驗區的政策優惠我有享受到啊！像那個醫療啊教育方面，我們實驗區這邊都有改善，所以對我們很有幫助，我們當地人都有受益，其他方面我覺得房價方面，現在房價有點高，我希望當地人也有購房優惠，自從平潭被規劃為實驗區之後我的生活覺得還不錯，跟臺灣人相處愉快，我婆婆就是臺灣人。兩岸共同家園的構想我很認同，可以共同促進經濟發展啊什麼都不錯，不過目前這個構想還沒有實現，還有一大部分沒有那個吧，還有一些欠缺，我覺得現在的話我們就是都在買台貨，主要是食品方面，還有很多經營其他領域的台商沒有接觸，認識的臺灣人不是很多，還想要再多認識一些。有機會有時間我會想去臺灣啊！對臺灣法治的印象都不錯，好像都蠻守法的。現在兩岸交通很方便，現在有海峽號，對於海底隧道的構想當然很好啊，希望儘早開通。實驗區生活方便，對於生態環境我覺得比如說旅遊區保護好環境不要亂丟垃圾什麼的，可以立個法規定不要亂丟垃圾什麼的。實驗區的法規的話我也不是很瞭解，應該還行吧！對於臺灣人在這邊當公務員的政策我覺得好，很歡迎！就和平相處嘛！其他沒有特別建議。

2015年2月7日於康得夜市訪談平潭居民個案O

住這邊主要還是房價、物價方面，如果國家可以幫忙一下，我們這邊物價房價好像還比福州那邊還高，我們這邊房價高於大多數城市，像廈門市已經發展過的，但是我們這邊跟他們那邊差不多，雖然這樣但是生活還是愉快啦！我們在這邊土生土長，如果可以改善會更好一點。我們之前在旁邊有一個臺灣人，我們就相處挺好的，他很多東西都會帶給我們，然後聊天都挺愉快的，跟臺灣人的話，我們還是可以的，我們在這底下也是認識很多啊！開一些小店的啊都很合得來。我完全認同兩岸家園的構想，這個促進兩岸之間的友誼嘛，我們本來就一家嘛，但是目前還沒實現，因為你看在這邊還是很少臺灣人，臺灣人還不夠多，希望更多的臺灣人可以過來，帶動一下挺好的，帶動兩岸文化經濟嘛。我覺得法治方面的話，這些年在馬英九的領導下我覺得還行，因為我多少有在關注臺灣的新聞。

有機會當然會想去臺灣看看啊！那邊人特別好，我們有見過、相處過，他們特別熱情，有什麼好吃的呀，都會特別帶來，什麼養生方面資訊都會分享，都挺好的，我們平常跟臺灣人聊天也會說嘛，以後就去你家鄉玩，然後都是很熱情，都是可以可以。現在交通因為海峽號已經開了，還行，比以前便利多了，好像當時規劃的話還有一條隧道，如果那開通就更不用說了。交通目前還沒有什麼覺得需要改善，因為你兩岸到現在都還沒真正建立起共同的家園，說實話你臺灣來平潭這邊說是有真正經濟投入的話沒多少，而且大多數的話都像先頭部隊一樣，都是先來試探一下，我們平潭這邊跟臺灣人還不屬於真正的合作，目前還是這樣。當然會希望海底隧道儘早開通，如果開通的話，這條快捷方式就更方便啦！對兩岸經濟交流的話不是也是一個好事？

近年來平潭生活很好啊！柏油路、大廈都開了，就不會像以前那樣小路啊！基本沒有什麼不便之處。對於生態環境能保護原生態當然是最好，我們本來就是一座島，如果原生態破壞得太厲害的話，對一個島上的人民來說也是不好的，因為像我們這邊的話，年年都有颱風，你如果生態環境破壞得太厲害，像這個泥石流啊，這個都是不好的，所以對於生態環境就是儘量保護，能不開採就儘量不要去開採，寫一些看板啦！就是希望政府能出面大量地保護原生態，禁止隨意開採。

政府部門很少去洽公，基本沒有，就是前一段時間有去結婚登記處辦一個未婚證明，還蠻快的，效率蠻好、態度也不錯，實驗區的法規制度完善是不可能的，多多少少不會完善，政府的人肯定多多少少的話，這個我們也不方便說了，就是有人際關係的話最好做事。我現在遇到一個問題就是說，買房子的時候遇到一個問題，就是他們房子都沒建好，五證能辦得出來，我們就很納悶，房子都還沒建好，地基都還沒打，五證能出來，我就很納悶這個問題。

對於臺灣人能在實驗區擔任公職，這個的話我個人比較贊同啦！多交流，人無完人啊，相互交流、相互監督之類的，每個人想法都不同，多一點意見，重點是他是不是個好官，老百姓就是希望有一個好官，不會分他是臺灣人或是本地人，這個我們不會，對我們好就好了。歡迎臺灣人來平潭，平潭是你們第二個家園！

那我還是主要就是政府部門可以做到公正守法，我相信在這些年只要是公正部門做好了，底下的就沒什麼問題，你能做到公正公平守法，就可以了！

2015 年 2 月 8 日於平潭對台小額商品交易市場訪談平潭居民個案 P

我是本地人，我就是近幾年才回平潭，之前都在外地工作，當初回來也不是因為實驗區的關係，主要是剛好回來，我覺得平潭還不錯啊！我覺得一般民眾來講，對於優惠政策是沒有什麼特別感受啦！像醫保啊社保啊這個是公司就會給你的，好像跟優惠政策無關，實驗區早期是沒什麼大企業，如果是農村社保、農村醫保我是知道有啦！但是不是很深入瞭解。我會希望實驗區儘量吸引一些有競爭性的產業，比如說吃的東西的話，你平潭有大嶝那邊也有的話，別的東西我們都不比，你要看你要做哪一個會更有吸引力，畢竟平潭前期是屬於一片空白嘛！你任何東西的話跟別的城市都是沒得比嘛，但你如果是同樣做這個的話，暫時我是看不出來有什麼很大的優勢，畢竟大嶝那邊人家都已經做了十幾年了，至少表面上我這樣看過去我只能看到這樣的東西。

像我這種本地人就是過日子都一樣，跟臺灣人相處那還可以啊！因為我們老闆就是臺灣人啊！兩岸共同家園這就很不好說了，因為既然你是共同的話那所有東西應該就是都 OK 了啊！打個比方說，因為共同這個東西就是讓人不好去理解啦！因為比如說臺灣那邊比較有競爭力的東西我知道是醫療方面的、保健品方面、食品方面的，那特別是保健品、食品方面，臺灣那邊和大陸這邊他的定義就不一樣，那你既然把共同兩個字用進去的話，那是不是在臺灣定義為食品，在平潭也定義為食品呢？這個是最基本的啊！兩岸在法規標準上是有差異的，所以說這個東西牽扯面很大啦！這個東西我也不知道怎麼去表達啦！你讓我來理解這個共同兩個字，我只能從字面上來理解，其實說白了共同就是一樣嘛！是不是臺灣過來的東西大陸都能認可？還是說又有別的各方面的要求來加在這上面，是吧？為這個不管在跟各個部門在接觸當中都會有相關這方面的疑問，你想讓他一步到位也不可能啊！所以我們也是無時無刻在看這個政策是怎麼樣在變動。

暫時還沒有去過臺灣，對臺灣沒有任何印象，只能說會研究臺灣哪些產業比較有競爭力，過去還是會過去的，上次總公司就有說要過去，只是目前這邊比較忙，而且也要看進度，這是很正常的事情。現在直航嘛！像海峽號啊、麗娜輪啊！還是不錯的嘛！海底隧道這個構想很好啊，這個的話題我就不好回答，站在我自己本身的角度來講，我不會去考慮這個問題因為至少我暫時是沒用到也沒遇到這方面的問題，對我來講要不要儘早開通就是沒意見。那當然對於旅遊這塊當然是有幫助啊！

因為我是本地人，實驗區生活還 OK 啊！當然如果你按大城市的標準的話，你的公共交通肯定是跟不上人家的啦！比方說你公車的班次啊！還有什麼等各方面……對生態環境的立法沒意見，在公部門洽公的經驗還可以，這方面我覺得都還可以，也沒有什麼法規制度的需求或建議。對於臺灣人在實驗區擔任公職的構想，我覺得引進外來思想很不錯啊！這樣就是有創新嘛！能接受別人的創新思想我覺得很好啊！我很樂見臺灣人來這邊定居啊，因為我覺得一個地方要發展的話，那肯定要有不同的人才，各個層次的人才都要有來的話，他才能繁榮得起來，你不能靠本地人都能夠繁榮得起來，一定有很多不同的觀點的碰擊的話，他才會繁榮、成長，我希望實驗區在這個建設過程，臺灣人民可以多過來看看、多過來瞭解，這邊還是一個很不錯的地方啦！很歡迎，也希望今年三月份自貿區就要掛牌了，實驗區可以越發展越好。

2015 年 2 月 8 日於平潭對台小額商品交易市場訪談江西批發商個案 Q

我只是暫時性過來，在這邊開業半年了，我跑過全國各地方很多個城市，沒什麼特別的感情，我來這邊跟實驗區特別的政策有關，而且當時是去年應該是

14 年吧，13 年 14 年國家對平潭的宣傳力度不是比較大嗎？可能是個機會嘛！所以就過來，不過目前沒有享受什麼優惠，就是先過來再說，之前這邊的話小貿這邊還沒有得到一個很好的開放，所以跟之前宣傳的沒有那麼符實，政策尚未落到地。只要能把之前那些政策落到地我就很滿意啦！之前我也是沖著那些優惠政策過來然後現在只是說已經在這裡了，就只能先試先行嘍！投資了這麼多之後發現不行，然後臨時打退堂鼓，這樣也不好吧？就先撐吧！而且很多人認為平潭市場還是可以的，但是要熬，現在也是堅持著熬著，主要還是看這個市場的發展啦！到目前來說這些還是可以的，只是他本地的氣候制約，一些問題還是比如說現在，應該說臨近冬天，這邊的風就特別大，連我都不想從城關下來，更別說是消費者了，而且只要天氣一變化的話，就沒有遊客，所以這也是一個很頭痛的問題。

在這邊也沒有什麼不愉快，可能是性格所致，怎麼可能不愉快呢？跟臺灣人的相處也都是還可以的，因為畢竟臺灣也是中國的嘛，釣魚臺也是中國的嘛，都是中國同胞的話，沒有必要就是說…日本人的話可能就有一點…開玩笑開玩笑，這個開玩笑的。兩岸共同家園的構想我覺得非常不錯，但是我覺得廈門不是已經做了好久嗎？已經對台很久了啊！而且福建再開發一個的話，跟廈門比的話不知道會怎麼樣？還是只是有一個憧憬吧！到現在反正沒看到，幾個共同點、幾個共同，我也不知道，反正我是覺得好像也沒有說得那麼好吧！所以目前只能說是還在一步一步地走下去。

沒去過臺灣，對臺灣沒什麼印象，大概就電視劇那樣吧！如果有機會的話我會先去澳門，我是屬於那種走到哪飄到哪的那種。兩岸交通還好吧！不是海峽號開始運行了嗎？一個禮拜幾班，但是入台證那些證件比較麻煩，因為我是江西人嘛，還沒有開放臺灣自由行嘛，所以導致我去臺灣的最大原因啦！而且這個政府一直沒有辦下來我也覺得很奇怪。海底隧道這個太遠了吧！首先這個得經過臺灣同意吧！對吧！我肯定希望趕快開通，但是他開通的話是不是對我們這些沒有開放自由行的城市，一些比較落後一點的省分，是不是你開通了你還是不能去？

實驗區其實相對其他城市也不是很方便，因為這邊主要的交通還是居家的電動車為主，如果你在城關有看到的話，實驗區大部分主要還是電動車，跟臺灣肯定是沒法比，臺灣的話摩托車肯定是到處都可以走對不對，但是大陸的話會有一些限行或是怎麼樣，就是說你需要有一些…反正我也不知道怎麼說，而且電動車的安全性不太好嘛！特別是大陸一些比較小的城市，他們這種交通的話，如果是有紅綠燈的話那還OK，如果沒紅綠燈的話他就是正向逆向反向橫向都可能出現，但其實大陸一些比較發達的或是比較大一點的城市他真的電動車比較少，但是平潭的話他真的到處都是，交通方面畢竟沒有大城市那麼發達，政府沒有辦法看比如說給予計程車、公車一點補貼，所以他沒辦法得到更好的一些人員安排，或者是購買車的一些經費，沒辦法做到那麼多，所以去別的地方都比較晚了。

我感覺生態環境這些東西還是順其自然吧！不要太去開發還是怎麼樣，整個世界的環境都在被破壞，然後現在很多像大陸的北方或西部，都開始在植樹造林，咱們現在破壞，到時候還要拯救不是很麻煩嗎？我覺得應該是要立法的，但是這種東西還是交給國務院去安排吧！交給專業的來，不過現在好像一些天然資源啊！國家確實有在做，但是那個地球已經被破壞得很慘了，還是繼續努力吧！

我洽公主要辦的還是圍繞這個市場程式在走，國家方面確實也給了很大的支持，安排了專門的綠色通道給我們走，不管是我們大陸內地的一些專案或是臺灣專案，都是由綠色通道，這個政策還是 OK 的，一些政府機構在辦理這些東西的話還是外面的或是別的企業的話都是按時按點的，但是我們為了這個市場開張，他們還加班到十二點，這個還是 OK 的。還是很極力地配合這個市場的開張，這方面政府的配合還是可以的，現在這邊主要的問題還是國家層面的政策還沒撥下來吧！就是對這個市場還沒有放開，畢竟上面有壓下來的話，下面都還是會配合。

可能平時跟法規政策沒有牽扯到吧！所以沒有瞭解這個東西，也是個良好市民，不會去觸犯這些東西，所以不會去在乎這些東西，因為我感覺這些東西跟我一輩子都應該搭不上邊，因為我不會想去什麼姦淫擄掠燒殺搶劫什麼的，所以不會去關注這些東西，像我們這些一般平民的話不會去關注這些東西，除非商業方面，現在都還是沒有遇到什麼法律上的障礙。

我感覺共同管理這個還是不錯的，如果臺灣人過來帶動一些臺灣先進的一些管理理念，就不會說從中國建國這麼多年來還是這種腐敗啊！怎麼樣這些，儘管臺灣還是會有一點點這種事情存在，但是相對大陸來說，少太多太多了，有些新鮮血液不管是在哪個行業哪個部門都還是好的。其實像現在很多國外的，像美國啦！或者是澳大利亞在中國定居也是很多的啊！

所以我的態度還是很開放的，我不排斥任何人來，就一起努力、共同發展， 希望平潭越來越好。

好像也沒什麼建議的，都可以，這個真的輪不到我說，因為按照現在的中國發展來講的話就是貪官少一點、辦實事的多一點囉！這樣人民才能享受更好的福利待遇囉！其他也要靠政府的相關政策囉！想出讓大家能夠一路走得更遠的政策，而且一定要落到地，不要之前宣傳的和實際到地的差太多，那這樣就太可怕了。

2015 年 2 月 9 日於平潭住宅區訪談平潭居民陳姓研究生個案 R

我是平潭人對家鄉肯定是有感情的肯定是喜歡的，但是理性地來說，平潭這邊夏天可能是很不錯的，但也還有一些自然環境的一些不太好的地方，像是氣候，當然也有很多很棒的資源，我覺得這些東西都可以用，用科技去克服吧！比如說太冷的話你可以修一個比較保暖的房子，風大的話如果城市有發展起來的話風也會小很多，或者是通過植樹造林的方式也會小很多，都還是有得解決的，所以從情感上肯定是覺得這個地方是很不錯的。

就實驗區出臺的優惠政策我個人是沒有享受到，那有的人提到醫保、社保，那個是跟實驗區沒有關係，是本身納入在做這個醫保社保，跟實驗區沒有關係，但實驗區的經濟發展對於我們當地人來講肯定有正面的有負面的很多東西，負面的話比如說物價比如說房價，那正面的話比如說帶來一些基礎設施的便利，總的來說實驗區的發展對當地人來說是受益的，之前我們就是交通很不方便，現在修了很多路修了橋，總的來說交通是變方便，如果說對於個人受益那是沒有的，但是享受到這個經濟發展的成果是有的。

就是我有在想這個國家的現在這個整個中國的改革，就是要求轉變政府職能的這個整個大的改革，我覺得實驗區確實是就是做得不夠嘛！我覺得再要什麼優惠政策其實也不需要就是說整個要製造一個招商引資的軟環境要把他做得比較好，首先這個政府的行政能力就是要提高，服務意識要提高，就是要有一種跟國際對接的一種能力，這個我理解也是自貿區要做的事情，也是自貿區要執行的事情。我覺得提升剛剛說的軟環境或施政效能以法規建置的方式來提升應該是有的，但是我還沒有仔細去想這個東西，像之前在做這個綜合試驗區之前和之後這個行政能力就有了改善，像你看到那個行政服務大廳，實驗區在之前是沒有那個行政服務大廳的，如果你要做什麼手續的話你可能得一個一個部門地去跑，現在可以在這個行政服務大廳來做，當然這個也並不是實驗區所獨有的，也是我看很多地方都有，福州也有，其他地方我有遇到過，這個並不是實驗區所獨有的，但是事實上這種改革應該也是要通過一些法規，比如說實驗區也進行一些組織方面的改革，比如說執行一些大部制的改革合併了很多部門，然後做一個扁平化的組織架構設計，那這個明顯也跟行政組織法有關，所以這個在法規方面也是有得做的，但是具體應該怎麼做我也沒有仔細的去想，就是在提高行政效能方面，在法規方面肯定是有得做的，那就這個大部制而言的話，就這個自貿區而言的話，那現在大家都在說承接上海自貿區的經驗最重要的兩個，一個是准入前的國民待遇，一個是負面清單，那也是跟政策法規有關的東西，像負面清單，像准入前的國民待遇，也涉及到工商啊、稅務啊或者質監啊這些部門，也是跟行政法規有關的東西，所以涉及是有涉及的，但具體的我還是沒有認真想，畢竟沒有那個水準就是了，但是能看到還是有得努力的地方。

在實驗區生活我是覺得挺愉快的，因為這裡本身還保持著這個我家鄉的很多習慣吧！生活習慣，交通也比以前便利很多，可能你沒辦法想像，以前就是得靠輪渡去往來平潭島和陸地，就相當於麗娜號過來，我們車得開到那個船艙裡面然後運到對岸，然後車再開下去到福清，那個船可能只有一兩艘，到過年的時候就非常堵，我以前就被堵過四到六個小時都有，交通以前是非常不方便的，那這個修座橋一直以來也是平潭人的夢想，在九幾年就想修，礙於資金的障礙等等，那後來有了實驗區的機會，不僅修了一座橋還修了另一座橋，還在修一條鐵路橋，這在平潭人眼裡對於這方面還是很高興的。

我和臺灣人相處不多，並不是特別瞭解，但是可能做生意的有進行過交易啊買賣啊，但是並沒有好像太大的跟其他人有什麼區別，自從臺灣人來這邊定居，生活並沒有太大的改變，我的朋友大都還是比較嚮往臺灣的，去臺灣旅行是一個比較時尚的事情，是一個大家都比較喜歡去的地方，沒去過的人都會想去一次，去過的人對於臺灣的那種生活的舒適度，都覺得生活非常便利，然後遇到的人，人們都非常熱情好客，都會有比較深刻的印象，留下比較美好的印象。所以總的來說大家對於臺灣以及臺灣人民的印象都是非常非常好的，對於臺灣的生活也是比較嚮往的。所以我就覺得不知道個 16 年以後會不會把自由行給關閉了，自由行對於臺灣來說利益還是更大一點，無論是經濟上還是散發臺灣的魅力上，自由行對臺灣是非常有利的事情，對大陸倒是沒有什麼有利的東西，自由行對臺灣我感覺是非常正面的東西。

兩岸共同家園這樣個理想可能實現得還不夠，臺灣元素還不夠吧？肯定的，因為臺灣人進來的也沒有特別多，在社會上也沒有形成一種臺灣的文化圈，所以這個共同家園可能也還談不到共同這兩個字，我覺得跟法規制度可能沒關係吧，就是臺灣人願不願意來的問題，可能覺得這邊還是一塊太貧瘠的土地，沒有太多的商機什麼的，但是我認同這樣的構想。我跟我朋友的印象都是在生活上，其實生活上談舒適的話就是跟所有城市都差不多吧，像大陸有的城市也非常舒適非常便利，但是臺灣有幾個印象比較深刻就是有那種洗衣店可以投幣，然後很方便旅遊的人，我對這個印象特別深刻，因為我當時還帶了肥皂打算在民宿自己洗，但有那個東西就方便很多，畢竟自由行好像可以待十幾天，然後衣服就不用帶太多，這是一個，那另一個印象非常好就是臺灣人民特別熱情吧！那包括之前我住民宿，老闆非常熱情，然後同民宿也非常熱情，那我們也有一個印象比較深刻的就是有碰到當地人就是在吃飯的時候碰到的，他們問我們是大陸來的然後騎著摩托車帶著我們去玩。比較印象深刻的就是臺北市政府的辦事視窗，就很方便，平時那個視窗就是我們走路的通道，然後兩邊就是辦事視窗，然後就可以直接辦事，非常親民，而且那個條件是非常辛苦的，我們當時是夏天去的，那個天氣比較炎熱，他們好像沒有製冷的設備在那邊，感覺他們挺辛苦的。

我覺得實驗區和臺灣的交通是便利的，因為有一個直航，直航的話可能兩三個小時，相比於飛機來講，我之前也有坐飛機去桃園機場，那坐飛機的話首先到機場你就得花一個小時然後還要提前一點去，去完以後從機場再回到城市，這中間折騰的時間跟坐船比起來就在時間上，直航還是非常有優勢的，當然舒適度可能還是有所下降的，如果遇到風浪的話會比較…，那相比於其他地方，我知道廈門到臺灣也是有直航的，但是他們的船要比較慢的，是屬於遊輪的那種，要開一個晚上的那種，開十個小時的那種，你晚上出發，在裡面睡覺，第二天早上到，而且我也通過小三通走過臺灣和大陸，小三通花的時間就更多啦！可能要花到七個小時，那中間各種耽誤時間，等船耽誤時間，等飛機耽誤時間，而且還特別火，大多數人都是通過小三通，我覺得這些新的比如說直航啊，或者飛機啊應該更好一點，小三通應該要成為歷史啦！反正我對它有不太好的印象，太久了太累了。

對於兩岸海底隧道我覺得這個構想還是非常好的，我不知道為什麼臺灣有些人覺得這是不太好的或是不太支持的一件事，那從現實政治形勢來講那肯定需要兩岸有一個比較有好的形勢的話才有可能去做這件事情，那是毫無疑問的，同時我也希望不要為了政治去修這條路，要考慮到經濟效益，就是是不是很有經濟效益去修這條鐵路，因為這個成本肯定是非常難以想像的，就是臺灣的經濟總量啊、經濟活力啊，是否需要這樣一條鏈結，就是不要為了政治去修這條路，最後技術上也是有很多難題的，當然這就人類本來就是不斷地挑戰，希望能克服，如果值得修的話還是希望能趕快。

實驗區的便利性肯定是不夠的，如果你要比照成熟的城市的話，那便利性肯定是不夠的，還有許多需要進步的地方，比如說很多人都提到公共交通，公共交通確實太差，還有一些基礎設施吧！比如說公園也不是特別多，你要吃喝玩樂啊！吃倒還可以，玩的話電影院啊博物館啊這些遊樂場所其實都不是很多，它不是一個成熟的城市，確實是有很大進步空間。

對於生態環境我覺得這個是立法要保護的，我不知道制度上有什麼缺失，但我覺得在執行上執行得不是特別好，因為有幾個比如說沙灘的資源，像潭南灣或者像龍鳳頭，比如說遊客玩完以後都會留下很多垃圾，這個垃圾的清理還是非常非常重要的，特別是潭南灣現在因為沒有被開發但是名聲在外很多人跑到那邊去，那有一些私營的攤販在這邊做燒烤啊搭帳篷供遊客玩，留下很多垃圾，那這個做為平潭人是感到非常心痛的，我覺得立法上肯定是沒有缺失的，但是在執法上要重視這個東西。

我覺得公部門現在還是沒問題的吧！能夠做的事情或是該做的事情都會給你認真的去完成它，就是可能在指引上、在指導上可能需要，就是說對於不太瞭解政府的人來講我去到那個地方比如說我要辦一些什麼事，我就能知道整個流程是怎麼樣的，需要提供那些資料，流程是什麼樣的，最好能在網站上或者是現場有指導，有時候我可能在網站上看一下有那些東西我就先準備好再去，那網站建設的也不太好，那現場也不太好。

我對法規制度並不太清楚，可能是有需要改進的地方，但是生活太久也習慣了。如果遇到一些更好的城市可能會發現，現在好像是沒有發現什麼需要改善的。我覺得臺灣人在實驗區擔任公職的構想肯定是非常好的，如果你要做共同家園的話肯定要開放，有一個共同管理的東西在裡面，不然你可能很難做到共同家園這個目標，但是事實上的操作可能會有諸多的困難，但是這個困難我們應該是可服的，不是說有困難我們就去回避他的這樣一個態度，困難的話就兩岸還有很多細部的不同、文化上的不同，但是這個我覺得應該問題都不大，只要雙方有那個誠意的話，就想台商在大陸經營也是比較順利的，這些差異、這些困難根本談不上，都是可以克服的。

我樂見臺灣人來這裡定居並參與共同管理，我現在是覺得臺灣人越多越好，平潭有足夠廣闊的天地啊！可能有時候會就知道臺灣，現在平潭也屬於起步階段，知道臺灣人有時候在經商上各方面會遇到很多困難，但是這個困難怎麼說呢？就是覺得好就來，覺得不好就可以去其他地方，這個我覺得都無所謂，做得好或是做得不好應該事做的人去反思的，你不應該就是說去覺得怎麼樣，做的人應該去反思，就是說的話，如果還是要大家要互相溝通出來，好的地方大家要去共同維護他，不好的地方要去改變他，就是最好大家都是有決心要把這件事給做好，都有這個參與的熱情，那如果說沒有這個參與的熱情或者是覺得 OK 我就在這覺得不 OK 我就走，那這個也是正常的一件事，人之常情，我希望就大家有這個熱情去推動兩岸的交流和兩岸的融合，如果沒有這個熱情那我也覺得是人之常情，也是可以理解，就是說不強求，有問題我們要正視他，想辦法解決他，好的東西我們要誇讚他要把他留下來。我就感覺要慢慢來啦！不用太著急，就說在轉變政府職能上，政府在反思自己上這個要著急，但是在經濟發展上是不需要著急，因為經濟規律也是不能夠去違反的，在經濟發展上不用著急，在自身建設上還是要著急的，比如說急著去招商引資還是怎麼樣，我覺得慢慢來，倒不急著追求 GDP 的數字啦！但是也有可能政府，因為我是不是很瞭解政府，前期的投資太大急著收回，他可能會去急著著急這個數字，但是我個人還是覺得經濟不用去著急，倒是這個軟環境、文化氛圍、行為素質、行為習慣這些東西要做好，這個就算以後發展不起來，對自己也是一個有好處的東西。

2015年2月10日於平潭對台小額商品交易市場訪談平潭居民個案S

我在這邊已經住幾十年了，我當然喜歡啊！在這裡習慣了，其他地方我也覺得沒什麼，在哪個地方就熟悉哪個地方嘛！優惠政策在這個市場裡面是有給我們優惠政策，不管是進出口或是關稅都有，租金也有優惠，就是一年免租嘛！那肯定是有幫助，特別是剛開始開店，因為剛開始做什麼事，剛開始都不好做嘛，政府有優惠政策有扶持，那當然相對來說對大家的話好一點嘛，大家沒那麼大的壓力嘛！特別是剛開始你做，你店特別是有的臺灣人剛過來開的，開這個店臺灣人也是跟我說過好幾次，你如果壓力太大，他們也沒辦法生存啊！開一次店，都是要錢，那在這邊什麼免租啊，政府扶持啊，是有扶持，當然這個有扶持跟沒有扶持，如果沒扶持那跑走的當然很多了，障礙的話還是政府去調節嘛，我們去的話我們也沒辦法，我們也沒這種能力嘛，這個主要是政府的扶持政策出臺，我們才能享受到公司的優惠條件，如果政府沒有出力出面，我們也沒有辦法，我們到哪個部門哪個部門會鳥我們啊？連理都不會還遭一頓臭罵，那政府有出優惠政策扶持，那當然相對來說我們就比較好嘛。其他優惠建議比如說貨嘛更多嘛，那現在不是又是實驗區嘛、又是自貿區嘛，你造砌起來有的方面好像放貨進來的方面，有的還是不夠嘛，力度不夠，在法政比如說有的肉類啦應該口岸要開起來嘛，冷凍品肉類產品這個進來方面，你政府就這個海關過境，把關這個如果都不能吃的我們歡迎支持你這個要把關嘛，那如果買多的可以吃的，就食品魚啦，我們海島都是吃魚長大的，幾十年都是吃魚大的，你說魚不能進來的，這個反正我們也沒辦法理解嘛，我們在海島包括在外面捕魚，包括臺灣人、臺灣海峽這附近，都是我們中國人，中國這個地方在這邊這個海域，大陸這邊捕的魚就可以，臺灣人捕的魚不可能說不能吃嘛，大海裡面的魚當然是可以，在印尼、阿根廷遠洋的都是我們幾千噸幾千噸都是可以進來的，其他你把關檢疫這個應該是我們持支持態度。

我們知足常樂嘛，要說愉快也可以說愉快嘛，我們這裡人平安就可以了身體健康就可以了，我們也不是一定要賺多少，順其自然嘛，有就多賺一點嘛，沒有就少賺一點嘛，相處那這個要怎麼說相處，有的人也相處不來，有的人是好朋友啊這個要怎麼說？像我們這邊的人也是一樣啊！我們談不來合不來我們就沒辦法相處嘛，就你走你的，我走我的嘛，臺灣人也是一樣到這邊，臺灣人來能配合大家就配合嘛，臺灣人也不是都是什麼好人啊或是什麼，有的人也不行，不能接觸的，他做不好你要怎麼說，做不好好像是騙子一樣，那有的人也是比較好啊，比較踏實，人都是這樣啦，中國人嘛，到處全世界人都是有好有壞。我當然認同兩岸共同家園啦，我們都是中國人嘛，這個應該的，就是照顧一點臺灣人也是我們也是沒有意見，我們也是持支持態度的，那有的臺灣人過來比如說他大老闆大企業有的也就中小企業老闆過來到這邊當然政府支持一些也是應該的嘛，大家畢竟隔離了幾十年嘛，這個我們也是很理解的。這個理想目前是還有實現，原因是多方面的嘛，那可能還是要慢慢來，慢慢順從嘛，臺灣人來這邊也不多嘛，我們這邊也還沒準備好嘛，因為畢竟不是一下子，不是說一個餅一口就把它吃掉，有些事情要慢慢來嘛，需要時間，那你有的剛來，因為實驗區需要建設，過去我們的交通不方便啦，很窮啦，那就慢慢吧，這幾年也建了一些路也都修得很好，還有建設碼頭、港口建好。

我有去過臺灣，這個臺灣還算可以，特別是臺灣這邊交通規則比我們這邊好，特別是遵守交通規則方面，那還有這個衛生，他們臺灣人比較有規矩，買東西沒有什麼亂扔啦什麼七七八八的，我們這邊還差得很遠，這個還有差一段時間，這個方面衛生啊交通啊，他們臺灣人出去兩輪的就兩輪的，紅綠燈遵守得比較好，我們這邊就亂來，亂來的比較多。目前實驗區和臺灣的交通跟過去比當然是方便啦！說改善當然還是要改善啦！特別比如說這個海上交通，還是待改善一點，班次可能要再增加一點，慢慢改善。海底隧道這個不是我們希望趕快開通，這個就包括有一部臺灣人他也希望開通，但是特別是有一部分臺灣人他反對啊，包括臺灣這個地區政府他們不搞你有什麼辦法，你也沒有用啊，我們當然是持歡迎態度啦，也希望方便啊，到時候這個兩岸交通當然方便啦，畢竟開船，風大一點就沒辦法了，做海峽好麗娜輪，夏天還可以啦，很舒服啊！也快啊，兩三個小時就到啦，冬天就不行，風大就不行，又開得慢，要開四五個小時，五六個小時，又吐得要老命。

這個實驗區便利性你立法當然要改善啊，你立法不跟上，憑老法律有一些事情就行不通，很麻煩很頭痛，各個方面，舉個例子也不好說，當然要立法啦，特別是平潭作為一個實驗區，當然要立法，你各個方面包括這個便利啊各個方面，都最好立法，因為國家是拿平潭作為一個實驗區嘛，對臺灣嘛，過去我是對臺灣人比較早接觸，也接觸比較多，我比較瞭解臺灣人，我有時候就罵臺灣人，他們有的亂來。對於天然資源當然要立法保護啊，有的企業他為了自己賺一點，他就亂開發也就破壞掉啦！就是傷害大多人的利益，當然要立法保護起來比較好，特別是對於有造成污染比較嚴重的，有污染的企業當然要常常考察監管，我們對這個污染特別是對大地、對身體健康影響都特別大，那個排出來那個污染他媽看了不知道，有知道有瞭解看了你都害怕，所以現在的醫院越多，他媽的病人越多，過去我們哪有什麼？生什麼病？過去我們雖然伙食也不好，但是都是吃天然的，海裡面海魚啊自己種的，我們都是身體都很好，也不太胖也不太瘦，都很壯，根本就很少感冒，現在要嘛胖呼呼的，要嘛常跑醫院打吊瓶，當然跟污染都有關係。

公部門有事情就去辦一下嘛，效率方面領導有重視的都好，領導沒重視的都不好，這個也要立法改善，有立法改善我們就稍微的瞭解一下嘛，就是知道你這樣做是不行的，你沒有立法我們要怎麼說？沒有一個標準，公說公有理，婆說婆有理啊。法規只要對老百姓有幫助最好都要改善一下嘛，立法一下嘛，因為我們老百姓也有依據嘛，你沒有立法說怎麼說啊？你說對我說錯，我說錯你說對，當然這個慢慢吧，中國這幾年也都有進步嘛，當然最好我們這邊平潭人我們也在希望說我們平潭不是對某個人，是對全體老百姓有好處嘛，老百姓有好處老百姓就比較安定穩定嘛，國家希望看到安定穩定嘛，這樣就是比較好嘛，大家比較有個共識。

臺灣同胞在實驗區可以參政議政，這個構想也不錯啊！這個畢竟兩岸分隔了幾十年，他們臺灣比較早發展，他們有他們的經驗嘛，互相交流嘛！這個當然也是比較好嘛，這個地方要來自五湖四海的人發覺你這個地方好，大家都不來，這是個鳥不生蛋的地方，你這個地方有什麼好？臺灣人拼命來就說明你平潭成功了，改革開放成功了，臺灣人拼命往我們這邊跑，過去十五年前，是我們這邊拼命往臺灣跑，不要命地，願意遊過去的，開小木船啊，十二馬力的，那個是叫偷渡嘛！特別是夏天，天天晚上有人開船過去，有的就死掉在海裡面，那個臺灣經濟好做工比較好做嘛，賺錢比較好賺，你說現在請他坐海峽號過去都沒人去了，就是說明我們大陸這邊有進步嘛，經濟有好嘛，那你現在實驗區兩岸共同家園臺灣人都不過來那說明你做不到位嘛！臺灣人拼命過來那說明你做到位成功了，那好啊，好的地方才有人要去嘛，包括我們當地人都要往外跑，你過去交通不好都往福州、大陸遷出去，現在一般人就不怎麼跑，有的還想回來呢。

這個環境臺灣人也瞭解嘛，他們自己觀察看嘛，有的人會看好，有的人沒信心不看好，這個是不好說的，他們想過來想瞭解看看吧，具體我們這邊也不能代表他們，現在有一部分過來，現在就是說有的臺灣人也在觀望嘛，他們都有想法的，我們也沒什麼好建議的，能聊的就大家聊聊天，大家各說各的看法嘛。

對實驗區的建議就是只要政府有願心，事情都可以辦得成，當然要政府要有決心嘛，想真正把這個做起來那肯定，過去共產黨想幹的事情沒有一件是幹不成的，除非他是不大想幹，共產主義制度和資本主義制度，資本主義制度是有一些沒辦法比的，有一些優越，你不想幹的話當然比資本主義還差勁，所以還是希望下決心啦！

妝罷低聲問夫婿，畫眉深淺入時無？平潭是否可以獲得兩岸人民的青睞呢？(夜幕下的平潭海漁廣場/攝影：林映樹)

兩岸視野下平潭綜合實驗區的法律制度構建問題

作者：許桂榮
美術設計：登豐顧問有限公司
美術設計電子信箱：dengfengconsultant@163.com
攝影：念望舒、林映樹、曾璽凡、馮發
排版：北京滿意福圖文設計有限公司
排版者電子信箱：z1314205@126.com
版次：2016 年 2 月初版一刷
定價：380 元
ISBN：978-986-91627-5-3(平裝)
出版者：法治家文創事業有限公司、登豐顧問有限公司
地址：32666 台灣桃園市楊梅區光裕北街 21 號一樓
　　　100 台北市中正區漢口街 1 段 110 號 9 樓之 13
電話：+886-3-4814557、+886-921357995
E-mail：blindjustice@163.com、dengfengconsultant@163.com
經銷者：白象文化事業有限公司
地址：台中市 402 南區美村路二段 392 號
經銷、購書專線：04-22652939　傳真：04-22651171

國家圖書館出版品預行編目(CIP)資料

兩岸視野下平潭綜合實驗區的法律制度構建問題 / 許桂榮作. -- 初版. -- 桃園市 : 法治家文創 ; 臺北市 : 登豐顧問, 2016.02.　498 面 ; 14.8x21 公分

ISBN 978-986-91627-5-3(平裝)

1.兩岸關係 2.兩岸交流 3.大陸事務法規

573.09　　105002423